隐蔽战线
春秋书系·传记卷

匕首之刃

李强传

刘江波 ◎ 著

中共党史出版社

图书在版编目（CIP）数据

匕首之刃: 李强传 / 刘江波著 . -- 北京: 中共党
史出版社, 2024.7

ISBN 978-7-5098-6524-8

Ⅰ.①匕⋯ Ⅱ.①刘⋯ Ⅲ.①李强－传记 Ⅳ.
①K827=7

中国国家版本馆 CIP 数据核字（2024）第 051286 号

书　　名: 匕首之刃——李强传
作　　者: 刘江波

出版发行: 中共党史出版社
责任编辑: 李亚平
责任校对: 申宁
责任印制: 段文超
社　　址: 北京市海淀区芙蓉里南街 6 号院 1 号楼　邮编: 100080
网　　址: www.dscbs.com
经　　销: 新华书店
印　　刷: 北京盛通印刷股份有限公司
开　　本: 710mm×1000mm　1/16
字　　数: 300 千字
印　　张: 21
版　　次: 2024 年 7 月第 1 版
印　　次: 2024 年 7 月第 1 次印刷
书　　号: ISBN 978-7-5098-6524-8
定　　价: 55.00 元

此书如有印装质量问题 , 请联系中共党史出版社读者服务部　电话: 010-83072535

李强（1905—1996）

这是一位特别不一样的共产党人
他的经历独特而传奇
每一次的人生转轨都出乎意料
每一次的伟业功成都令人赞叹
他是不违党命的忠诚战士
兵行险着，出奇制胜
看似隐子，实为匕首之刃
他，就是本书的主人公李强

目录

第一章　根在常熟 / 1

老宅、塾馆、新学堂 / 1

在反帝运动中 / 12

到棚户区去 / 22

第二章　紧要关头 / 32

初涉军火制造 / 32

琴川河畔的小屋 / 39

风云骤变 / 47

第三章　在刀尖上跳舞的人 / 55

孤岛记忆 / 55

匕首之刃 / 63

"红队"英雄 / 74

"拉出来"与"打进去" / 84

第四章　隐藏在空气里 / 97

初心使命 / 97

弄堂深深 / 106

从赫德路、大西路到弥敦道 / 114

咬紧牙关 / 126

开枝散叶 ／ 140

第五章　深海惊澜与历史责任 ／ 150

大撤退之夜 ／ 150

"三军之事莫重于密" ／ 158

为了还原历史的真相（一） ／ 165

为了还原历史的真相（二） ／ 176

第六章　在科学的旗帜下 ／ 189

红色热土 ／ 189

"李强公式" ／ 197

"坚持到底" ／ 205

"锦上添花"与"雪中送炭" ／ 230

第七章　向前，向前，向前！ ／ 240

撤离陕北与挺进华北 ／ 240

天线阵列 ／ 248

奠基 ／ 257

第八章　为了人民的幸福 ／ 269

从"156项"到"596工程" ／ 269

秘访"胡志明小道" ／ 289

落幕与启幕 ／ 302

尾声　石榴树下 ／ 315

主要参考资料 ／ 319

后记 ／ 326

第一章　根在常熟

老宅、塾馆、新学堂

曾家老宅位于江苏省常熟古城西北角（今辛峰巷与通江路交界处），黛瓦白墙、斗拱雕花，硬山顶、琵琶撑，很是气派，屋后有一条小河静悄悄地汇入琴川河。

曾家是常熟望族。据《海虞曾氏宗谱》（三修谱）记载，曾氏在海虞繁衍900年，书香绵延世代做官，名气最大的是曾之撰和儿子曾朴。曾之撰在清同治光绪年间做过刑部郎中，中年辞官回乡，耗费大量银两建了一座庞大的园林，人称"曾园"。1897年，曾之撰殁，葬于虞山西南麓宝岩湾大鹏山。曾朴笔名"东亚病夫"，著有长篇小说《孽海花》。1935年，曾朴殁，葬于曾之撰墓域。

曾朴的祖父曾熙文有个兄弟叫曾彬文，其长子曾吉章受清廷封爵"云骑尉"。曾吉章育有二子，次子叫曾陈华。本书传主李强是曾陈华的独子，所以，李强与曾朴是宗亲。

曾陈华原名曾陈恩，生于1856年，是太学生。这个角色有点儿尴尬。本可参加乡试，以举人功名再进一步，但乡试三年一次，烦琐严苛令人生厌。太学生还可入仕，不过至多只做个辅佐县令的文书，或教谕、训导之类的学官，位低俸少。曾陈华也无法承袭"云骑尉"的爵位。因为在曾彬文这一支里，曾吉章祖孙三代长子已经承袭了"云骑尉"，拿朝廷俸禄（岁支俸银85两），同宗中的次子之嗣就不可能再承袭爵位了。

曾陈华的祖上以士绅身份将江水和河水冲击淤积而成的沙田围成耕地，拿下县府执照租给佃户耕种。曾家私田一度达 2000 亩。加上江河上游越发大水，下游的沙田就越富含矿物质，适合稻米生长。江南农民一向勤力稼穑，曾家一年三季稻亩产竟高达 2000 斤。佃户完粮后将收益大头交租，小头归己，曾陈华祖上就这样积累起了家业。鼎盛时期的曾家，仅账房先生就有四五个。

曾陈华在世 65 年，始终秉持着狷介自守、不与污浊合流的性情。然而，悠闲与无争并未助力曾陈华光宗耀祖，反而与曾朴那一支一样地渐渐衰败了。曾家各支家道中落的原因不尽相同。或因拥护戊戌变法而遭变故，或因坐吃山空致一家星散，或因不事稼穑而持家无力，最终都被无形的社会力量扼住咽喉，削弱下来。曾陈华也难逃厄运。他虽置了房子，但偏居古城一隅，经营的田亩租子也是入的没出的多，曾家在他手里衰落是迟早的事。

曾陈华的原配陈氏是常熟县丞手下职员陈芝轩之女，与曾陈华算不上门当户对。陈氏生有一女，成年后嫁与浙江候补县知事陶基祖为妻。陈氏年近半百时，曾陈华娶了小自己 28 岁的南通女子杨慧贞。杨慧贞家境一般，作为"二房"，她既为妾又为仆。直至翌年生了儿子李强，母以子贵，杨慧贞才在曾家有了一点地位。

李强母亲杨慧贞（中）

1905 年 9 月 26 日（光绪三十一年农历八月二十八日），李强出生在曾家老宅。这是古老中国剧变的一年。5 月，中国商界抵制美货的运动从上海迅速扩散到长江流域各省。8 月，孙中山在日本发起成立同盟会，提出建立资产阶级民主共和国的政治纲领，确定以革命手段推翻清政府。9月，日俄战争结束，中国东北不仅沦为日俄的陆上交锋战场，还被侵略者俄国拱手转让给了战胜国日本。

人民生活的水深火热并未在曾家老宅掀起波澜。瘦死的骆驼比马大，底子还在。曾陈华年近半百得独子，自然倾尽心力精心照拂。他依照行辈"培"字给这个迟来的男孩取名"培洪"，字"幼范"，指望他将来成为人伦榜样。幼年的李强被称为"曾少爷"。他衣食无忧聪明好动，小小年纪就被灌输了日日"内省"、时时"检点"的儒家意识。不过，目睹家道中落的惨淡和母亲在封建家庭中所处的畸形地位，他比父亲更懂得世间冷暖，更多一些对残酷现实的叛逆。

李强虚岁六岁时被父亲带到姑妈家中。姑妈请了一个塾师，姓吕，大约四五十岁，只教四个学生。李强拜了天、地、君、亲、师，塾师便开始教他认方块字。认了字就读开蒙课本，如《三字经》《百家姓》《千字文》，再读四书五经，还要抑扬顿挫地背诵课文和注释。

随着西学东渐风潮兴起，塾馆开设了珠算、算术等新课程。李强学习勤奋，记忆力强，成绩总是名列前茅。尤其算术等课程的考试，他几乎包揽了第一名，常被塾师当众夸奖。

在举国办新学的潮流中，常熟的塾馆大多转为新学堂，后来改称"公立学校"。1912年，李强由塾馆生免试转入县立第一高等小学校。当时的学制为初等小学四年，高等小学三年。李强读过私塾，直接升入初小三年级插班就读。

县立第一高等小学校废除读经讲经，开有国文、计算（算术）、英文、地理、历史、体操、唱歌、图画、手工、博物等课程。一周授课30小时，用的是商务印书馆出版的新式教材，理科教学还进行简单的物理、化学实验和动植物标本展示。学校以"诚敬勤朴"为校训，教师无不具有严师风范，因而该校成为常熟最好的学府。这对李强的人生产生了巨大影响。

此时，新文化运动已在中国悄然发端，一大批受过新式教育的知识分子提倡新道德、新文学，反对旧道德、旧文学，将矛头直指孔学，掀起了一股破除迷信、解放思想的浪潮。俄国爆发十月革命后，其成功经验传入中国。接受科学社会主义、研究和宣传马克思列宁主义理论，在公立学校年轻的新派教员里渐成时尚。

浸染于这样的学习氛围，处于叛逆年龄的李强第一次有了"国"的概念。他知道了近代中国国土面积的萎缩缘于一次次不平等条约下的屈辱割让；清王朝在面对西方列强侵略时不但不自强，反而压制进步、听任宰割，使中国人民的反抗斗争屡屡失败，国家处于贫困落后之中。而数千公里外的苏俄通过暴力革命，已把社会主义变成了现实，等等。李强开始向往外面的大世界。

李强接受了完整的初等教育，并显示出特殊的天资。1918年，他小学毕业。由于常熟没有中学，曾陈华原打算秋季开学时送儿子到杭州上中学，但因常熟大雨不止河水泛滥，造成轮船停运、交通中断，曾陈华只好暂搁送学计划，托人找到一位姓言的先生教儿子学习古文。

曾陈华有自己的想法。他感到今后曾家该由儿子撑持了，就指了一条重振家业、光宗耀祖的道路给李强：要想做个好官，须将《庄子》尊为修身指引；要想有所作为，须读透《左传》。读了这两部旷世经典，应能树立远大理想，建立人生大格局。

这是李强在人生中遇到的第一个悖论。他已接受大量前卫思潮，从未想过挑起兴盛家族的重担，但年纪小又做不了自己的主，不得不遵父命"重返"《庄子》与《左传》。不过，曾陈华对儿子也作了些让步，允许继续学习他最爱的数学。恰好数学教员擅英文，于是他又"搭车"学了英文。

李强每天往来于两个老师家，新派教员教英文、数学，老派教员教《庄子》《左传》。直到成年后他才明白，从启蒙文字的塾馆，到启蒙现代文明的新学堂，再到在父亲逼迫下紧咬牙关体味传统文化的玄远高深，正是这些因素的铺垫和浸润，才对世界观的形成，乃至性格、作风的养成产生了深远影响。

1919年的夏天常熟又发大水。曾家老宅地势低，一个多月后水才退尽。城里又突发霍乱疫情，以致死者枕藉，百姓苦不堪言。曾陈华忧心忡忡，好容易熬到杭州学校开学的日子，他赶紧把儿子送走了。

常熟至上海的轮船航班由上海公茂轮船局经营，下午4点驶出，次晨七八点钟抵达。改乘火车到杭州，来到花市路宗文中学校（今邮电路48号杭州第十中学），此趟行程对一个孩子来说实属不易。

宗文中学校是一座古木参天的旧式宅院，环境幽静，设施完善。除教室外，还有礼堂、图书馆、实验室、标本室和学生宿舍。首任堂长、监督是朱丙炎，他秉持"质朴耐苦，诚实不欺"的理念治校，使该校在历届全省会考中成绩均名列前茅。

李强经过国文、历史、地理等课目的考试合格后进入一年级学习。课程有国文、算学（代数、几何）和英语三门主课，后来陆续增加了地理、历史、博物、图画、体育。受西方教育影响，这所闻名遐迩的传统老校是采用英语教授自然科学。李强勤奋，各科成绩依旧像在私塾和小学一样好，尤以数学成绩最佳。之后直到大学，其数学成绩始终在班上名列前茅。

这年5月，北京爆发了震惊中外的五四爱国运动。消息传到杭州，14所大中学校的学生上街游行声援北京学生。6月初，运动扩展到工农商学各界，掀起了罢课、罢工、罢市和抵制日货的斗争。整个暑假期间，杭州以学生为中坚力量的爱国活动都未停止，宗文中学校的学生们投入了从未有过的政治热情。

李强入校时，高年级的同学无比兴奋地告诉他本校师生参加游行的"盛况"与"壮举"：年轻教员在街上发表演说，揭露帝国主义的狰狞面目，谴责北洋军阀政府媚外卖国的可耻行径，呼吁市民抵制日货，体现爱国之情。听演讲的多是老人和女人，很多人一路跟随游行队伍。国仇家恨撕心裂肺，情到深处，讲者和听者都落泪不止。北洋军阀政府被迫拒绝在巴黎和约上签字的消息传到杭州后，师生们再次上街……

李强的自我意识被想象中的浩大游行、围观者赞许的眼光和暴风雨般的掌声空前激发，在心里埋下了家国情怀的种子。

李强入校后兴趣广泛，甚喜体育。他是校足球队中锋，爱打网球、乒乓球，擅长单杠、跳远。他参加学校组织的一英里赛跑，仅用时五六分钟。为了锻炼腿部肌肉，他常在腿上绑一斤多重的铅块奔跑。学校在西湖举行划船比赛，争强好胜的李强用力过猛落入水中，被同学拉上船后仍奋力扳桨。看到西湖边有人出租马匹供人代步，每小时四毛钱，李强心痒，租了马沿湖飞奔。跑过岳飞墓时马肚带断了，李强被狠狠地摔在地上。他爬起来拍去身上泥土，翻身上马继续前行。

还有一次，他和同学打网球时不小心把球打到房顶上卡住了。同学们着急，李强却不急不慌寻来一根粗大的毛竹。他手撑竹竿越上房顶，从瓦楞缝里捡了球，再跳下来。在一片欢呼声中当了一回飞檐走壁的好汉，真乃人生快事！

那时，恰逢第一次世界大战结束不久，人们对质量优良的德国产品留有深刻印象，于是有同学将李强的身体称为"德国货"。他本人沉浸于读书、锻炼的自由之中，乐不可支。

李强入学不久，杭州发生了震惊全国的"一师风潮"。

"一师"即浙江省立第一师范学校。在校长经亨颐和新派教师陈望道、刘大白、夏丏尊、李次九带领下，该校因采取了一系列革新措施而成为宣传新文化、新思潮的中心。一师学生俞秀松、施存统等人创办《浙江新潮》传播新思潮，疾呼："旧思想的末日到了！人类解放就在目前了！假使再不趁此吸收些'新'的学识，那么现在二十世纪上就要天演淘汰了……"

浙江省立第一师范学校校牌

1919 年 11 月 7 日，施存统撰文、俞秀松修改的《非孝》一文在《浙江新潮》第二期上刊载。该文起因是施存统母亲病危时，他要父亲拿钱给母亲治病，父亲却认为给快死的人看病是浪费，不仅不出钱，还把母亲痛打一顿。施存统痛哭一场，哭醒了做孝子的好梦，立志要救社会上同母亲一样的人。他有感而发写就《非孝》，呼吁在家庭中应当用平等的爱代替不平等的"孝"。文章在社会上引起巨大反响。

浙江省立第一师范学校学生创办的《浙江新潮》杂志

　　《浙江新潮》的高谈阔论，《非孝》的"离经叛道"，被把持浙江的皖系军阀卢永祥视为洪水猛兽。因此，经亨颐被撤职，《浙江新潮》被查封，俞秀松、施存统和陈望道、夏丏尊等人被勒令离校。

　　卢永祥的倒行逆施激起全校师生激烈反抗。有学生愤然自杀以示抗议，有教员自愿加入学生抗议队伍，更有数百学生以"誓与摧残教育之当局决一死战，与此万恶社会谋最后之决战"的气概，坐在操场上号啕大哭，使前来镇压的千名警察也倍感凄惨。此事引来杭州各校声援，宗文中学校、女师等校3000名学生冒死整队持食物果蔬来支援，"见者莫不泪下"，又经各界知名人士多方斡旋，一师才避免了被武力封校的结局。

　　"一师风潮"，特别是《非孝》对封建意识形态毫不留情的猛攻，使李强受到强烈震撼。他才知道，对封建礼制，是可以像俞秀松、施存统们那样反抗的！

　　此时，毗邻杭州的上海已成为刚诞生不久的中国共产党组织活动的核心区域，甚至能半公开地宣传马克思主义理论，并出版了多种带有社会主义性质的报刊书籍，其中尤以《新青年》影响最大。

　　《新青年》推崇新文化运动，宣传民主与科学，反对封建礼教，主张"打倒孔家店"。它富于激情的白话文，采用新式标点符号和横排文章的新模式等，迅速开启了李强阅读进步刊物的自觉意识。李强对《新青年》主办者陈独秀十分仰慕。尽管陈独秀的观点有时尖锐到失之偏颇，但那些石破天惊的文字仍让李强经受了空前的思想洗礼。由于北洋军阀当局的仇视和压制，《新青年》发行很不稳定，不时"断顿"。1922年9月中旬，四处寻书的李强接触到刚创刊的《向导》周刊。

《向导》由陈独秀题写刊名，中共中央主办，主要宣传共产党关于民主革命的理论，揭露和批判各种反动思潮。当局的镇压不仅没有制止《向导》的传播，相反，其发行量直线上升。《向导》的历任主编蔡和森、彭述之、瞿秋白等经常撰写社论和述评，陈独秀、李大钊、赵世炎、毛泽东、周恩来等经常发表文章，分析形势，评论时政，宣传中国共产党反帝反封建的革命纲领，驳斥各种错误思想与主张。指出帝国主义侵略和军阀统治是造成中国混乱局面的根源，也是导致中国贫穷落后的根源。

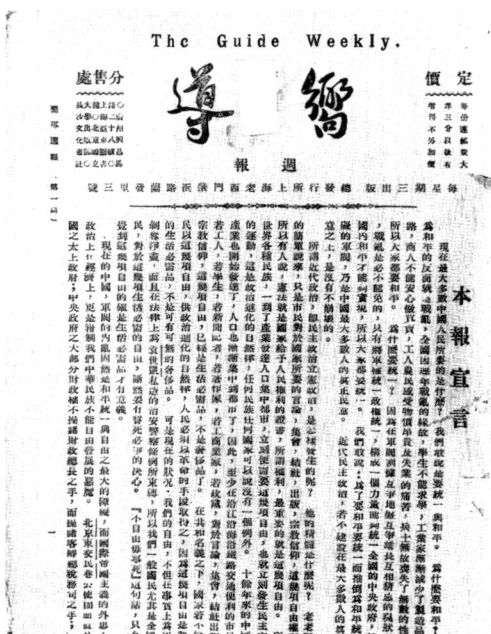

1922年9月13日，中国共产党机关刊物《向导》周报在上海创刊。图为该刊创刊号。

▶匕首之刃
——李强传

《向导》一扫思想界陈腐空气，为中国知识分子提供了先进理论，被读者们誉为"我们的向导"，"中国苦同胞的忠实好友"，"引导一班被压在帝国主义和军阀之下的人向光明路上走的一盏明灯"。

《向导》在杭州的发行处是"杭州马坡巷法政学校转安存真"，该校离宗文中学校不远，购买很方便。李强像得了宝似地抢读每期《向导》，尤爱读"寸铁"等专栏里的短文。这些豆腐块文章三言两语击中要害，很对胃口，他恨不能连文字都吃到肚子里。

《新青年》《向导》如暗夜中的一缕曙光，让李强开阔了视野，使他此前接受的碎片化新思想更加完整和深化。他不仅了解到中国工农的生活状况及其贫穷根源，还了解到中国和外国的工农运动、青年运动现状以及民众的真正要求；不仅知道了"德先生""赛先生"，还知道运用自然科学的精神和方法去研究社会问题是何等重要。

李强开始关注大众的命运，认识到应对工农的惨境给予深切同情，为大众利益去同封建军阀、外国侵略势力作坚决斗争，还应在生活上民众化，做一个在感情、知识、才干和品性等各方面都有修养的进步青年。他的思想闸门被打开，探究真理的欲望愈发强烈，对学习和运用现代科学知识产生了更大的期待，对封建家庭的认识也从身在其中不知晓到有所认知、继而鄙视。

宗文中学校的校长是科举旧人钟毓龙。正值新旧教育体制"双轨对接"的时期，绵延千年的科举制在与新学制的博弈中，即使再无奈也还能苟延。这位老夫子的一个决定竟然影响了李强的一生。

钟毓龙尚古，熟悉科举，对新学研究不多。在管理上取"严格主义"，上课、饭前、睡前一丝不苟点名，学生一律寄宿。周六晚自习后，本地学生可告假回家，外地学生需在周日早餐后到学监处登记请假方可离校。所有学生周日午前一律返校，否则必受严惩。无处不在的整肃之风，使学生们都觉得像鸟儿被关进了笼子，能看见辽阔的天空，却无法飞出去呼吸新鲜空气。李强对封建礼教的反感情绪与日俱增，但他似乎还在积蓄反抗力量。在读完三年半，只差半年就可毕业时，李强的不满与愤怒终于借着一篇作文倾泻而出。

那是在一堂国文课上，学生们被告知，自古以来儒生对写过字的纸张看得很神圣，从不当成废纸胡乱丢弃，而是经过一些仪式感很强的"程序"后将其烧掉。国文教员郑重其事地告知诸同学，尔等须敬畏字纸，并以"惜字"为题作一篇文章。

此前有"一师风潮"和《非孝》的震撼，《新青年》和《向导》的启发和影响，此时又有整肃之风的压抑，使正处于叛逆年龄的李强的脑子像被加注了动力迅速运转。他觉得作文题目太迂腐，于是大唱反调地写道：写过字的纸张无须烧掉，可以安排其他用场，如可拿来做包装、造纸，甚至如厕揩屁股，等等，所以"惜字"一说实在毫无意义可言。

李强的作文被国文教员认为是对孔孟之道的大不敬，国文教员气恼地批示道：孔子敬之，作者非之，吾不敢违之也！李强未将教员的批注当回事，也没想到这事会在中学教员中引出两条对立的战线。一方认为这种狂放不羁的学生必须处分，以儆效尤；另一部分教员则认为作者定是奇才，不应处置。

这使钟毓龙校长十分尴尬。他是杭州教育界资深人物，历来主张教书与育人并重，但也深恐学生中反封建的苗头借李强之文成长起来，将斗争矛头指向以尊孔尊儒为宗旨的宗文中学校。早在"一师风潮"爆发之际，就有本校学生为一师学友两肋插刀挺身而出，一举成为杭州中学生心中的大英雄。如今，这粒造反的种子若控制不住，谁能保证本校不出现第二个"一师风潮"？

钟毓龙深知李强符合本校招"孤生"（即父亲已逝的旧族子弟）和"优生"（凭借优异成绩考入本校）的规定，成绩优秀，在校无任何不良记录。他很纠结，在日记中写道："学校中能闹事之学生，大都为有为之学生，所谓不羁之才也，为严肃校规起见，不能不以惩处；为人才起见，不能不予以保全。"

再三权衡后，钟毓龙决定利用寒假之际处理李强。这是当时中国学校对付激进学生的惯常做法，盖因此时学生散居在家，即便不满也无法聚集反抗。钟毓龙认为，这样的审慎既能保全师道尊严，而且免去了张榜公布对被处置者的羞辱，便算是同时也保全了人才的面子，更重要的是，还可为学校消除再起"反祸"的隐患。

1923 年初，常熟曾家老宅收到杭州宗文中学校发来的一纸信函，称李强的文章有损于孔孟之道，与本校宗旨背道而驰，鉴此，该生不能在本校读书了。

李强万没想到自己就这样被开除了，深受打击。

自父亲去世后，李强已将自己看成家中顶梁柱，但他不愿走父亲的老路，做那种徒享社会尊荣，手无缚鸡之力的"谦谦君子"，更不愿作剥削和欺压百姓的官吏。他之所以认真读书、强健身体，就为学一身本事，将来对社会有用。

写作《惜字》作文，是李强第一次公开抨击封建礼教。他感到自己的文章相比施存统的《非孝》，并未脱去稚气。然而，一个拥有百年历史的学校竟连一篇小小的"异见"之文都容不下。为什么自己只说了几句大实话，就被视为大逆不道！他越想越想不通，既气愤又无奈，没书读怎么学本事？没本事怎么做对社会有用的人？

此刻再来咀嚼"质朴耐苦、诚实不欺"的校训和"以人情世故，一切事理辅之，使各生亦得以舒其志，以尊重其言论，而通其情操，全齐人格"的办校宗旨，李强对封建礼教徒有其表的虚伪性、道貌岸然的欺骗性和压制民主的反动性，都有了真切的体会。

这是春节将至之时，古城里的家家户户备年货、做年饭，不等初一凌晨放"开门"炮仗，街头巷尾就已响起噼噼啪啪的鞭炮声和孩子们的欢笑声，人们也赶趟儿似的拱手作揖，互道"恭喜发财"了。

李强心烦意乱走出家门。行至城隍庙，忽听有人唤他的名字，抬头一看是小学同学、在上海南洋路矿学校读中学的周奎。

周奎见李强一副失魂落魄的样子，就问他发生什么事了。李强摇头叹气，说了被学校除名的事。周奎听罢拍手大笑说，妙哉啊妙哉，儒生的字纸确实可揩屁股嘛！

李强看周奎的眼泪都笑出来了，埋怨道："亏你还笑，现在怎么办？书都没得读了！"

周奎说，这事不值得沮丧，宗文中学校的那些个老朽们迂得都快长霉了，哪里来得真正识货的本领！他又道：像你这样的好学生，上海任何一间学校都求之不得，你干脆转来我们学校上学吧！我们校长留过洋，有见识，只看成绩不问其他。你把成绩单拿来，我为你写封信推荐一下，准行！

春节一过，周奎就给校长写信详述情况。果如所言，不几日，校长就回信同意李强去他那里读书。李强开心得跳了起来。

在反帝运动中

春节刚过，18 岁的李强就打点好了行装。此刻，他双膝跪地，心不在焉地听着母亲絮叨。离别的场景有点儿凄冷，只有杨慧贞一人送他。两年前父亲病逝，一年后陈氏也撒手人寰，眼下是杨慧贞独撑家门。离别的愁绪和人生新目标唤起的激情塞满李强的胸膛，他叩罢头站起来就朝外走，明知母亲追到门口也忍着没回头。他当时无论如何也想不到，这一走，从此就踏上了一条为之奋斗了一生的革命之路。

船行百里到上海。李强雇一辆黄包车，连人带行李拉到公共租界的宝昌路尚贤堂（今淮海中路 358 弄），开始了新的人生。

上海南洋路矿学校是华人在上海出资开办的最大学校。校长朱文鑫于 1907 年赴美国威斯康星大学学习天文专业，辛亥革命后回国。

李强插班上了中学部四年级。这里不讲究尊孔尊儒，注重发挥学生的个性与特长，使李强感到愉悦，此前被除名的不快一扫而光。该校除中文课外，其他各科均使用英文讲课，李强虽从小学第四年就开始学英文，但起初听讲还有困难。班上的英文教师是清末留美幼童牛尚周之女牛惠珠，在她的悉心指导下，李强的英语水平飞速提高，很快就能听懂全英文讲课，各科成绩也追了上来。

在这个时期打下的英文底子使李强终身受益。近 60 年后，1982 年 3 月，郑超麟先生曾经问李强："你的外语是在哪里学的？"李强答："英文是在中学、大学里学的。牛惠霖、牛惠生的妹妹牛惠珠是我的英文老师。"感激与自豪之情溢于言表。

　　1923 年夏，李强以优异成绩获上海南洋路矿学校中学部的中、英文两张毕业证书。此时的李强，本可凭英文证书到美国威斯康星大学深造，但他却执意选择攻读本校（已改名东华大学）土木工程专科的铁路、公路和桥梁设计与建筑专业。他的选择并非迫不得已，而与家国情怀深切关联。

　　常熟人崇文务实，在这块人文沃土上产生过许多作家、金石家、画家，积淀了动手能力强即可立世的底蕴。李强的志向深受其影响。时值大批"洋务"成果落地中国之时，上海不仅有了众多

1923 年夏在上海南洋路矿学校中学部毕业时的李强

近代企业，还有了一批教习近现代科学知识的工科学校。上海南洋路矿学校即其中之一，培养了不少铁路、矿山、桥梁、道路建设人才，并引导了众多青年的人生选择。李强推崇技术立身、有用之学。在他眼里，去美国深造固然是好事，但直接升入本校大学部，不仅可以学习微积分、几何、高等数学，还可在较短时间里学到架桥、修路等更多的实用技术。

　　李强的选择使他错过了一次去美国深造的机会，却得到另一种机会——参加革命，这就不能不提到李强的国文教员叶楚伧。

　　叶楚伧，原名单叶、宗源、宗庆，江苏吴县（今昆山）人，生于 1887 年。叶楚伧青年时接受资产阶级民主革命思想，1909 年加入同盟会。1912 年在上海办报，为反对帝制、拥护共和而鼓与呼，后来又为五四爱国运动摇旗呐喊。朱文鑫任上海南洋路矿学校校长后，叶楚伧被聘来教授国文，深受学生欢迎。

　　1924 年 1 月，叶楚伧在国民党一大上被选为中央执委。一大闭幕后与胡汉民、汪精卫、于右任、张静江等人被派驻国民党上海执行部，分管苏、浙、皖地区的组织、宣传工作。与此同时，中共中央也派毛泽东、

罗章龙、王荷波、恽代英、邓中夏等人来国民党中央执行部担任要职，开始国共合作。

3月，国民党上海执行部在环龙路44号（今南昌路180号）办公，对外半公开活动。孙中山先生的住宅就在不远处的莫里哀路29号。由于胡汉民、汪精卫常在广州，叶楚伧就成了执行部实际领导人。他热心宣传孙中山"世界大同"的革命理想和国民革命运动情况，还积极介绍进步学生加入国民党。

这年夏，19岁的李强经叶楚伧介绍参加国民党，和他一同入党的还有同班同学张超（张九成）、陈德华，三人成为上海南洋路矿学校最早的国民党党员。恰逢国民党以上海、广州为试验场开展组织整顿，所以李强他们入党时履行了严格的登记手续，领取了党证，并被国民党上海执行部第四区党部指定为第十七分部，李强为常委。成立分部是大事，不仅要开会见报，第四区党部还特派国民党左派代表朱义权、右派代表石克士来见面，向新党员详解党内规定，告知联络方法。

多年以后李强才知道，张超是南洋路矿学校的第一个中国社会主义青年团（简称青年团。1925年改称中国共产主义青年团，简称共青团）团员，早在五卅运动前，张超就和朱义权在刘少奇、李立三、苏兆征领导下秘密从事上海工运，张超在小沙渡日本纱厂工人中做宣传教育工作，朱义权负责直接联系李立三。

戴季陶与叶楚伧联手控制了上海执行部。叶楚伧早想把共产党排挤出去，尤其忌恨组织部秘书毛泽东，此刻更加肆无忌惮地在言语上刁难、行动上打击。在这种情况下，毛泽东辞去了组织部秘书职务，只领导文书科工作，另推荐张静江的侄子、中共党员张廷灏（张宗浩）接任自己的组织部秘书工作。

为落实中共三届一中全会和青年团二大决议精神，毛泽东和张廷灏赓续推动国民党上海各级组织发展进步青年加入国民党，李强对这项工作很积极。1925年5月4日，李强和王耕深致信张廷灏，信一共四页，内容全是介绍新同志入党。在共产党人的帮助下，国民党上海地区的组织工作获得了长足的进步。

也是多年之后李强才知道，张廷灏早就参加了共产党，是国民党上海执行部青年部负责人，而实际负责青年部工作的却是上海执行部宣传部秘书恽代英。

李强对恽代英非常敬仰，直到晚年还常给儿女讲"圆章与长条章"的故事。他说，大革命时期的上海学生运动是恽代英、张廷灏这两位共产党员搞起来的。他俩想用国民党上海执行部的名义出布告发动群众，但叶楚伧掌握圆章不肯盖章。恽代英、张廷灏就用宣传部和组织部的两个长条章一起盖在布告上，使布告具有与上海执行部同等的效力，从而把共产党的主张灌输到青年里，灌输到国民党里。恽代英的斗争精神和无尽创意给李强留下了深刻印象。

李强还常到附近西摩路上的上海大学听演讲。被称为"弄堂大学"的上海大学条件十分简陋，却像磁石一样吸引了瞿秋白、蔡和森、张太雷、施存统、恽代英、任弼时、郑超麟、安体诚等共产党人到校授课或演讲。这些讲者个个年轻，名字如雷贯耳，几乎都有著述深刻影响中国青年，有的人还是中共中央、社会主义青年团中央或中共上海地委的负责人。他们的身上所散发的不同寻常的魅力，使上海大学成为五卅运动前上海的学生运动中心。

起初，李强到上海大学听演讲只是慕名而来，他特别享受那种让人怦然心动的感觉——讲者口若悬河，听者塞满礼堂，连本校和外校教师也挤进来听课。人太多，狭小的窗台都得"挂"上几个学生，老旧的地板常在集体开怀大笑的共振下颤抖。

很快，李强就被演讲内容所吸引。才气极高的共产党人用通俗语言讲述历史唯物主义、辩证法和共产主义，瞿秋白的《社会科学概论》等教程还出版单行本，摆在上海大学的门房里公开售卖。共产党人用马克思主义基本观点解释人类发展趋势、中国社会主要矛盾的根源与特点、中国革命的性质与领导力量、中国社会各阶级的关系等重大问题，使李强茅塞顿开。他意识到自己不仅要背叛封建家庭，汇入反帝反封建的革命洪流，还要顺应社会发展规律，为在全人类实现最美好的共产主义制度进行坚决斗争。由此，李强与叶楚伧因政见不同渐生裂隙。

这年 10 月，上海各界举办"双十节"纪念大会。国民党右派公然唆使流氓在会场上殴打上海大学学生黄仁、林钧等人，造成黄仁重伤不治，引起社会公愤。各界人士纷纷声讨暴力肇事者，慰问受伤学生。陈独秀在《民国日报》上发表题为《这是右派的行动吗？还是反革命？》的短文，怒斥国民党右派的卑劣行径。由"跨党"共产党员占主要成分的上海大学国民党区分部决定开除打人指使者童理璋和喻育之的国民党党籍，责成不作为的上海大学英文系主任何世桢作出书面说明。然而，叶楚伧却坚决不同意。

消息传出，在李强心里，叶楚伧的形象一落千丈。

当时《民国日报》的主编是叶楚伧和邵力子，邵力子同时又是《民国日报》副刊《觉悟》的主编。《觉悟》在创刊之初表现出社会主义倾向，后来成为宣传马克思主义的主要阵地之一，以其鼓动性、战斗性和趣味性被广大青年读者所喜爱。1924 年 11 月，李强注意到《觉悟》上刊登了《向导》周刊的一则预订广告，遂以本名"曾培洪"给《向导》编辑部写信购买《向导》第 51 期到第 90 期集册，并愿出钱资助《向导》。内容如下：

记者：

从《觉悟报》上看到《向导》的广告，现今已到 91 期了，但是我有的只到 50 期为止，其中 51 期到 90 期，你那边可以完全有吗？倘若有的，我可以直接向你买吗？再我在 15 期上面看到的一段"启事"，倘若我愿意资助贵报，是否可以寄款到你处？以上二点，烦你通通告诉我。

曾培洪
十三年十一月十八日 ①

信的字里行间充满了一个年轻国民党员渴望寻找人生真谛的迫切心情。次日，李强又读到《向导》第 92 期上周恩来的《最近二月广州政

---

① 《向导》周刊 1924 年 12 月 10 日第 94 期。

象之概观》一文。文章指出，"广州政府受南方军阀挟持，对帝国主义和反革命派常常表示退让，而时时压迫工人、农民的解放运动，其原因是包围孙中山左右的人，大部是些不革命的右派和机会主义者。他们是永远希望和军阀、帝国主义勾结的"。

时值国共合作"鼎盛"期，周恩来公开表态，认为国民党须让中间分子打破"妥协的心理"，"断然离开不革命的右派"，听孙中山指挥，与革命左派联成一气实行国民革命；强调"国民党当前急务是'肃清内容'，界限便是革命与反革命"。这些观点给李强带来巨大震撼，为他日后与国民党决裂提前给予了警策。

仅仅两年多之后，国民党"清共""分共"的血腥暴行就印证了周恩来的预见。

不久，《向导》第 94 期刊登了郑超麟的回复。郑超麟婉拒了"曾培洪"想资助《向导》的好意，告知这位热心读者第 50 期至 100 期汇刊即将出版，可往代派处购买。郑超麟的复信内容如下：

兴难先生希望本报于汇刊时增添目录，以新先生主张本报三版时加印题目索隐（引）和作者索隐（引），云峰提议本报减低报价，培洪先生并有资助本报之意，足征诸先生之热心，甚为感□！本报于三版汇印时决增添目录及勘误表。以新先生所做的题目索隐（引）望即惠下藉参考！报价，本报已于九十二期起每份为铜元四枚。本报五十一期至一百期，不久将订成汇刊，培洪先生可往代派处购买。本报思力未周缺点良多，仍望诸先生随时指教系得改良，至为欣幸！[1]

19 岁的李强因被大名鼎鼎的《向导》点名回复而兴奋不已，阅读《向导》的热情更加高涨。

1925 年 3 月 12 日，孙中山在北京逝世。15 日，中共中央向国民党致专电，对孙中山毕生反抗帝国主义和封建军阀的革命事业表示了深切

---

[1]《向导》周刊 1924 年 12 月 10 日第 94 期。

的敬意，并希望国民党能继承孙中山先生的伟大革命遗产，将革命进行到底。4月4日，共产党发出通告，要全党广泛宣传孙中山遗嘱，号召人民反对帝国主义、废除不平等条约，并扩大同国民党左派力量的联系。《向导》和《中国青年》也出版了纪念特刊。

在共产党的大力动员下，各地纷纷举行各种悼念活动。当李强参加上海十万市民在公共体育场召开的追悼大会时，他发现会上最大的亮点，一是参会者绝大多数是上海各大中学校的学生，二是纷飞如落雪的传单和大量宣传品。李强抓住传单急切阅读、深刻思考，对帝国主义的无耻侵略和北洋军阀的反动统治，以及共产党坚决反帝反封建的主张，有了更进一步的认识。

孙中山逝世后，国民党右派的反共活动逐渐公开，左派与右派日益分化，国共关系愈加复杂。

有一次，李强和同学们在上海九亩地新舞台戏院参加追悼孙中山大会。当李强的崇拜对象俞秀松上台讲话时，国民党右派大闹起来。国民党左派与他们辩论，两派吵得不可开交。主持会议的国民党中执委委员兼妇女部部长何香凝很生气，手拿铃铛不停地摇也无济于事，追悼大会被国民党右派搅得一塌糊涂。

正义与邪恶的相互较量，给李强以深刻的思想震荡。他已逐渐成长为一个具有强烈民族自尊心和爱国主义觉悟，并初步具有共产主义觉悟的革命青年。当国民党右派撕去假面具，愈发接近帝国主义和大资产阶级，并甘愿为其服务、反对民众时，共产党则日益显示出其代表人民根本利益和坚决反帝反封建的真本质。共产党扬起了一面崭新的旗帜，亦如将一股新鲜血液注入李强心中。他义无反顾走上了与自己的革命启蒙者叶楚伧完全不同的另一条道路。四一二反革命政变后，叶楚伧登报声明将李强"开除"出国民党，师生彻底决裂。

1925 年的上海是个被帝国主义列强肢解的城市。在英、美等国共享的公共租界里，店铺林立、繁华兴隆，手持警棍的印度巡捕在街上巡逻；而在囊括了大部分轮船码头，集中了东亚最漂亮建筑和最精致生活的法租界里，越南警察总是凶神恶煞般地呵斥着路人："这里不是华界！"

200 万中国人和 20 万洋人的共处之城，什么光怪陆离的情景都有。中国警察和中国军队不准进租界，洋人、日本人却在租界里横冲直撞，铺满沥青的马路上疾驰着载有阔佬的洋牌子豪车和轻便马车，成千上万的经纪人在交易所里追逐暴利。高楼大厦背后却是无数肮脏狭窄的弄堂和大片大片低矮破旧的贫民窟，那里生活着在社会最底层从事最苦、最脏劳动的上海工人。

上海是中国的工业中心。外国资本家为了抢夺中国资源，在这里集中开设和经营着大批工厂，也因此聚集起数十万产业工人，使上海成为中国产业工人最多的城市。加上江浙一带大批失地农民以及因得不到军饷而频繁兵变流散街头的士兵的纷纷涌入，使得上海有近百万生存在贫民窟里的城市贫民。从码头上望去，到处都是光着膀子、满身污秽为外国海船卸货的工人。不用细想即可知道，每日工作时间长达 12 个小时的上海工人，其生活状况有多糟。瞿秋白曾撰文描述："中国工人简直是日本资本家的牛马。他们住的房子是三四家人合一间的小屋，吃的是喂猪的食料。"

国家危亡、民族灾难，像大山一样压在李强的心头。耳闻目睹工人被视作可任意践踏的草芥，"华人与狗不得入内"，资本家与工人生活水平相比犹如天壤之别……这一切都让李强产生了一种强烈的冲动，天天想着"非革命不可"。

遭受帝国主义、封建军阀残酷压榨的上海工人阶级不可能不起来革命。压迫越重，反抗越强烈。1925 年 4 月，上海内外棉七厂一名中国工人被日本监工打死。5 月 15 日，数百名工人在工人顾正红（共产党员）带领下向厂方抗议，日本资本家竟开枪打死顾正红。帝国主义列强的暴行激起上海各界群众的极大愤慨，压抑已久的怒火终于爆发。

当时，被帝国主义和资产阶级视为洪水猛兽的共产党无法公开活动，而上海学生已有期盼社会改革和摆脱帝国主义压迫的强烈要求，所以共产党的许多活动都以全国学联和上海学联的名义进行。全国学联主席由上海大学学生、共产党员李硕勋担任，其助手是张超。上海学联由上海几十所大学和中学各派一两名学生代表组成，会址设在上海亚东医科大学，主席是上海南洋大学学生、共产党员张永和，执委是上海大学学生会主席、社会学系学生郭伯和。李强在全国学联和上海学联领导下与帝国主义展开了殊死搏斗。许多年后，他自豪地说，我亲自参加了五卅爱国运动。

1925年5月24日上午，全国学联和上海学联在闸北小沙渡潭子湾沪西工友俱乐部前的空地上发起全市人民公祭顾正红烈士的万人大会。租界工部局如临大敌，早早就派出大批巡捕将所有通往会场的路口堵死。李强跑了十几里地，绕了一大圈出了租界，又花几个铜板乘船渡过苏州河赶到会场。映入李强眼帘的是一片浩瀚的白色海洋：会场四周挂满挽幛，正中帷幕上悬挂着巨大的顾正红遗像，两旁挽联上写着："先生虽死，精神不死！""凶手犹在，公理何在！"横额上是"工人先锋"四个大字。顾正红的灵柩上覆盖白布，上写："东洋人打死中国人！"

公祭大会由上海总工会副委员长兼第四办事处主任刘华主持，恽代英作了长篇演讲，还有不少知名人士登台演说。会场上群情激愤，"为顾正红烈士报仇""打倒日本帝国主义"的口号声响彻云霄。大会之后抬棺游行，参与者多达2000人，走在队伍里的李强深深沉浸在悲愤的氛围中。

之后，上海亚东医科大学学生会主席俞昌时和工人代表顾修（中华职业学校半工半读生）通知各校学生在校内组织活动。李强因学业优异、为人坦荡被同学们推举为上海南洋路矿学校学生代表，参加上海学联并领导同学们在校内开展活动。他不分白天黑夜奔走于学校、亚东医大和不远处的上海总工会第六办事处。在办事处里，恽代英既是指挥员，又是战斗员。他以国民党上海执行部宣传秘书的公开身份领导上海学生抗议帝国主义暴行、救援受伤工人的斗争，在各校发展国民党员，组织区分部、学生会；还创办了共青团中央机关刊物《中国青年》并秘密发展共产党员和共青团员。

当懦弱的上海媒体对帝国主义一再施暴和无辜群众血洒街头采取集体噤声的态度时，全国学联和上海学联公开挺身而出，与上海工人和商界人士组成了反帝联合阵线。在那段激情燃烧的战斗岁月里，李强白天参加上海学联学生代表会，晚上参加由恽代英主持的党团员会议。恽代英听取汇报，传达中共中央指示，布置行动方案，往往到次日天亮才散会。李强一散会就直奔下一个工作场所，通宵达旦连续奋战。

学联领袖们的政治勇气引起国民党高度关注，杨杏佛、邵力子、戴季陶等人纷纷前来演讲，叶楚伧却对顾正红之死毫不在意，对爱国青年十分冷漠，毫无"指导"热情。在国民党左派和右派的影响下，上海学联很快分化，以李强为首的大部分学生代表赞同国民党左派与共产党的主张，右派学生占少数，两派吵得不可开交。

有一次，李强路遇上海圣约翰大学附中学生代表杨子英。杨子英曾带头抗议圣约翰大学校长卜舫济不让学生悬挂志哀五卅死难烈士的中国国旗，带动了其他学生集体离校以示抗议。但后来他的立场迅速右转，成为右派学生的主要代表人物。

杨子英拦住李强问，晓不晓得上海大学的经费是哪来的？李强看他不怀好意，反问道："你讲啥地方来的？"杨子英鄙夷地说："还不是毛子的卢布？你不晓得？卢布大学卢布大学，不搞学习光搞革命！"李强说："你明明晓得上海大学的经费是中山先生拨款资助的，哪能这样子瞎讲！"之后，李强向张永和报告了情况。

不久，李强、张永和再遇杨子英，又跟他辩论起来。听到杨子英还是胡说八道，年轻气盛的李强冲上去将他痛打了一顿。自那以后，杨子英一见李强就躲，再也不敢到上海学联找不自在了。

在恽代英的领导下，以共产党员、共青团员为主的全国学联和上海学联的运行类似于"一套人马、两块牌子"：对全国性学生运动用全国学联名义发令，对本地学生运动则以上海学联名义发令，外出演讲内容由党团组织决定，主持人皆为共产党员和共青团员。

1925 年 5 月 27 日、28 日，大批组织起来的学生到公共租界的南京路上演讲，他们的周围很快就聚集起不少工人和市民。租界当局派出大批武装巡捕用大棒子驱赶群众，当场抓捕学生 100 多人，老闸捕房看押房顿时人满为患。

30 日上午 8 点，李强和 2000 多名学生携带写着"打倒日本帝国主义""为死者顾正红报仇""保障工人权利——组织工会""释放被捕学生"等口号的纸旗，再次到南京路游行，并准备在事先划分好的地段组织演讲。南洋路矿学校负责的地段从山东路到云南路，是公共租界市政厅、老闸捕房和先施公司所在地，负责人是张超，他和李强分别照应队伍的前后两端。整个活动的总指挥部设在先施公司屋顶花园天韵楼，总指挥是恽代英、蔡和森等。

9 点，张超按预定计划发出通知，李强立即和同学们开始散发传单、演讲和呼喊口号。这时，一群武装巡捕骑马冲向人群，南京路上顿时一片混乱。附近的工人队伍火速赶来支援。当数千名工人、学生聚集在铁门紧闭的老闸捕房前，看见里面站满荷枪实弹的外国警察，枪口正对人群时，义愤填膺的人们发出了怒吼，反对帝国主义、要求释放被捕学生的口号声响彻云霄。

大约 10 点钟，英国巡捕房捕头爱洛生向手无寸铁的学生和工人开了第一枪。紧接着排枪响起，当场打死上海大学学生何秉彝等 13 人，其中年纪最小的一个中学生才 17 岁，伤者不计其数。

当时，张超与何秉彝并立站在一条板凳上，何秉彝中弹倒下的瞬间，张超随板凳摔在地上；而此时的李强正在照护学生队伍的后面，离铁门较远。张超与李强侥幸躲过一劫。

此即李强亲历的五卅惨案。

到棚户区去

五卅惨案发生的当晚，中共中央召开紧急会议，决定建立反帝联合阵线，组织行动委员会，发动上海工人罢工、学生罢课、商人罢市。在南京路上被打散的全国学联和上海学联委员们也于当晚重新聚集，一致决定通电全国呼吁声援。6 月 1 日、2 日，上海各校学生继续在南京路上演讲，各厂工人也纷纷以罢工声援学生。

上海总工会在五卅运动中应运而生，各级基层工会组织随之建立，工运蓬勃发展。上海总商会也在学生的压力下迫不得已同意举行总罢市。以罢工、罢课、罢市为主要特征的上海反帝运动给帝国主义以沉重打击，并迅速席卷中国，在各大中城市形成了反帝爱国运动的汹涌浪潮。

在五卅运动中，以上海学生为代表的全国青年学生表现出强烈的爱国热情和大无畏精神，全国学联曾在《通告第十号》中对此给予高度评价："自五卅惨案发生以来，我全国学生群众咸立于激进冲锋之地位，偕同全国民众，与万恶之帝国主义作决死之斗争，罢课示威，游行演讲，并进行其他各种奋斗之工作，勇往直前，未尝稍懈。"①

五卅爱国主义运动的强大震撼，以恽代英为代表的共产党人的人格感化，上海工人阶级在五卅运动中革命性、组织性和纪律性的阐扬启发，在李强的人生道路上发挥了拨云见日的作用。他带着新的感悟探求救民救国的道路，其人生选择发生了重大转折。李强认为，只有共产党才是彻底革命的党，只有工人阶级才是真正能打倒帝国主义和资本家的力量。他愿意加入共产党，参加党领导下的斗争。后来，他干脆不去上课了，天天在马路上搞宣传。

李强在帝国主义屠杀面前表现出来的勇敢精神以及参加上海学联工作的积极态度引起了中华全国学生联合会和上海学生联合会党团组织的关注。1925 年 6 月 10 日，郭伯和把李强约到共青团中央执委、上海地委书记贺昌（上海大学学生）那里，两人问李强是否愿意加入共青团，李强当即表示愿意。他后来在谈及革命初心时曾说：

要问我到底为什么入团和入党？为了生活过得好？不是的，如果为了生活那就安心读书将来做地主兼工程师（那时工程师挣很高的薪金），也没有想到革命成功后当上高级干部，也不能预料什么时候会胜利。以后也是做很危险的工作。周总理在我去胡志明小道之前也说：李强过去是很勇敢的。意思是还要拿出过去的勇气，到危险的地方去。

① 参见张超：《上海学生"五卅"奋斗记》，中央团校青运史研究室王连弟、宋毅采访整理，1982 年 11 月。

在谈及如何在五卅运动的引导下走上革命道路时，李强说：

五卅运动是在中共中央和中共上海地委的直接领导下进行的。五卅运动推动了全国的反帝斗争，锻炼和培养了党的干部，积累了斗争经验，壮大了党和工人阶级队伍。五卅运动显示了中国共产党领导下的工人阶级和中国人民反对帝国主义斗争的巨大力量，它沉重地打击了帝国主义在中国的统治地位，开创了中国革命的新局面。我也正是在这场轰轰烈烈的反帝斗争中得到了锻炼和启迪，开始认识到了人民的力量是不可战胜的。从这时起，我便走上了革命的道路①。

李强被批准加入共青团，成为上海南洋路矿学校早期共青团员之一。他经常出席共青团的会议，参加共青团的活动。6月14日，上海学联成立"学生军事委员会"，推选朱义权为委员长，腊彭寿为副委员长，梁俊青、田宏涛为宣传委员，俞昌时、陈葆元为组织委员，骆美伦、杨爽为交际委员，李强为军事委员。在此期间，李强学会了打枪。不过他当时没想到，这一"偶得"为后来从事共产党的秘密工作打下了重要基础。

不只是李强，很多学联积极分子都在这个时期加入了共产党或共青团。其中有李强经常联系的上海南洋大学学生顾谷宜、陆定一、张永和；东亚同文书院学生会执委梅电龙和他的堂弟梅中林，学生代表高尔松、高尔柏兄弟俩以及吴开先（吴开先在四一二反革命政变后叛变革命）；上海亚东医科大学学生会主席俞昌时和他的弟弟、上海南洋中学学生俞昌准；上海大学学生阳翰笙（原名欧阳继修）、学生代表何成湘；以及松江景贤女中学生范志超；等等。

加入共青团后，李强转做青年工人的工作。很快，他就在五卅运动的转折处受到了严峻的考验。6月26日，由买办资产阶级操纵的上海总商会宣布"无条件"结束总罢市，加上学生放暑假离校，总罢课实际上也已结束。

---

① 参见1985年以来李强的多次谈话，张瑞玲记录，薛幸福整理誊写。

在帝国主义列强和北洋政府的联合镇压下，25 万上海工人承受着双倍的政治压迫，完全陷入经济困境。上海最大的《申报》曾刊文评论道："工人恃日常工作以为生，今悲愤所激不惜牺牲，罢业期内赡蓄无资，生活无定，其情可念，其事可怜。"① 值此危急关头，能否实实在在地帮助孤军奋战的罢工工人，就成为上海反帝斗争能否长期坚持下去的关键。

上海之夏酷热难耐，大多数外地学生返乡度假。上海南方大学、大同大学校方趁机宣布停止伙食，不许住校，企图逼走反帝爱国冲锋在前的上海学联。不少上海学联的积极分子在高压下急速退却，五卅运动实际上"偃旗息鼓"。然而，就在一部分不甘心失败的激进青年还在空谈革命之际，李强却和一批共青团员抱着真正研究国情、解决问题的决心，脱下西装、长袍，深入工厂、矿山、棚户区，在近乎文盲的工人中普及社会主义思想，发展组织、开展工运。

根据中共上海地方执委会的指示，李强和诸有伦被派往上海工人最集中的曹家渡区工会第五办事处从事青年工作。当时第五办事处党的负责人是陈祝三，团的负责人是瞿秋白之弟瞿景白。

李强和诸有伦每天从市区坐火车去曹家渡。在第五办事处工人代表顾修的协助下，他们冒着酷暑走遍棚户区，挨户分发救济款，组织工人对付工贼流氓，带领学生印刷、分撒、张贴传单和进行街头演讲。半个世纪后李强说，"敌人搞一些流氓打我们，我们也打他们"，云淡风轻地概括了那段充满激情的战斗生活。

无疑，李强是五卅运动中成长的青年才俊，不仅在运动中爆发出强烈的爱国热情，还锻炼了勇敢的斗争精神。虽然他仍是一名没有完全脱离"象牙塔"的知识分子，但当他穿上工装弯腰低头进门，与工人同吃同住同斗争时；当他掀起锅盖问饥饱，握住工人双手察冷暖时，当他耳闻目睹了工人的悲惨生活时，内心受到强烈震撼。

---

① 原载于 1925 年 6 月 26 日《申报》。转引自胡卓然：《谢文锦传》，江苏人民出版社 2016 年版，第 139 页。

上海纱厂女工尤为凄惨的境遇在李强心里留下无法抹去的印痕。40多年后，李强从纱厂工人"倒班"这一细节切入，详细叙述过女工生活的悲惨世界。笔者相信，作为一个生活优渥的富家子弟，若不是对工人生存状况有深刻透彻的了解，若不是抱着真切的忧民之心，断断不会有这样令人动容的描述。他说：

> 纱厂女工每天"六进六出"（早六点进去，晚上六点出来），其中半小时吃饭（机器）不能停车。干一星期白班，下一星期就是夜班（一样"六进六出"），每天四毛（钱）。所谓星期天休息：星期六的夜班还开工，星期天白天停12小时，晚上又开工。一个工人做一星期白班，星期六晚下班，星期日上夜班，一直干七个夜班到星期天早上下班，下星期一早上又上班。吃饭一是大米饭冲开水，一块咸菜，一面吃一面看机器。下班时厂门口还抄身。到家做一顿饭吃，上班前做一顿吃一半，留一半到厂里吃。

李强记住了工人的苦难，意识到工人阶级固然需要最起码的怜悯，但共青团员必须跳出"深切同情者"的角色，以彻底"无产阶级化"为人生目标，成为他们中的一员，为他们解除痛苦谋幸福。作为一名工运"新人"，他放下清高，不懂就问，付出了比别人更多的努力，也越来越被党组织和工人群众所认可。

1925年8月，20岁的李强接替即将赴苏联留学的瞿景白的工作，主持成立了共青团曹家渡部委并担任书记。同月，经陈祝三和瞿景白介绍，李强转为共产党员。11月，被增补为共青团上海区委候补委员。

当时，共青团曹家渡部委的组织委员是毛齐华（毛飞），宣传委员是胡均鹤，两人都是产业工人。李强在他们的帮助下，以国民党上海执行部的名义在曹家渡发展国民党员，再把其中赞同共产党主张的人秘密发展成共青团员。到年底，曹家渡的共青团员已经发展到200多人。

当时，共产党有两个口号，"加入共产党，不要搞文学"和"入党再训练"，就是说共产党员要投身斗争，不要只写文学作品；大量发展党员，到党内再提高觉悟。河南开封有个基层组织发展到200名党员就暂停，训练好再发展的做法还被当作"范本"宣传。

这种情况表明幼稚阶段的共产党尚不能把握发展数量与质量的关系，在组织建设的认识上有很大局限性。受此影响，共青团曹家渡部委未再继续扩大组织。不过即使以今天的观点来看，在两个月里将共青团队伍扩展到"范本"水平，至少反映出曹家渡青年的革命积极性和李强等人的工作激情。

在李强主持下，共青团曹家渡部委每周开会研究如何发展团员和宣传共产主义，每月开展一次批评和自我批评。上海大学从西摩路搬到闸北青云路师寿坊后，李强组织青年积极分子每周去那里上一到两次党课，听瞿秋白、罗亦农、李立三、彭述之、郑超麟、恽代英等讲课，内容有政治理论、时局分析和工作方法等。李强与瞿秋白很熟，因为瞿景白总是带他到家里看书，听瞿秋白讲话。

当时，薛萼果（孙冶方，首任中共无锡支部书记）和刘仁静（中共一大代表，时任共青团上海地委委员）曾来曹家渡检查党团工作，发现共青团曹家渡部委的工作非常活跃，成效突出，两人很满意，对李强给予了高度评价。

1926年春，李强担任共青团上海浦东部委书记。

当时的浦东既没有大学，也少有中国资本家投资办厂，但外国资本家开设的工厂很多，如日本纱厂、英美烟草公司和修船厂等等。由于共产党和国民党在宗旨和性质方面的本质区别，当时在外资工厂里只有共产党员和共青团员，没有国民党员，工运中也极少有国民党左派参加，更见不到那些根本无视工人生存状况的国民党右派了。在这种情况下，李强专心向工人宣传共产主义，发动工人同外国资本家作斗争，不再将帮助国民党发展组织作为主要工作。

浦东工人非常集中，尤以冷作工（钣金工）、铆工和码头工人最多。李强发现浦东工人喜欢扎堆听沪剧。一把胡琴一副板，一面小锣敲起来，委婉的俚曲勾起无限乡愁，唱的、听的落泪，痛苦就暂时忘却了。根据这种情况，李强就晚上跑棚户区，跟工人一起听沪剧聊家常。

李强与共青团浦东地委宣传委员李伯钊、青年委员陈英发等人在浦东工人中积极开展各种活动。比如开办贫民夜校，由李伯钊等任教员，为工人补习文化。通过扫盲来提高工人觉悟，以通俗易懂的方式宣传革命道理，让工人了解马克思列宁主义的一些基本知识。与此同时，教他们学会一些劳动技能，以利谋生。

他们还开办了贫民医院（实际上是门诊部），安排两位共产党员医生给工人看病。一个叫周新民，一个叫傅君亮，每周来几次，并在百老汇路口华德药房设有门诊，帮助工人解决实际困难。

20 世纪二三十年代的浦东棚户区是名副其实的贫民窟。李强天天在贫民窟里进进出出，在卫生条件极差的工人家中做组织宣传工作，再好的身体也难免被感染。李强长了一身疥疮，全身皮肤溃烂流黄水，后来是请医生为他注射一种代号"914"的针剂（英文名称"新沙尔文森"），许久才痊愈，还在胳膊上留下了疤痕。

去棚户区愈多，李强对自己封建家庭的发家史就愈发感到惭愧。生活在水深火热中的工人阶级助李强洗涤心灵，完成了脱胎换骨的思想改造；工人阶级强烈的革命要求激起了李强进一步搞好工人运动的责任感。以李强为代表的一大批青年知识分子就是通过亲近工人、为工人办实事等实际行动赢得了工人的认同，使共产党在工人阶级中的影响迅速扩大。从此，共产党不再站在工人群众之外，而是具有了通过工人中的共产党员和共青团员直接发动工人运动的能力。

在浦东工作期间，李强认识了江元青、赵世炎、宋三妹、徐大妹、范孟叔、杨培生（上海总工会副主任，后被捕牺牲）、陈延年、陈乔年，见过陈独秀，还同任弼时一起经历过一次险情。

那是任弼时前来巡视，李强在贫民夜校向他汇报工作时，突然一位共产党员递来一张纸条，告诉他有工贼在门外在等着，你们要赶快离开。就在这时，门口传来吵嚷声，工贼已堵上门了。李强给这个党员使了个眼色，让他缠住工贼，自己拉起任弼时就跑。两人跑到陆家嘴，花钱叫了一只舢板摆渡过了黄浦江。待工贼追到江边时，小舢板已划到江中了。

刚过江，两人又被盯梢。跑到苏联总领馆附近时任弼时说："如果脱不了梢就到苏联领事馆去，进去后坐他们汽车再冲出来！"李强却固执地拉着他继续跑。两人七拐八拐，一直跑到宝山路才摆脱盯梢。李强找了家小馆子，以嘈杂人声为掩护，与任弼时边吃饭边谈工作，再分头离开。

一口气跑上几里地对于 21 岁的李强来说并不难，却给他留下了深刻的印象。只因他拼命掩护的任弼时时任共青团中央局总书记、组织部主任，早已被敌人重点"锁定"。他到浦东，引来工贼堵门；过江到浦西，立马被包探盯梢，始终处于"无缝衔接"的严密监视下。

李强知道，共产党同帝国主义和反动当局的斗争是你死我活的，地下工作者必须意志坚强、慎之又慎、机警无畏，"一念之差"和放纵浪漫不仅会葬送自己，还会葬送革命。千万不能麻痹大意，千万不能心存侥幸，千万不能放纵自己。

李强自幼体察世态炎凉，现在为躲避那些时时呼啸而过的警车和密布街头拐角处的侦探，躲避帝国主义和反动当局在光天化日之下将革命者绑走的危险，他的内省意识就更加延展了。环境逼着他辨识外在环境的真伪，注重微小琐碎的细节；逼着他学会秘密传递文件、经常改变开会地点、用暗号接头以及用各种办法甩掉盯梢。这种历练为他做地下工作打下了重要基础。

李强还学会了与青帮打交道。

青帮始于明盛于清，最初是以运粮船上的执事、水手和纤夫等为发展对象的秘密组织。20 世纪初青帮大发展，主要成分是工人，尤以卖苦力的工人最多。背井离乡的工人对陌生城市充满无助感，为对付帝国主义和封建势力的双重盘剥、寻求庇护，甚至只是为了生计，也不得不循着地缘或宗族关系加入青帮，"借一步走走"。

民国初期青帮势力坐大。上海大部分工厂的工人，全部搬运工，大部分华捕，全部"包打听"以及一大批"有头有脸"的市民都在青帮支配之下，"老头子"（师傅）的命令之效力甚至强过租界工部局。到 20 世纪 20 年代中后期，青帮与北洋军阀当局、租界巡捕房已深度勾结，走私鸦片、垄断经济、绑架勒索、强取豪夺，成为与当局党政军各路皆通，既"暴力"又"秩序"的一股社会力量。

李立三曾说："上海工运最大的问题是帮会，不理他们要失败，过于相信他们，也会失败。"在共产党员人数太少，尤其缺少来自工人阶级的党员，青年学生党员又缺乏实际经验的情况下，共产党对青帮采用"渗透"策略，利用青帮关系联合工人，贯彻工会政策，从内部对青帮施加影响。

1921年8月，李立三等人在英美烟草公司浦东工厂实施"渗透"策略，建立了受共产党影响的工会，取得了罢工胜利。由于李立三坚持将青帮少数工头与普通门徒区别开来，坚决打击资本家的走狗、破坏罢工的工贼，引起青帮工头对共产党的抵制。于是，在如何加快"渗透"青帮和防止国民党利用青帮的问题上，共产党领导的上海总工会采取了更为积极的工作姿态。

当时，上海总工会的码头工会设在浦东，原英美烟草公司工人顾顺章一度担任过码头工会主任。而共青团浦东部委就设在烂泥渡路（今陆家嘴一带），李强就是在这个时期因工作关系认识了顾顺章。顾顺章是工人出身，不仅了解工人，也熟悉青帮。有一次，顾顺章与李强谈起如何深入工人群众做工作，他说，青帮在上海工人中势力很大，扎根民众很深很广，你应加入青帮，利用他们为共产党做事。顾顺章还讲了不少青帮如何"讲经头""吃讲茶""摆日脚""拉台子"以及他如何在五卅运动中打工贼的情况。

1926年5月的一天，顾顺章带着李强去见烂泥渡兴隆园茶馆老板张德祥，拜他为"老头子"，还照规矩给张德祥送了100元。张德祥看到李强拂扫衣袖、下跪叩头，恭恭敬敬递上帖子，上写"学生某某某，拜张德祥门下为徒，一宗流传，万古千秋，水往东流，永不回头"，心里很是受用。他感到李强骨子里有种难得的清奇，可谓既有学问又有本事，更重要的是还懂"江湖"，这样的人就是在青帮里也很少见。

李强肯来，让张德祥很有面子。他顾不上帮规礼仪，招呼手下人给李强搬来椅子坐下，还亲自讲起了本门发家史。他说，按照青帮"理、大、通、悟、觉、嘉、律、传、宝"的辈分序列，他是"通"字辈，"二十二炉香"，李强在其下，是"悟"字辈，今日只是初次见面，以后还要开香堂，才算正式拜师。

开香堂是件大事，场面极隆重，程序很烦琐。但既然是在青帮一呼百诺的张德祥要开香堂，自然是板上钉钉了。李强就等着张德祥的消息。

这年 7 月，组织上通知李强去吴淞担任共青团吴淞部委书记。李强去了刚租好住处，罗亦农又通过中共吴淞部委书记佘利亚把李强调回来，为上海工人武装起义秘密研制炸药、手榴弹，以迎接已长驱直入江西的北伐军。与此同时，顾顺章也被调来准备暴动。既然是党的秘密任务，李强就不可能跟张德祥的手下联系，加上 10 月他又奉命到常熟发展组织、建立政权，开香堂就推后了。

谁料世事无常，不久，张德祥也摊上大事。

他有三个儿子，都是从小在江湖码头上玩大的。老大金铃听顾顺章说某人是工贼，就一枪打死那人后逃出去避风。老三永铃自小就不是省油的灯。张德祥最为疼爱的老二木铃也因牵涉一起枪案被巡捕房关押。张德祥着急忙慌上下打点。

正值上海工人第三次武装起义，巡捕房勾结北洋军阀对付上海工人武装起义，武装起义胜利后又发生了四一二反革命政变，没人顾得上搭理张德祥。张德祥花了海量银子也没救出儿子，一时急火攻心，不日竟命赴黄泉。众人慌忙举丧办事荐新头儿，开香堂之事被彻底放下，递了帖子、没开香堂的李强就成了"一只脚门里、一只脚门外"的人。

尽管没开香堂，张德祥的手下对李强依旧很尊敬。有了这种特殊身份，李强在"江湖"上行事自如，遇有急需，打个招呼，他们总是很卖力。李强与青帮不少人交了朋友，他不懂就问，借此机会将青帮规矩，包括各种"隐语"、手势摸了个透。

第二章　紧要关头

初涉军火制造

1926 年 6 月，李强被任命为共青团上海吴淞部委书记。此时的李强还不知道，中共中央基于工人阶级在五卅爱国运动中的亮眼表现以及共产党组织快速壮大的实践经验，已对民主革命的许多重大问题形成新的认识，作出了新的部署。

这年 7 月 12 日至 18 日，中共中央在上海召开四届二次扩大会议，集中讨论北伐中党的组织路线、国共合作的策略和民众运动等问题，通过了中共中央《第五次对于时局的主张》以及 14 个决议。7 月 25 日，中华全国总工会发表了《对国民政府出师宣言》。

7 月 26 日，罗亦农在中共上海区委特别扩大会议上传达中央四届二次扩大会议精神。上海区委指出："目前最重要的问题，就是中国革命的工人阶级与资产阶级争领导地位的问题。"从 9 月上旬到 10 月下旬，中共上海区委召开一系列会议，明确提出要号召国民会议运动，在上海发动一次民众暴动，夺取上海的市政权①。根据会议精神，罗亦农火速调回李强，要他放下手头工作，全力以赴研制火炸药，以备"作战和破坏铁路、桥梁、建筑物"之用。

一个工科大学没毕业的青年学生，对化学知识仅是"粗知一些"，要

---

① 参见中共上海市委党史研究室：《1921—1933：中共中央在上海》，中共党史出版社 2006 年版，第 165—173 页。

▶匕首之刃
——李强传

在北洋军阀当局严密防范的情况下研制火
炸药，即使在今天看来也难以做到。但李
强却怀着天降大任的神圣感，白手起家投
入战斗。半个多世纪后，他回忆道：

罗亦农

　　我在读中学和大学的时候，自然科学的
基础课学得较好，平常也喜欢钻研这方面的
东西。但我对化学知识只是粗知一些，不太
在行。于是，我到书店里去买了几本英文版
的有关制作炸药的书籍，又在旧书摊上买了
一些兵工方面的参考书，自己学习研究。弄
懂了以后，就按照书上讲的方法去制作。

　　我做炸药的地方是在上海闸北区青云路上海大学附近的一条弄堂里。
那条弄堂不大，全是一楼一底的房子，只住有二十几户人家。我住的门牌号
码记不清了。我的侄子曾雍苏也曾帮助我一起做炸药①。

　　制作炸药的材料要自己去买。李强到化工仪器公司买来石碳酸、硝
酸和硫酸等，将材料按照一定比例混合，硝化成苦味酸（也叫"黄色
炸药"），做成二百克一块的炸药包，中间留孔插上自制雷管，外面用
蜡纸包好，炸药就做成了。第二天，李强就和顾顺章一起去试验效果。
李强说：

　　第二天，我和顾顺章带着做好的炸药找地方试验。早晨，上海街上的
人很少，我们在闸北公园选了一个地方，离宋教仁墓不远。我们将炸药放在
地上拉了火转身就跑。刚跑到弄堂里就听到轰的一声响。稍等片刻，我俩过
去一看，炸了一个大坑。试验成功了②。

① 《李强文存（1924—1994）》，李延明整理，中共常熟市委党史工作办公室2002年印，
　　第205页。
② 1985年以来李强的多次谈话，张瑞玲记录，薛幸福整理誊写。

制造炸药十分危险，因为私人做炸药属违法，既不能让警察发现，又不能让街坊四邻知道，而且这种炸药稳定性差，稍有碰击便易发生爆炸。所以李强小心翼翼，不敢有一点马虎。

炸药试制成功后，李强即准备做手榴弹。但制造手榴弹必须翻砂，需要较大的场地，而且不利于保密，李强只好罢手①。

1926年10月24日是上海工人第一次武装起义的日子。起义的主要负责人是中共江浙区委（即上海区委，下同）书记罗亦农，中共江浙区委组织部部长兼上海总工会党团书记赵世炎，上海总工会组织部主任、上海总工会代理委员长汪寿华，总指挥是李震瀛，以及共产党员和国民党员各200名。此前，共产国际曾于9月向中共中央发出指示，要求中国共产党对这场运动"从旁加以支持，不抛头露面，也不谋求领导权"，向共产国际汇报。同时建议中共中央：反对北洋军阀孙传芳的工作"应由亲日资产阶级人士来领导孙的反对派"②。于是，共产党让出了起义的领导权。

国民党临阵脱逃，导致作为起义信号的军舰炮声未能在24日凌晨按时发出，因此，除了南市区外，其他大部分地区均未发动，只有一个20多人的队伍袭击了派出所，并被通知立即停止行动。由于事发突然，当时未接到停止起义通知的两位年轻共产党员——奚佐尧和陶静轩壮烈牺牲，另有十几人被捕。

李强与奚佐尧、陶静轩很熟悉。奚佐尧是中共上海区委军委委员、上海工人第一次武装起义总指挥部七成员之一。他在冒险给工人纠察队运送枪支时被北洋军阀孙传芳部杀害，年仅29岁。陶静轩是上海浦东码头工人纠察队总指挥，在组织工人纠察队进攻第三区警察署时被捕牺牲，年仅36岁。李强永远忘不了奚佐尧被押赴刑场时面对敌人毫无惧色无情揭露；忘不了陶静轩临刑前大义凛然地说，死也要面向沪西工人兄弟，遂面西挺立从容就义。

上海工人第一次武装起义失败的根本教训事关领导权。罗亦农在总

---

① 1985年以来李强的多次谈话，张瑞玲记录，薛幸福整理誊写。

② 中共上海市委党史研究室：《1921—1933：中共中央在上海》，中共党史出版社2006年版，第173页。

结时指出，"我们没有让无产阶级起首要作用"，"我们既不了解自己的力量，也不了解盟友和敌人的力量。我们无疑过高估计了资产阶级的作用，在某种程度上成为机会主义者，把整个主动权让给了资产阶级……正因为如此遭到了失败"。

陈独秀指出，"……我们应当始终准确地事先告知自己，我们去干什么：是举行人民起义还是进行单纯的军事发动。但无论在哪种情况下，都应当很好地了解实力，了解军事组织等等"，"应当准备好军事力量"。他强调："中国是半殖民地国家，这里军事因素起着头等重要的作用。没有军事力量，无论在这里还是在湖南都不可能举行发动。""参加下一次发动的力量将是：（1）工人；（2）国民党军事力量；（3）资产阶级。但不要把资产阶级看作先锋队，它将是胜利后的一个政治因素。"①

这年 12 月，奉中共中央之命，周恩来离开广州来到上海，担任中共中央组织部秘书兼中央军委委员，并于次年 2 月担任中共上海区委军事委员会书记②。颜昌颐等人也被调到上海，以加强武装起义的军事领导力量。

作为走进革命队伍不久的李强当时根本想不到，这次调动不仅为上海工人武装起义的最终胜利打下了重要的组织基础，也为他同周恩来、颜昌颐等人的革命交往埋下了伏笔。

中共中央领导人对军事力量的高度重视，使下一次武装起义的准备工作有了明确的指向。手榴弹是武装起义不可缺少的武器，但对李强而言，时间已来不及了。于是他想到通过北洋军阀张作霖部的士兵购买现成手榴弹的办法。这个想法得到罗亦农的充分肯定，李强立即出手。

张作霖手下的士兵大部分是北方人，进驻上海后大开眼界。李强利用他们急需搞钱去赌、去玩的心理，找了几个工人与他们交朋友、拉关系。"我们给钱，他们去偷"，三块钱一枚，每次可买几十颗，不几天就搞来不少手榴弹。买来的手榴弹也有炸不响的，李强回忆道：

① 中共上海市委党史研究室：《1921—1933：中共中央在上海》，中共党史出版社 2006 年版，第 173—174 页。

② 中共中央文献研究室编：《周恩来年谱（1898—1949）》（上），中央文献出版社 2007 年版，第 100、102 页。

买来的手榴弹质量也不保险，有的炸不响。1926 年 9 月，我回家乡常熟时，随身带了两颗买来的手榴弹，在常熟北城门外的桃源涧找了地方试投，结果没有响，只好捡回来扔到河里[①]。

曾雍荪（李强的堂侄）曾帮助李强试验手榴弹。据他回忆，那天出城门时为防止警察搜身，李强把手榴弹绑在腋下、藏在衣服里。警察搜身时，就把两手举得高高的，结果没被发现。

李强还发动煤矿工人中的共产党员和同情共产党的工人，偷出一部分采矿用的导火索和炸药。就这样，凭着一股愣头青的精神，李强硬是把手榴弹、导火索和炸药都备上了。

1927 年 2 月 18 日，北伐军占领杭州。19 日，上海总工会正式下达全上海总同盟罢工令，提出"响应北伐军，打倒孙传芳"的口号。22 日，中共上海区委成立上海市民临时革命委员会，领导上海工人第二次武装起义。但起义军遭到北洋军阀孙传芳和租界工部局的联合镇压，工人纠察队损失惨重。

23 日，中共中央和上海区委举行联席会议，决定停止第二次起义，同时成立领导和组织第三次武装起义的最高决策机构和指挥机关特别委员会，组成人员有陈独秀、周恩来、罗亦农、赵世炎、汪寿华、尹宽、彭述之、萧子璋，由中共中央直接领导起义。24 日，特委会举行第一次会议，决定组建 5000 人的工人纠察队和 500 名能用手枪的工人自卫队。

特别委员会的成立和周恩来、颜昌颐等人的"加盟"使武装起义的军事准备和宣传攻势明显得到加强。在军事力量上，特委会积极扩大武装组织，开展各种军事训练；在政治宣传上，利用多种方式将共产党的政策和策略告诉广大工人群众；在组织上则采取措施扩大上海市民公会，以备起义成功后能够建立市民政权。

与此同时，还连续发表《为上海总同盟罢工告上海全体工友书》以及《为上海总同盟罢工告民众书》，向公众指出第二次武装起义失败的缺点

---

① 《李强文存（1924—1994）》，李延明整理，中共常熟市委党史工作办公室 2002 年印，第 205—206 页。

主要是"没有武器装备，没有武装暴动的决心"，号召上海革命市民动员起来，同工人一起反抗帝国主义和军阀联合干涉中国革命，如不停止干涉，上海工人将"以武力回答武力"，等等。

从会议决定到秘密准备，共产党将筹集第三次武装起义所用武器的重要性和紧迫性提到了前所未有的高度，限定于 3 月 5 日前要把"各项技术性工作"做好，同时派人到处筹款、购置武器。李强受到巨大鼓舞，也切实感受到武器筹备工作的紧迫性，他很快就在轮船上建立了暗中进行短枪交易的固定渠道。他后来回忆道：

　　在准备武装起义期间，我们还为指挥部购买了一部分手枪。这主要是通过轮船上的水手买来的。买一支驳壳枪要 100 块银元，买一支手枪要60 块银元。负责同水手联系买枪的人叫李克明，他是苏北人，原来是个工人，五卅运动时期参加了电车工会，和顾顺章一起搞过工人纠察队。这个人在大革命失败后不知道到哪里去了①。

1927 年 3 月中旬，北伐军分三路向苏州、常州和松江进军，对上海形成了包围。20 日晚，北伐军抵达上海近郊。经周恩来此前提出、中共中央兼上海区委特别委员会确定的"假使松江下，必可动，因毕（庶澄）决不致再守上海。苏州下，也必可动，因他也不能枯守上海，同时，他的兵队必有一部分溃散"②的起义时机终于到来。中共中央决定于 21 日中午12 时举行全市总同盟罢工，并立即转为武装起义。

命令下达仅 3 个小时，80 万工人就实现了空前规模的总同盟罢工，与此同时，学生罢课、商人罢市。以 3000 名工人纠察队为骨干的起义队伍冲锋在前，同驻在上海的直鲁联军毕庶澄部和其他军警等共 5000 余人激战了30 多个小时。22 日下午 6 时，上海工人第三次武装起义取得胜利。

---

① 《李强文存（1924—1994）》，李延明整理，中共常熟市委党史工作办公室 2002 年印，第 205—206 页。

② 参见中共中央文献研究室编：《周恩来年谱（1898—1949）》（上），中央文献出版社2007 年版，第 107、109 页。

上海工人第三次武装起义指挥机关所在地——上海总工会

李强虽未直接参加武装起义（此时他已奉命到常熟建立党的基层组织），但他所筹的炸药、起爆药（雷汞）和手榴弹、枪支全都在起义中用上了。他后来回忆道：

我们为武装斗争指挥部总共搞到了大约 100 多支短枪，几百颗手榴弹，还有许多炸药。这些武器在上海工人第三次武装起义中发挥了重大作用。在第三次武装起义中，我们在攻打警察局时，又从敌人手里夺了一批武器弹药，主要是步枪。在和奉军毕庶澄的部队打仗时，我们又缴获了一些武器弹药，其中还有机关枪[①]。

李强没想到后来又第二次奉命做手榴弹。那是 1930 年 6 月，实际主持中共中央工作的李立三推行"左"倾冒险主义政策，盲目决定在

[①] 《李强文存（1924—1994）》，李延明整理，中共常熟市委党史工作办公室 2002 年印，第 205—206 页。

▶ 匕首之刃
——李强传

全国各中心城市举行"武装暴动"和"总同盟罢工"。武装暴动需要手榴弹，但李强研制手榴弹的工作却因不具备条件而很快结束，他后来回忆说：

我和张枕亚把马口铁加工成手榴弹壳，里面装上黑火药。为了提高手榴弹的威力，我们还在黑火药中放了滚珠。由于一时弄不到导火索，只好用自制的药捻子代替，这样延迟期就无法保证。手榴弹做成后，想试验它的效果，共产党员周明自告奋勇承担试验任务，把它扔到大华饭店后围墙的外面，由里向外扔，还没有出手就炸了，手榴弹变成了掌心雷，周明的虎口被炸裂，赶快跑到同德医院找认识我们的医生给包扎，制造手榴弹的工作也就到此结束①。

秘密研制炸药、手榴弹，无论成功与失败都是宝贵的经历。李强体会到，一个人在求学时代就要努力学习，打下扎实基础，有了扎实基础就能触类旁通、举一反三。后来，他在上海研制无线电收发报机，以及在陕甘宁边区第三次"重启"手榴弹研制，并达到工厂化和规模化生产的程度，无不循着"努力学习、打牢基础，触类旁通、举一反三"的思路。但他从未想到，以初涉军火制造为起点，他会走上一条"革命＋科技"的独特道路。

琴川河畔的小屋

1926年2月上旬，常熟古城沉浸在喜庆的气氛中。还有几日才到年三十，可家家户户都备好年饭，买了鞭炮、香烛和供品。傍晚，李强走出家门踏上通江桥头。站在桥上西眺，苍茫暮色中是秀美的虞山和似悬于空际的辛峰亭；东望，不仅有细流涓涓，还能听见家家户户灶间里争先恐后

---

① 1985年以来李强的多次谈话，张瑞玲记录，薛幸福整理誊写。

传出的锅铲碰锅的声响。掌灯的人家门前悬着祈祥的树枝，也有更多紧闭着的黑乎乎的大门。

常熟本是富裕之乡，近年却台风、水灾、夏旱接连不断，造成死稻遍地，尚余的稻米没等登场就被缴了租，无数被迫外出躲债的人们给家乡留下了残破的院落。乡音乡情与忧民之情搅一起，李强心里沉甸甸的，有说不出的滋味。四年前因一篇抨击封建礼教的作文被学校除名，当时自己是多么沮丧！若不是经周奎举荐去上海读书，后来走上革命道路，现在还真不知是什么命运！

被这份感慨激励着，李强又兴奋起来。他四下观察，确认一切如常，就向背街拐角处的小屋走去。此前，中共江浙区委（即中共上海区委）指示旅居上海的江浙籍共产党员利用寒假之机回乡建立基层组织，迎接即将到来的北伐军。李强奉命回到常熟创建党团组织，同时兼顾研制炸药、手榴弹的任务。现在，他在等上海大学附中学生周文在。

周文在小李强一岁，出生于常熟的一个书香之家。1925年在五卅运动中被捕，经各地学生竭力声援才获释。他回到常熟后，组织进步青年成立"改作社"，创办补习学校，以上海大学社会系教材为课本，讲解改造社会的革命道理，是年冬加入共产党。周文在一家倾向革命，其父后来被推举为国民党常熟县党部执委。

李强、周文在沿着琴川河畔的青石小路走了不到两百米，作出了一个事关古城命运的重要决定。

李强对周文在说："你晓得的，常熟已有100多人秘密加入国民党，建立了三个国民党区分部，对外以'城北同志联欢会'和'城南同志联欢会'的名义联系青年、发展会员。'城北同志联欢会'就设在我堂侄曾雍荪家里。五卅运动期间，两个联欢会都积极投入了声援上海罢工工人的活动。"

周文在说："我晓得。曾雍荪还在诚一中学发起成立进步团体'反基督教同盟'，揭露帝国主义利用宗教奴役中国人民的阴谋，发动学生反对在校内悬挂美国国旗和向美国国旗致敬。'反基督教同盟'和我发起的'改作社'已为我们建立组织打下了基础。"

"对呀！"李强兴奋不已，提高了声音，立刻左右环顾一下压低声音告诉周文在，他曾介绍常熟进步青年、上海大学社会系学生王耕英加入国民党。王耕英又发展了其他进步青年参加国民党，目前因病辍学在家。李强认为，如果曾雍荪、王耕英加入共青团，就意味着在常熟建立党的基层组织已具备了条件！他右拳猛击左掌，热切地对周文在说："怎么样，干吧？"

"干！"周文在点点头，坚定地回答。

2月11日晚上，曾雍荪家的书斋"亦爱庐"（今通江路12号）。狭窄的房间被一张褪色方桌和四把旧椅挤得满满当当，掩紧的窗帘隔开了外面的喧嚷。灯光烛影下，四个年轻人围桌而坐，李强、周文在神色庄重，曾雍荪、王耕英心情激动，他们期待着人生的政治洗礼。

今晚的李强，明亮的双眼显示出坚定的意志，内心激荡着青春的热情。他指尖蘸茶水在桌上写下"C.P"（共产党）、"C.Y"（共青团）和镰刀锤头图案，又轻轻抹去，谈起共产党的主张：

山河破碎、国弊民穷，中国到处有剧烈的冲突；生活在社会最底层的几万万劳苦大众起来完成自己的历史使命，御外侮、清内患，其势必将如暴风骤雨，迅猛异常……

巍巍皇皇之大业，需要顺乎天、应乎人的革命者。革命！革命！有志青年不应徘徊，应组织起来参加革命，为推翻帝国主义、封建主义压迫，争取国家统一、民族独立，建立美好的共产主义社会而奋斗……

既入组织，我等就不再是平常人，而是由特殊材料铸成的人，应以崭新面貌、蓬勃朝气示人，经得起炼狱之火的考验，遵守纪律，保守秘密，坚持到底，永不叛党……

这天晚上，直属中共江浙区委的常熟特别支部正式成立，四名成员，党团混合，李强、周文在是共产党员，曾雍荪、王耕英是共青团员，李强任书记。夜里，李强回到家，即给林育南（时任全国总工会上海办事处秘书长）写信报告情况，内容如下：

育南兄：

现在常熟已介绍两位新同学，连上大附中同志周文在一共四人，已成立特别分校，书记暂由我兼，考察之后再指定书记。以后请寄通告等来，通信处是常熟通江桥曾永生（雍苏）转陈美红收。

明日拟成立——灰色团体——常熟青年社——是半公开性质而带有无产阶级革命的意义。成立后将一切情况详报。

现在分校每天上课一次，此后或可发展到五六人左右。

曾培洪

2月11日 [1]

四天后，李强再次写信向上级汇报情况，内容如下：

常熟特别分校已经组织好了，前已报告了曾延，请你再对曾延说"快快寄信来"。

周文在是同学，我的信在他处转。

陈美红

15日 [2]

1926年2月17日，李强写信给曾延报告情况，内容如下：

曾延：

信已收到。五月月刊三本，保护青工三本，中学决议案五本，大学校刊六本，收到不误。以后通信处以（已）改，请注意。

---

① 参见中央档案馆、上海档案馆：《上海革命历史文件汇集（1923—1926）》，1986年。《李强文存（1924—1994）》，李延明整理，中共常熟市委党史工作办公室2002年印，第2—4页。

② 参见中央档案馆、上海档案馆：《上海革命历史文件汇集（1923—1926）》，1986年。《李强文存（1924—1994）》，李延明整理，中共常熟市委党史工作办公室2002年印，第2—4页。

工作的报告，我来沪时再报告。

常熟　曾培洪

二月十七日 ①

　　根据这三封信明暗语间杂的特点进行分析，李强可能是通过林育南和曾延—林仲楠—罗亦农这一渠道，向中共江浙区委和共青团中央汇报常熟特别支部的创建和活动情况。

　　信中的落款"曾培洪"是李强的本名，"陈美红"是"曾培洪"的谐音化名。

　　"两位新同学"是指刚加入共青团的曾雍荪、王耕英。因周文在以公开身份回乡休假，所以李强对他的名字未使用暗语。周文在于当年 8 月考入黄埔军校，任国民革命军第二方面军第二十军学兵营连政治指导员，后来参加了南昌起义。

　　"特别分校"是指中共常熟特别支部。李强完成特别党团支部创建工作后曾短暂返回上海，其间特别支部工作交由王耕英负责。四一二反革命政变后，共青团常熟特别支部从党团混合的特别支部里分立出来单独活动，由曾雍荪任书记。不久，曾雍荪被捕，共青团特别支部遭到破坏，但很快又重新开展活动，在白色恐怖下发展到 14 名共青团员 ②。

　　"每天上课"是指紧张而丰富多彩的特别支部活动。信中提及四种进步刊物（刊名均被隐去）的邮寄清单，说明特别支部的学习资料均由李强的朋友从上海邮寄。

　　这个特别支部的最显著特点是动力强劲。正值大革命紧要关头，李强、周文在、曾雍荪、王耕英等青年知识分子把对家乡的挚爱、对革命

---

① 参见中央档案馆、上海档案馆：《上海革命历史文件汇集（1923—1926）》，1986 年。《李强文存（1924—1994）》，李延明整理，中共常熟市委党史工作办公室 2002 年印，第 2—4 页。

② 中共江苏省委组织部、中共江苏省委党史工作办公室、江苏省档案馆：《中国共产党江苏省组织史资料（1922. 春—1987.10）》，中共党史出版社 2014 年版，第 43 页。江苏省常熟市地方志编纂委员会：《常熟市志》（修订本），上海辞书出版社 2006 年版，第 16 页。

信仰的执着追求以及从五卅运动中获得的斗争经验化为满腔激情，不分昼夜苦战奋斗，发动群众向着解放的路上奔跑。

他们对国民党的前途进行了深入探讨，一致认为共产党若不掌握国民革命领导权，国民党终会变成一盘散沙，非但无补革命，还会危害革命。再者，常熟是战略要地，沿江一线为历代统治者必争之地。正值北伐军向长江南岸发展时期，而长江北岸有北洋军阀军队驻扎，江中有帝国主义军舰游弋，形势严峻复杂。鉴此，特别支部的工作目标是发展组织，迎接北伐军和工农运动高潮的到来。

特别支部的第二个特点是任务明确。李强将发展共产党基层组织作为特别支部一切活动的重中之重。后来，他把曾雍荪、王耕英、邹逸中等人发展为共产党员，将钱宗灏、陈芷湘、邹思廉等人发展为共青团员。加上相继回乡工作的常熟籍共产党员顾近仁、程飞白以及国民革命军驻常熟的共产党员严启光、顾烈之、陈震寰，使党团员人数达到十余人，形成了多年未有、可直接领导群众的精英群体。

以他们为骨干，先将"城北同志联欢会""城南同志联欢会"和"改作会"中的先进分子发展为国民党员，再向城区以外地区拓展国民党组织。为了筹建国民党常熟县党部，李强还多次与国民党江苏省党部负责人侯绍裘进行商议，并专程到苏州同共产党员许金元探讨。

特别支部的第三个特点是注重思想发动。在李强主持下，特别支部几乎每天给党团员上党课，内容是共产党基本知识和马克思主义基本理论，李大钊和瞿秋白的文章。讨论题目有怎样做一个共产党员，怎样争取工作对象，怎样开展斗争，怎样隐蔽，怎样锻炼意志，还有"在行军战斗中遇到绝粮和恶劣天气时怎么办"，等等。

冷雨霏霏，李强带着大家在腿上绑了沙袋登虞山，在山顶脱去上衣感受寒冷、锻炼意志。蜡梅开花，他们跳入尚湖学习游泳。为了救国救民，李强已锻炼出强健的体魄。推己及人，他希望家乡青年也意志坚强、身体健硕，以堪当大任。

恰逢江阴发生震惊全国的"周水平惨案"，在当地激起巨大民愤。周水平是从日本留学归来的共产党员、江阴农运领袖。他发起成立佃户合作自救会，开展减租自救，得到广大农民的衷心拥戴，却遭土豪劣绅联名控告。1927年1月17日，周水平被北洋军阀孙传芳杀害。

惨案发生后，李强组织特别支部党团员一夜之间将"为周水平烈士报仇"和"革命尚未成功，同志仍须努力"的标语贴满古城。此事引起毛泽东的高度重视，曾在《向导》上发表《江浙农民的痛苦及其反抗运动》一文，热情赞扬周水平的英勇事迹，讴歌江浙人民不甘压迫奋起反抗的斗争精神。

随着共产党和国民党的组织发展，思想舆论的发动，古城为迎接北伐军和打倒旧政权、建立新政权作好了准备。

形势发展之快出乎预料。1927年3月22日，国民革命军第二十一师第六十三团第二营开到常熟，与孙传芳部激战。下午，一部分溃军过境常熟。李强做向导，北伐军在南门坛一带毙敌数名。

次日，北伐军在当地共产党员、国民党员配合下扫清孙传芳残部，第六十三团团长陈诚率部入城。国民党县党部在石梅公共体育场召开万人大会欢迎北伐军，国民党组织由秘密转为公开。此前，根据国民党江苏省党部巡视员、共产党员尹介眉与李强等人拟定的国民党县党部执监委候选人名单并报经省党部同意，国民党县党部已于1927年1月正式成立，由邹逸中担任执行委员会常务委员。钱宗灏和顾近仁负责工人运动①。

北伐军进入常熟的当晚，县党部执监委召开紧急联席会议，推举李强为县长，派人软禁了县知事庄炎，命其交出县印。常熟县行政委员会宣告成立。

万马奔腾的革命大潮席卷古城，惊恐不安的地主乡绅不敢说革命不好，却说做事的人不行，尤其反对敢指挥老百姓造反的富家子弟李强任县长，掀起了一股声势不小的鼓噪。为缓和气氛开展工作，国民党县党部让了一步，商请同盟会会员钱南山（钱宗灏之父）出山。后来李强回忆说，"北伐军过来后，我曾经担任过常熟县县长，担任过三天"，"此后

---

① 参见1985年以来李强的多次谈话，张瑞玲记录，薛幸福整理誊写。

县长一职就让给非共产党员去做，我退到幕后"①。

1927年3月25日，国民党县党部与国民革命军第二十一师第六十三团政治部举行联席会议，确定了常熟县临时行政委员会主席钱南山等各项人选。不料一波三折，陈诚反对联席会议确定的人选名单，主张新政权仍由老到圆熟的庄炎充当主席。

为抵制陈诚"新瓶装旧酒"，李强连夜赴苏州找国民革命军第二十一师政治部主任王尔觉，争取到师长、北伐名将严重的支持，决定以严重名义委任原定的常熟行政委员会成员。26日，第二十一师政治部代表抵常熟，在逍遥游演讲厅群众大会上宣布了严重的命令，委派钱南山、李强为常熟临时行政委员会成员，同时颁发"江苏省常熟县临时行政委员会"印戳。

28日，在有第二十一师政治部代表参加的联席会议上公布临时行政委员会分工，主席兼民政股长是钱南山，曾培洪（李强）兼任公益股长，其他各股股长多由进步人士担任。负责县政的钱南山很同情革命，对李强的工作给予了极大的支持。全县国民党党务工作和行政工作基本上控制在共产党领导的国民党左派手中。

接管旧政权、建立新政权是共产党与国民党右派的重要争夺点，在新旧势力的激烈较量中，常熟新政权完胜，李强功不可没。嗣后，常熟各级自治机构由新政权接收，建立了工会、农协、学联和妇女协会。新政权改革积弊，受理百姓申诉，逮捕恶绅，查封陷害周水平的地主家财，人民拍手称快。工农运动蓬勃兴起，进步人士纷纷申请加入国民党，很快就发展了800多名国民党员。

大浪淘沙始见金。曾雍苏、王耕英在李强、周文在的带领下逐渐醒悟，将压抑已久的叛逆转化为反抗旧制度的呐喊。大革命陷入低潮后，曾雍苏、王耕英相继退出革命队伍，而李强和周文在却坚持到胜利的彼岸。

李强坚信，琴川河畔的旧屋虽小，却盛满伟大的理想之光，特别支部的星星之火一定会在赓续不断的延展中熠熠生辉，让旧世界改天换地。

---

① 参见1982年3月5日《李强同志和郑超麟同志座谈记录》，沈忆琴记录。

风云骤变

1927 年 4 月 13 日夜，常熟曾家老宅。睡梦中的李强仿佛听见有轻轻的敲门声，一个激灵坐起来。他确定这是之前跟尹介眉约定的暗号，赶忙下床开门。

尹介眉带着一身早春的寒气闪身进门低声道："蒋介石下毒手了！"李强惊愕不已，愣了几秒钟醒过神来，忙给尹介眉端来一碗水问道："怎么回事？"

尹介眉愤怒地说："蒋介石叛变革命了！上海变天了！血流成河了！"他喝了一口水，镇静了一下，将共产党人遭遇大屠杀的情况简要说了一下，又道："常熟很快也会变天！"

李强十分震惊，忙问："组织上需要我做什么？"

尹介眉告诉李强，由于他在常熟公开打击反动势力，其共产党员的身份已在北伐军到达后被当地许多人知道，所以组织上要他即刻返回上海隐蔽起来，这里的工作交给尚未暴露的同志。

李强点点头郑重地说："保证完成任务！"

尹介眉与李强握别，倒身退出轻掩房门，瞬时就消失在夜色中。李强深吸一口气，定定神，听听外面并无异常，立即朝黑暗中的古城深处奔去。

李强找到邹逸中商定：特别支部里凡已暴露身份的共产党员、共青团员，立即撤离常熟。由于邹逸中的公开身份是国民党常熟县党部主任委员，面目不算太红，又能应付驻军，就由他负责特别支部工作，但要改变斗争方式，避免无谓牺牲。李强又找到曾雍荪，叮嘱他把党团组织的一切活动转入地下，坚持长期隐蔽斗争。

夜深时分，李强刚回到老宅，就被循迹赶来的反动军警堵住了。危急时刻，李强平时练就的一身本事派上了用场。只见他疾步跨到后院墙根下瞄了瞄墙头，"嗖"的一声翻墙跳到邻居家的院子里。与曾家老宅毗邻的夏太太也是大户人家的媳妇，平素与杨慧贞相惜相怜来往密切。夏太太听见外面有动静急忙披衣出屋，见状大吃一惊，不等李强解释，就一把拉住了他。

常熟大户人家的宅邸，除了正门外，往往还有一扇边门对着另外一条街道，而且比较隐蔽。夏太太带着李强七兜八转冲向边门，目送他跑远，才关门转身回去支应。李强乘着夜色的掩护逃离常熟，他根本没想到，这一走就是几十年，再回来时已是耄耋之年。

4月14日，李强秘密潜回上海。他先找到顾顺章（时任中共中央军委委员、中共上海区委特别军委委员，工人武装纠察队总指挥）的妻子张杏华，她说顾顺章现在临时住在法租界的一个小旅馆里。李强照着她说的地址找到顾顺章，见他正在收拾东西。顾顺章告诉李强，目前的情况很不好，形势严峻，中央已决定去武汉，并由他具体负责中央领导机关的安全保卫工作，他马上就要随中央机关转移。

李强秘密将顾顺章送上开往汉口的轮船后，转身去找罗亦农。罗亦农的家仍在施高塔路恒丰里84号，李强对这里很熟悉。上海工人第三次武装起义前，李强曾来此向罗亦农汇报研制炸药情况。当时的罗亦农是何等意气风发，听完汇报后鼓励李强"就这样继续干！"

第三次武装起义胜利后，李强曾从常熟来上海汇报工作。当时的市区不仅没有成功的喜庆气氛，反而笼罩在一片风雨欲来的忐忑之中，这令李强疑惑不解。他转来转去进不了租界，只好经天通庵路西宝兴路到江湾，前往上海大学找党组织。路上碰到上海工人纠察队查问口令，李强答不上来被扣留。幸好遇上在武装起义中结识的工人纠察队长高雷，他派人把李强送到东方图书馆时已是深夜。李强在图书馆的椅子上睡下，没有被子，就找了张牛皮纸板盖在身上。

次日晨，顾顺章来了。李强顾不上寒暄，对他说要赶紧找罗亦农。顾顺章说："去好了，他还是住在老地方。"于是，李强再次在恒丰里84号见到罗亦农。罗亦农听完李强创建常熟党团组织的情况后连夸做得好，还拿了不少宣传品让李强带回去，要他继续在家乡扩大组织，准备迎接北伐军。李强深受鼓舞，当天即返常熟。

发生在恒丰里84号的一幕幕仿佛就是昨天的事，可时隔不足半月，情势却完全变了。现在罗亦农的家里到处堆放着文件、书籍和武器，空气中弥漫着销毁文件的烟尘和悲壮的气氛，只是他的神态还是镇定如常。

李强从罗亦农这里了解到，4月5日，蒋介石突然宣布上海全市戒严。6日，国民革命军驻上海总政治部被查封。8日，第三次武装起义胜利后民选的上海市临时政府被"上海临时党政委员会"取代。9日，蒋介石抵南京，有数百名丧心病狂的暴徒捣毁了持国民党左派立场的国民党江苏省党部。10日，数千名愤怒的南京群众上街请愿时遭排枪扫射，致数十人死，千余人伤。当夜，中共南京地委书记谢文锦等十余人被捕……

然而，南京的大逮捕仅是个开始。11日晚，上海总工会委员长、共产党员汪寿华被秘密杀害，上海的1000多名共产党员和工人被捕。次日晨，大批身穿制服、臂缠"工"字袖带的青帮武装分子突袭了上海工人纠察队的14处驻地。工人纠察队员奋起反抗，当场被打死打伤300多人，大量武器被收缴。

1927年四一二反革命政变前后，蒋介石下令查封、解散革命组织和进步团体，大肆逮捕共产党人和革命群众

有资料称，当时仅在闸北工人纠察队总指挥部里就被没收了20挺机枪、3000支步枪、200把毛瑟手枪、100万发子弹和2000支长矛[1]。这个数字从一个侧面反映了共产党人秘密筹集武器弹药，以及工人纠察队在武装起义中从北洋军阀溃兵手里缴获大量武器的情况，着实令国民党反动派胆寒。

国民党反动派向革命群众大开杀戒的4月12日晚上，上海总工会宣布全市总罢工，陆续参加罢工的工人达21万人。13日，上海罢工工人在闸北青云路广场召开10万人大会，周恩来、赵世炎等人也参加了大会，会后和群众一起上街游行。愤怒的群众到国民革命军第二十六军第二师司令部周凤岐部请愿，提出释放被捕人员、严惩祸首、发还收缴枪支等要求，游行队伍行至宝山路时遭残酷屠杀，当场被打死100多人，伤无数。

据不完全统计，仅1927年4月12日到15日，上海共产党员和革命群众被杀害的就达到300余人，被捕的达500余人，失踪5000余人。中国共产党在上海的各级组织和工会机关有相当一部分被捣毁或封闭，大批共产党员、共青团员和工人领袖被杀害。

在这样的白色恐怖下，中共上海区委为保存革命力量，决定结束罢工，党组织和工会组织转入地下，开展针锋相对的秘密斗争。李强见到罗亦农时，他通宵达旦布置转移工作已有两天两夜了。

此前，罗亦农并不直接领导共青团吴淞部委，但由于新创建的中共常熟特别支部直属上海区委，罗亦农与李强就有了上下级关系。不过在工作交往中，罗亦农总是把李强看作朋友，信任他，尊重他，从没有我是上级、你是下级的那种态度。在李强眼里，年长三岁的罗亦农聪明能干有魄力，既是领导，也是兄长，是真正具备布尔什维克素养，不惧死亡、勇于牺牲的杰出的共产党人。

此时此刻，罗亦农一边听李强汇报常熟党团组织转入地下的情况，赞许他干得好，一边在一只盛满纸灰的脸盆里烧文件。

---

[1] 参见〔俄〕维克托·乌索夫：《20世纪20年代苏联情报机关在中国》，赖铭传重译，焦广田、冯炜初译，解放军出版社2007年版，第230页。

李强说，亦农同志，给我任务吧！

罗亦农说，上海这里已经待不住了，中央很快就要转移到汉口去，组织上决定由你把中央机关未及处理的事情办好，其中包括妥善处理工人武装起义留下来的不少枪支弹药。

罗亦农的镇静感染了李强，李强郑重地说："请组织放心，保证完成任务！"两人紧握双手，都感受到彼此的坚定。罗亦农盯着李强的眼睛一字一句地说："就此别过，后会有期！"

李强领受的断后任务不仅悲壮，而且危险。在国民党反动派大屠杀的血腥之地，共产党员随时可能被捕，所以，后卫就是前锋，断后意味着牺牲。但李强无所畏惧。他把需要处理的物资集中起来，文件一律烧毁，凡是能拿走的东西搬离原来的房子，安排到安全的地方去；退掉中央机关办公用房，办公用具该收回的收回，该处理的处理。由于枪支、弹药转移不便，李强就找了几个可靠之人将其挖地深埋。60多年后，即1992年，李强还清楚地回忆起，在上海交通大学的物理实验室地下就埋了五支马枪和一些子弹[1]。

李强在仓促应战中将罗亦农布置的善后任务完成得井井有条。三个多月后，李强在武汉与罗亦农又有一次见面。那天，罗亦农在街上遇到一个叛徒，立即跑到李强和顾顺章在汉口的住处躲避。李强万没想到，这次短暂的相处竟是他与罗亦农的永别！

1928年4月15日，罗亦农因叛徒出卖被捕。他受尽酷刑坚贞不屈，于21日被杀害于上海龙华，年仅26岁。刑前，罗亦农写下绝笔诗："慷慨登车去，相期一节全；残躯何足惜，大敌正当前。"表现了视死如归的英雄气概。全面抗战爆发后，与罗亦农同监的李逸民被保释出狱。他将秘密抄录下来珍藏的罗亦农狱中诗带到延安，交给了中共中央组织部[2]。

罗亦农牺牲后，李强奉命将这位无产阶级革命领袖的灵柩从上海安徽

[1] 李强：《我的革命历程》，中共中央党史研究室编：《中共党史资料》第49辑，中共党史出版社1994年版，第5页。
[2]《罗亦农文集》，人民出版社2011年版，第400页。

会馆迁葬到江湾公墓。上海解放后，李强奉命到上海接收国民党政府的无线电台，他一到上海就去找罗亦农的棺木。但由于江湾公墓在抗战时被改建成飞机场，大量棺木散置荒郊，罗亦农的棺木始终未找到，这成为李强心中永远无法抚平的痛！

晚年的李强常想起在大革命高潮中罗亦农脸上飞扬的神采，在大屠杀险境里下达任务时的镇静如常，在同自己告别时的冷静坚毅，以及他掩埋罗亦农的遗体，揩净血迹继续战斗的情景。李强万分感慨，共同的理想信念将他俩联系到一起，这个缘分了不得啊！

上海的善后工作持续了两个多星期。1927年5月上旬，李强接到要他速去武汉的电报。动身前，他两次见到小学同学顾治本。

顾治本，生于1905年，常熟人。1924年加入中国共产党，同年毕业于上海第一商业专科学校。按照党组织的要求考入上海邮政管理局后，同蔡炳男、沈孟先一起建立了中共邮局系统第一个支部。五卅运动中，顾治本被推选为邮局罢工委员会主席、邮务工会组织部长。1926年夏，顾治本担任中共上海邮政支部书记，参加了上海工人武装起义。

李强在上海胶州路邮政供应局里第一次见到顾治本时，看他毫无惊恐之态，就问："如果你被敌人发现了，准备如何躲避？"顾治本镇定地回答："我们已做了布置。如遇紧急情况，我就藏进邮袋里，由别人把我运出去，因为反动派对邮件是不能随便检查的。"

李强第二次见到顾治本是白色恐怖最为严重的一个晚上，在横浜路以北、北四川路东侧一条弄堂的前楼里，他来向顾治本告别。顾治本介绍了一个青年给李强，请他带到武汉帮助找一份工作。后来，李强将这个青年介绍到叶挺的教导营里当兵，可他嫌天天跑步吃不消，不久就开小差逃回了上海。

顾治本牺牲半个多世纪后，1980年，李强读了梁闻放撰写的《顾治本、曹元标烈士被捕就义的经过》一文，才知道当时那个从叶挺的部队逃回上海的人叫胡永康，他回上海后继续纠缠顾治本，因没达到个人目的就把顾治本等人出卖了。

1927年7月8日，中共闸北区委负责人顾治本和曹元标同时被捕。

面对刑讯逼供和利诱哄骗，顾治本说，"共产党员是最高的荣誉，我不能污辱自己"，曹元标痛骂蒋介石是"新军阀""反革命"。9月12日晨，年仅22岁的顾治本和23岁的曹元标被杀害于枫林桥刑场。临刑前，二人高呼："中国共产党万岁！"

新中国成立后，顾治本的遗体被安葬于上海龙华烈士陵园。1986年，李强撰文悼念这位壮烈牺牲的老同学。1993年，李强将自己珍藏多年的一帧顾治本烈士的照片交给了中共常熟党史办副主任沈秋农，郑重地对他说："顾治本是个很了不起的烈士，为什么不能在他故居前钉块牌子呢？"这位88岁老人的眼神里充满了对家乡烈士的敬仰之情，给沈秋农留下了难忘的印象。

1927年4月18日，蒋介石在南京建立国民政府，次日即下令通缉所有"跨党"共产党员，其中既包括毛泽东、周恩来等中共要员，也包括李强这样的普通党员。南昌起义后，所有"跨党"的共产党员均被开除出国民党。自此，李强进入地下状态，再未对外使用过"曾培洪"这个本名。

作为职业革命者，时时处于"远甚于北洋军阀时期"，"比电影里大屠杀镜头还要残忍"的白色恐怖下，李强曾用过多个化名。最早的是五卅运动后期从事工人运动时的"张振声"，最常用的是进入中央特科后使用的"曾宗达"，最机密的是党内联络专用名"张克明"（李强与化名"张克定"的顾顺章以"兄弟"相称）。顾顺章叛变后，李强赴苏联时的化名是"张振声"，并在苏联公开用过一段时间。至于为执行任务临时使用的化名就更多了，用过一次便不再使用，李强在世时也未提及。

在诸多化名中，"张克明"等级最高，连经常与李强共同执行任务的中央特科行动科负责人蔡飞、谭忠余等人都不知道。因为中央特科是高风险单位，被捕牺牲甚至叛变投敌的机会随时存在，环境太残酷，周恩来不得不定下铁律："张克明"属于中央特科核心机密，仅限周恩来、罗亦农、顾顺章、聂荣臻、陈赓等人掌握。

"张克明"从不公开使用，但李强避难苏联后在国内送去的报纸上看到一条《寻人启事》称："兄张克定寻找弟张克明。"这是顾顺章叛变后急于寻找家人时登报寻找李强欲打探消息，也是李强最后一次见到"张克明"公开出现。

四一二反革命政变前后，国民党反动派的屠场不只是上海，还有江苏、浙江、江西、安徽、广东、北京、山西、四川、湖北、湖南等地。无数共产党员、共青团员、国民党左派和革命群众惨死刽子手刀下。有的人不是共产党员，只是拿了一张共产党的传单，抓到后也被杀掉。对李强而言，他一生中多次经历的"不怕死"的故事也接连不断地开始了。

第三章　在刀尖上跳舞的人

孤岛记忆

　　1927年5月下半月，周恩来从上海乘英国轮船秘密抵达武汉。22日，列席中共中央政治局常委会。会议决定成立中央军人部（军事部），部长由周恩来担任，并决定，军人部长必要时参加常委会议。5月，周恩来主持成立特科，特科分设特务、情报、保卫等四股，以情报工作为主[1]（据李强回忆，当时军委特科的任务是以保卫工作为主——笔者注）。这就是后来被称为中央特科前身的军委特科。

中央特科负责人周恩来

　　半个多世纪后，1981年11月，中共中央党史资料征集委员在北京召开"'中央特科'党史专题座谈会"。作为座谈会的实际推动者，李强第一次在资料上看到，有人将军委特科称为军委"特务工作处"，遂引起高度重视，并在会议文件上批注："从来没有听说过特务工作处。我是参加的特科。到现在在世的，聂荣臻、徐以新和我，今年又落实一下，我们三个人只知道

---

[1]　中共中央文献研究室编：《周恩来年谱（1898—1949）》（上），中央文献出版社2007年版，第117页。

有特科，没有听说过特务工作处。所以我没有参加过特务工作处。到底自何而来要弄一个清楚。"

作为军委特科的幸存者之一，李强是了解情况的。但为慎重起见，会后他还是认真查阅了大量资料，亲自向中央军委原参谋长聂荣臻、工作人员徐以新核实情况，并进行了实地考察。

1980 年 6 月，李强（右一）同徐以新（左一）看望特科老领导聂荣臻元帅（中）

在得知"特务工作处"一说源于对周恩来一次讲话的记录稿后，李强于 1988 年 8 月 19 日致信中共中央党史资料征集委员会主任冯文彬，指出"军委特务处"的名称与事实不符，在这份讲话记录稿中提及的"军委特务处"可能是指当时设在上海，由向忠发、周恩来、顾顺章组成的"中央特委"。李强的信件内容如下。

文彬同志：

关于中央军委特务科的名称，最近出现了一种说法，即把它称为"特务工作处"。我认为"特务工作处"的名称与事实不符。

　　八一南昌起义以前，党中央在武汉建立的组织是特务科，而不是特务工作处。中央军委特务科科长是顾顺章。特务科设四个股：保卫股，股长是李剑如；侦察股，股长是董胖子；匪运股，股长是胡子；特务股，股长是我。

　　……1981 年在党史会议上突然出现了一个特务工作处问题，有人硬说中央军委设的是"特务工作处"，而不是"特务科"。我要声明，我是特务科的一个股长，而不是特务工作处的科长，我只在特务科工作过，没有在特务工作处工作过。如果有人硬要写特务工作处的历史，请不要把我写进去，因为我从来未在该处工作过。我不知道特务工作处是不是一个另外的组织，处长是谁，下面的科长又是谁。余积里（即余记里——笔者注）从来没有存在过这样一个处。今年夏季在北戴河与徐以新同志谈过此事，他也只记得是特务科。回北京后我写信问聂荣臻同志，他的秘书打电话给我说，他所记得的也是特务科。

　　这个特务工作处的说法到底是从何而来的呢？我问了罗青长同志，他说周恩来同志在一次讲话时曾经使用过"特务工作处"这个词。我想，如果周恩来同志确实这么说过的话，那么很可能指的是特务科之上的特委。这个特委 1929 年至 1930 年设在上海，由向忠发、周恩来、顾顺章三人组成，没有开过会。存在这个特委的事是顾顺章告诉我的。

李强
1988 年 8 月 19 日

　　写完信，李强意犹未尽，又对军委特科组织层级的设置进行了补充辨析，并将其以后记的方式记录下来，内容如下：

　　也可能在我们未到武汉时曾有此设想，后来就用特务科。又及其在组织层级上，通常局下面是处，处下面是科，科下面是股。如果 1927 年 5 月在武汉的中共中央军委（即中共中央军事部）下设的是"特务工作处"，那么下一级理应设科，而不是股。既然晚些时候在上海成立的中共中央特科下面设了四个科，那么在名称上比"特科"高一级的"特务工作处"下面就更应该设科了。既然武汉这个机构内部没有科，只有股，那么这个机构就只能是"特务科"，而不是"特务工作处"。罗青长提到的周恩来那次讲话不是速记员记录的，周恩来本人并未审阅，估计不是记错了，就是听错了……

李强在 1981 年 11 月的批注和 1988 年给冯文彬的信澄清了早期中共情报保卫机构名称的重要问题，体现了对历史高度负责的态度和实事求是的精神。

中共中央迁址武汉后，陈独秀的住处设在汉口四楚街（后改为胜利街，今鄱阳街）60 号，是一幢三层的小楼。这幢红色的房子没院子，就在马路边上，唐生智公馆的隔壁。底层住了十几个保卫人员，二层楼开会用，三层是陈独秀家、彭述之家、蔡和森家和黄文容家[1]。

鉴于武汉形势十分紧张，经验丰富的周恩来要求中央军委秘密设置多处办公地点。后来，他又向中央政治局紧急提议，在武昌、汉口等地设秘密办公处，获政治局常委会通过。根据周恩来的指示，中央军委参谋长聂荣臻率领参谋处在武昌中和里，即国民革命军第二十四师司令部的一座小楼上办公。当时二十四师司令部有好几个地方，军委的办公地点对外也打二十四师司令部的牌子[2]。

中央军委的另一处办公地点是汉口友益街（今红旗路）余记里 12 号，军委书记周恩来率秘书处、组织科、特务科在这里办公。当时，王一飞是中央军委秘书长，欧阳钦是组织科长，顾顺章是特务科长。李强也在这儿工作[3]。关于余记里 12 号的样貌和内设情况，李强回忆说：

中央军委办公地点在友益街余积里 12 号，该处是一座上海式三楼三底二厢石库门的弄堂房子。门框右上角贴一张红纸，上写西厢杨。周恩来同志在楼上客堂办公，特务科在楼上东厢房，秘书处在楼上西厢房，组织

---

① 参见 1981 年 11 月 23 日李强口述《周恩来同志领导下的中央军委政治保卫工作》，刘渝记录整理誊写。

② 参见 1981 年 11 月 23 日李强口述《周恩来同志领导下的中央军委政治保卫工作》，刘渝记录整理誊写。

③ 参见 1982 年 3 月 5 日《李强同志和郑超麟同志座谈记录》，沈忆琴记录。

科在楼下西厢房，办杂务的人在楼下东厢房①。

　　周恩来的办公室陈设极简，仅一张办公桌、几把藤椅。苏联顾问常来这里商量工作，一些在国民革命军中做政治工作的共产党员也来此汇报请示。周恩来每天工作十几个小时，办公室里彻夜灯火通明。

　　除了余记里 12 号，军委特科办公地点还有协隆北里 22 号（今太平里 37 号），是一幢西式房子，在马路转角处，对面是香烟厂②。

　　军委特科最主要的办公地点在前花楼街，是新中国成立后的原武汉市邮电医院院址。20 世纪 80 年代，李强曾来此考察并确认了办公地点。前花楼街与余记里 12 号相隔几条街，虽不临主要大街，但交通方便。在这里居住和工作的有顾顺章夫妇以及李强等人，罗亦农也常来讨论工作（据郑超麟回忆，顾顺章主持的军委特科一度归罗亦农掌握——笔者注）。这条街后来被整体拆迁，军委特科遗址已无存。

　　军委特科在中央军委书记周恩来领导下开展工作，下设保卫股、特务股、情报股和匪运股，实行严格的保密制度，各股之间原则上不发生工作往来，工作人员不编入普通党团支部，不与中央其他机关联系，也不以军委特科的名义公开活动。

　　保卫股负责保卫中共中央领导和国民政府顾问鲍罗廷的安全。股长李剑如原是上海内外棉九厂工人，1925 年加入共产党，是中共上海沪西区委专门对付工贼和叛徒的"打狗队"成员，也是上海工人武装纠察队领导骨干。四一二反革命政变后，他掩护周恩来秘密前往武汉，之后担任军委特科保卫股股长兼鲍罗廷的卫士长。

　　先后担任保卫股负责人的还有秦青川（秦治谷）、蔡树彬（蔡书彬）、曹汝谦（曹儒谦）、陈遗（陈坤台）等，工作人员有杨福林等。

　　秦青川是四川古宋人，1898 年出生。1919 年赴法勤工俭学，1922 年底加入旅欧中国少年共产党，后转入中国共产党。1925 年 6 月转赴莫斯

① 参见 1981 年 1 月 17 日李强《讲白区斗争》。
② 参见 1982 年 3 月 5 日《李强同志和郑超麟同志座谈记录》，沈忆琴记录。

科东方劳动者共产主义大学中国班学习，次年回国。1927年5月到军委特科保卫股工作。

蔡树彬是湖北汉阳人，工人，1894年出生。1925年6月加入中国共产党，1926年任武汉铅石工会联合会秘书长、中共支部书记，1927年任鲍罗廷卫队政治指导员兼支部书记。

曹汝谦是山西应县人，1905年出生。1922年10月加入中国社会主义青年团，1923年10月加入中国共产党。1924年到中共广东区委工作，先后任大元帅府铁甲车队政治教官、国民革命军第一军第七团党代表。1927年任武汉国民政府警卫二团党代表，承担警卫中共中央的任务。

陈遗是河南舞阳人，1908年出生。1926年2月加入中国共产主义青年团，1927年1月担任鲍罗廷的警卫员，3月转为中国共产党党员。不久担任鲍罗廷卫队党支部书记。

鲍罗廷公馆设在德租界，离德明饭店不远，马路对面是武汉国民政府外交部。鲍罗廷卫队有60多人，都从军委特科保卫股抽调，既不算兵，又不算警察，所有人都穿着有三个口袋的麻布学生装，而其他地方的卫队只能穿便衣。鲍罗廷卫队队员一律配备皮套驳壳枪，公开挂枪[1]。他们都是共产党员，个个胆大心细、训练有素。

七一五反革命政变前夕，汪精卫解除了鲍罗廷的职务，鲍罗廷只能回苏联。中共中央急调李剑如、陈遗等30多人组成卫队，搞了许多小汽车，护送鲍罗廷回国。卫队经河南、陕西到蒙古，穿越了人迹罕至的茫茫沙漠，克服了令人难以想象的饥饿、缺水和病痛等困难，历时两个多月，行程6000公里，终于抵达莫斯科。若无军委特科共产党员的舍命护送，鲍罗廷早就没命了。

军委特科情报股股长是董醒吾（也有说叫董星五或董省五），外号"董胖子"，原是上海杨树浦工人。1923年发起成立上海店员联合工会，1925年先后任上海总工会第五办事处（即曹家渡办事处）、沪中区工会联合会负责人，同年冬奉命前往江苏无锡指导工作。1926年8月担

---

[1] 参见1982年3月5日《李强同志和郑超麟同志座谈记录》，沈忆琴记录。

任中共英商新怡和纱厂支部和中共申新第一棉纺织厂支部负责人。同年9月，领导上海交通（铁路）工运。1927年参加上海工人武装起义，当选为上海工会代表大会主席团成员。四一二反革命政变后随顾顺章到武汉。

董醒吾在军委特科情报股工作的时间不长，1927年6月任股长，同月下旬即护送陈延年到上海出任中共江苏省委书记。情报股存在的时间也不长，只是搜集一般性情报，未能成为中共中央获取情报的主渠道。但共产党或利用公开身份，或通过国民党上层人士，或从周恩来直接掌握的特殊渠道那里，还是获得了大量重要情报。

1927年6月底，国民革命军第三十五军军长何键准备在汉口制造事变。中共中央掌握情报后立即采取了应变措施。七一五反革命政变前夕，中共中央得知汪精卫即将"分共"的情报后，即于7月13日发表《中国共产党中央委员会宣言》，愤怒谴责武汉国民党中央和国民政府，宣布撤回参加国民政府的共产党员，申明仍将同坚持孙中山的革命三民主义和三大政策的国民党革命分子继续合作。同时迅速组织共产党员紧急疏散隐蔽。当国民党开始大规模捕杀共产党人和革命群众时，中共中央机关均已撤离武汉。到7月下旬，绝大部分共产党员都转入地下，其中大批人员被派往各地去掌握工农武装力量，以反抗国民党反动派的屠杀政策。

军委特科匪运股股长是26岁的胡子，即胡步三（胡谦之）。他在匪运股的时间也不长，1927年4月列席中共五大后担任匪运股股长，7月即赴哈尔滨重建中共北满地委。李强曾说，这个股的名字"挺奇怪"。实际上匪运股专做统战工作，若有"红枪会"或其他农民武装来找共产党接头，愿意参加革命、反抗国民党反动统治，就由匪运股接洽，把他们改编到共产党领导的军队里去。

当时的武汉是国民政府首脑机关所在地，也是除上海以外中国最大的政治中心。当国民党反动派在上海大肆屠杀共产党人时，武汉的大革命仍在轰轰烈烈地进行，共产党的群众基础广泛而深厚，工农运动风起云涌。武汉还吸引了大批遭"清党"的各省共产党干部、与组织失联的党团员以及国民党左派和进步知识分子。人们怀着满腔义愤，想在武汉重整旗鼓返乡抗争。

然而，武汉很快也变天了。1927年5月下旬，驻守宜昌的国民革命军第十四独立师师长夏斗寅发动武装叛变，联合四川军阀占领鄂西、进逼武汉，武汉形势陡然紧张。5月20日，武汉卫戍司令叶挺率部击退夏斗寅的叛军，国民政府转危为安。但21日，又有国民党长沙驻军独立第三十三团团长许克祥发动马日事变，大肆屠杀共产党人和革命群众。

汪精卫一个月前从欧洲返回武汉担任国民党中央主席和国民政府主席时，其政治态度还是"宁汉对立"的。一系列反动军官的叛变使他很快动摇，在思想上酝酿"分共"。5月底，武汉国民政府步南京后尘颁布了保护剥削阶级、限制工农团体活动和限制军队中政治工作等多项特别法令。之后，汪精卫的反革命倾向愈加露骨。

反观共产党方面，在连续遭到屠杀的情况下，自身也发生了巨变：已有高级干部公开称病或辞职，基层组织完全停止活动；谣言满天飞，普通党员不清楚中央在重大问题上的态度，陷入恐慌与迷茫，有了问题不知该找谁解决，更不知道将会发生什么。最为严重的是，基层党员中已出现大规模的脱党潮。

李强曾回忆说："那个时候有许多人消极了，要走了，要到敌人那边去。"他到武汉后每天都在报纸上看到脱党声明，就连四年前他在杭州宗文中学校念书时最崇拜的，以《非孝》之文向封建礼教发起猛攻的原浙江省立第一师范学校学生，时任武昌中央军事政治学校政治部主任，大名鼎鼎的施存统，当时也写了脱党声明。

连篇累牍的脱党声明比刺刀利炮还能摧毁懦弱者的意志。又逢世界经济危机的影响蔓延中国，武汉的经济情势也急剧恶化。商业停滞、工厂倒闭，物资匮乏、物价飞涨，大批工人、店员失业，百姓生活陷入严重困境，各地流亡来汉革命者的处境更如雪上加霜。

面对险恶环境，李强做了最坏的打算——无论在什么情况下，作为一个共产党员，自己都必须也应该能够做到，坚定信念，遵守纪律，保守秘密，永不叛党！

匕首之刃

军委特科最有战斗力的机构，非特务股莫属。

原海关总署副署长宿世芳（中华人民共和国成立后，宿世芳曾任李强的秘书——笔者注）曾亲耳听见邓颖超把李强称为"第一特务"。当时宿世芳很吃惊，后来才知邓颖超之所以这样称呼李强，是因中共中央的第一个特别事务科是军委特科，特务股股长是李强。这个位置如匕首之刃，是最先见血的部位，故有"第一"之说。

1927年5月，李强因上过大学、研制过炸药和手榴弹以及对三教九流比较熟悉等经历被中共中央急调武汉，担任军委特科特务股股长。此时的李强早已不是曾家老宅的"曾少爷"，也不是那个手拿小纸旗，与老师、同学在街头游行示威的激进青年。现在的他经常往来于中共中央和中央军委机关，当他目睹革命领袖与工人代表在同一个餐厅就餐，全国青年的偶像同普通青年像朋友一样促膝交谈时，他心中激起的不仅有蓬勃热情，更有沉甸甸的使命感。

初到武汉的李强，最紧迫的任务是"锄奸"，即惩处共产党的叛徒和国民党奸细，人称"打狗"。这是关系到共产党能否在武汉生存下去的头等大事。

李强曾说，军委特科特务股是做"红色工作"的，是"红色恐怖队"，我是军委特科的特务股股长，就是搞"打狗"的，有人说你们"打狗"打多了，我说不一定，因为叛徒非常危险，碰到叛徒，我们不杀他们，他们要杀我们。李强还说，叛徒熟悉共产党的活动规律，出卖组织，出卖同志，出卖灵魂，起到公开的敌人起不到的作用，所以叛徒是钻入我们营垒中最凶恶的敌人。李强还多次说，被叛徒出卖的、后来多数被杀害的同志曾在党内处于领导地位，他们的不幸牺牲给党的事业带来了重大损失，叛徒对共产党威胁最大，因此，我们对叛徒的惩治是毫不留情，绝不手软的。

关于当时的奸细，则来自几个方面。四一二反革命政变之前，蒋介石曾在汉口设立秘密机关，派出大批奸细收买武汉国民政府官员，一旦收买不成就对其实行"颠覆"。四一二反革命政变后，蒋介石的奸细们将眼光转向共产党，加上长沙许克祥也不断向武汉派奸细，就使共产党不得不在对付党内叛徒的同时，还要同蜂拥扑来的各路奸细作斗争。

当时的武汉还集中了德、英、法、日等国的众多间谍，他们以记者、外交人员、商人等公开身份为掩护，潜入武汉三镇，破坏共产主义运动，摧毁中国革命的正义力量。他们尔虞我诈套取情报，使武汉的几乎每条街巷都暗藏了波谲云诡的谍战。当时的苏联高举共产主义运动旗帜，正带领各国共产党及全世界被压迫被剥削人民全面开展着一场波澜壮阔的反帝反霸斗争。其中一条十分重要的战线，就是由苏联国家政治保安总局秘密行动部对外局、红军总参谋部情报总局以及共产国际下设的国家联络局等不同系统，分别向武汉派去大批情报人员，并指导中国情报保卫机构同帝国主义国家的间谍进行殊死较量。

军委特科曾实施过两次"涉外"锄奸行动，第一次就出师不利。这不能不提到苏联叛徒尤金·皮克。

皮克是苏联国家政治保安总局驻中国军事政治使团工作人员，鲍罗廷的助手。1927年5月中旬，皮克偷了鲍罗廷的日记本和几份机密文件卖给一名法国领事。于是，共产国际决心干掉他。接受任务的是张浩（林育英），具体行动由两名武汉工人纠察队队员负责执行。

狡猾的皮克被约到一幢小洋房里，看到等待他的是两个工人纠察队队员，立刻意识到落入圈套了，拔枪便逃。一个纠察队员连子弹都没上膛冲上去就打，但皮克已蹿到窗台上。另一个纠察队员亮出匕首扑过去，剑光闪动间，皮克头部负伤血流满面。他跳下窗台嘶声怪叫，跑到邻街的院墙下翻过去，引来几个路过的外国人围观。两名纠察队员见已无法继续实施刺杀任务，只得饮恨撤退。

皮克被送到外国人在武汉开设的医院治疗，后来乘坐日本兵舰逃到上海，又逃到日本，还出版过一本书名为《鲍罗廷之罪恶》的书，封面有他穿日军军装、挎手枪的照片。二战爆发后，皮克为日本海军情报机构工作，后来又帮德国人搜集情报，还干过许多诈骗和敲诈勒索的无耻勾当。不久，德国人怀疑他同时也向中国出售德国情报。于是有一天，皮克被人发现"暴毙"于上海的一家医院。

皮克劣迹斑斑的情报掮客生涯足以令今天的影视剧编者炮制出几十集狗血剧。他之所以如此狂傲，就是自以为本事大，苏联情报机构都奈何他不得，更别说中共情报保卫机构了，完全不在其眼里。然而，一名英国军情六处的间谍就没有皮克那般幸运了。

英国军情六处——不列颠情报机关"三驾马车"之一，国际情报界最推崇的老资格间谍机构。一战后，英国军情六处将红色苏俄看作大英帝国最危险的敌人，发起了专门针对苏俄的冒险行动。

也是在1927年五六月间，共产国际获知某英国间谍跟一名苏联情报人员套磁，搞走了很多重要情报，若不及时采取行动，后果不堪设想，遂决定干掉英国间谍。军委特科情报股股长"董胖子"接受了任务。他找了一条船，和一个苏联情报人员一起约英国间谍游长江。船行江心人不知，刀一捅，脚一踢，不仅解决了人，还缴获了一支枪。李强刚到武汉就参与了这起锄奸行动的扫尾工作，为了防止那支双筒鸟枪在武汉露面，引来英国军情六处顺藤摸瓜的报复，李强将枪秘密带到上海交给了组织。

李强反复研究了上述两次锄奸一次成功、一次失败的经验教训。

"董胖子"在担任情报股股长之前，曾任国民政府武汉三镇侦缉大队队长，斗争经验丰富。他对英国间谍做了充分了解，掌握其作息规律，接下来结识他并取得信任。他的工作节奏看起来不紧不慢，其实每一个细节都考虑周全，时间、地点也选择得当，使英国间谍最终丧命于中共与苏共两位年轻情报人员的联手行动。这个锄奸结果"简约"得令人难以置信，实际上过程很"丰满"，可谓"功夫在诗外"。

而刺杀皮克选定的时间、地点均不理想——人来人往之时，邻近大街之地，既不利于事先隐蔽，也不利于实施行动；行动人员未做好功课，对皮克缺乏了解，别看他"面孔苍白"，属于"恶病体质"，实际上腿脚颇有功夫，反侦查经验也很丰富。还有一条教训特别深刻，就是年轻的工人纠察队员训练不够，遇事慌张。看来锄奸行动不仅要胆大心细、枪法熟练，必要时得亲自动手——这至少是李强后来多次独自完成锄奸任务的重要动因之一。

李强的工作既危险又艰苦，不仅要对党绝对忠诚，还需具备勇气、智慧和卓尔不群的行动能力。为此，他用上了全部心思。当时的特务股除了他，只有三个人。一个叫蔡飞，又叫余德富，外号"老白脸"，曾与顾顺章一起在南洋兄弟烟草公司做工，担任过"打狗队"队长。另一个叫陈莲生，又叫张阿林，外号"小白脸"，原是上海先施公司学徒。还有一个叫王竹樵，武汉纱厂工人，参加过武汉工人纠察队。李强说，就是这三个人，有时加上临时调派的人员，干的是"武"的，不是"文"的。他还说，我去了以后，在武汉那边也干了几件事，"事情有许多是我在那里搞，搞了几个"。

无疑，李强是军委特科特务股锄奸行动的主力。1927 年 7 月底的一天，有两个奸细从上海跟踪到武汉找顾顺章。要顾顺章给他们好处，否则就"不客气"，还威胁李强说要"劈杀侬"。于是顾顺章设计骗他们说，要带他们到某地去当连长。两人信以为真，就跟着特科的人去了。半路上，在一个荒僻的地方，两名奸细被处决。事后，顾顺章轻描淡写地向领导汇报说，那只是两个"小流氓"。

1970 年，李强首次开口谈起了在武汉的锄奸行动，他说：

我奉命清除他们（叛徒）。我带了几个人，把他们骗到小船上，在江中将他们杀死，投入江中。这样的事搞过好几次。还有好几次是到人家家里用手枪打死。在上海也这样干过。

至于李强说的搞过好几次的暗杀究竟是几次？他带去一同完成任务的几个人都有谁？那些叛徒、奸细以及顾顺章说的那两个"小流氓"的真实身份是什么？等等，我们暂且将这些疑问都置于一边。要紧的是李强乃一介书生，自身禀赋本不在打打杀杀，可他不仅没日没夜地接受并执行特殊任务，还亲自参与锄奸；不仅面对凶恶的敌人时无所畏惧，而且凡出手必有"斩获"。这好像是悖论。他是怎么做到的？他究竟经历了什么？

这还需回溯到李强奉党之命从常熟秘密潜回上海的 1927 年 4 月 14 日，那正是蒋介石突然宣布反共、发动四一二反革命政变的第三天，当时，国民党右派指使军警特务伙同上海青帮流氓大肆追捕屠杀共产党人和革命群众，上海正处于惨烈的白色恐怖之中。

那一天令李强终生难忘。在光天化日的大上海，他目睹了什么是惨无人道。在前往租界的大街上，他看到了浸泡在黑色血泊中的被害者尸体；他为迎面跑来的逃命者闪出求生之路——却全然不知此人是共产党人还是无辜平民；一转眼又见一群五花大绑的人被押过来，枪声骤然响起，李强的心剧烈颤抖，眼中喷火，牙关紧咬，迅疾从马路刑场脱身……

荷枪实弹的刽子手和密密麻麻一字排开的枪口，慷慨激昂的口号声、无比愤怒的唾骂声，还有从弹洞里恣意飞溅、汩汩流淌的志士仁人的鲜血，一幅幅场景在李强心头永远定格。不断传来熟悉的同志被捕牺牲的消息。无数鲜活的生命，转瞬之间就被屠杀！

李强是书生之后，深以气节、忠孝、廉耻为重。在私塾、小学、中学、大学里，他总是读书到哪里就思考到哪里，不仅积累了科学知识，还认识到社会发展的最终走向。走进棚户区后，他深刻洗涤内心，痛恨阶级压迫，更痛恨泯灭人性的暴戾罪行。如今，在水火不容的阶级斗争中，他逐步锻炼成为一个具有坚定理想信念的共产党员，并保持着古道热肠和疾恶如仇的性格。

面对国民党反动派令人发指的暴行，李强的心无法平静，他震惊，愤怒，沉重的喘息和压抑着的悲愤填满胸膛。面对残酷的现实，每一个革命者都不可能无动于衷。年仅 22 岁的李强当时还不可能预见到，距离大屠杀仅过去三个多月，共产党就在血雨腥风中擦干身上的血迹，掩埋同伴的尸体，重新站立起来，义无反顾地在江西南昌打响了武装反抗国民党反动派的第一枪，从此走上了武装夺取政权的道路。而在眼下，年轻的共产党员们确实面临着从未遇到的险恶环境和严峻考验：革命的前途在哪里？

在共产党人血流成河的至暗时刻，很多人信仰动摇选择逃避，也有人消极沉默灰心丧气，还有的贪生怕死屈膝背叛。同时，也有书生在血泊中变成勇士，有凡夫在逆流中成长为英雄。忠诚与背叛的两极分化，坚持革命还是反对革命，历史留给人们多少关于人生抉择的启示！

李强初衷不改，全心全意要为自己认定的信仰奋斗，不管征途上会有怎样的炼狱之火，哪怕流血牺牲也在所不辞。今天回头再看，人们对李强的选择给予了赞誉，因为共产党人的革命毕竟胜利了。但只有了解那段最残酷历史的人，才能对处在看不到未来的特定关口的李强们感同身受，从而对老一辈共产党人不惧牺牲、前赴后继革命到底的坚定意志肃然起敬。

在关乎生死存亡的非常时刻，不杀叛徒不足以保护组织，不施雷霆手段很难杀掉叛徒。血的事实使李强警醒，"人若犯我，我必犯人"的对敌斗争勇气就这样被国民党反动派的血腥屠杀给逼出来了！

李强认为，并非凡是叛徒都得处置。一是叛徒太多，都杀了也不能有效保卫党的组织；二是为避免招致国民党特务机关的报复。有的共产党员被捕后投降了，但未泄露重要机密，只是"退出政治"当老百姓，这样的人何必打击？有的叛徒对党没造成什么危害，就让他跑吧，算啦！

有的党员投降后又回来找组织，愿为共产党工作。在李强看来，这种"两头通吃"的人，论操守，确与坚守气节的英雄无法相比，但按照共产党的政策，也不应将其作为处置对象。因此，锄奸行动应聚焦于投降敌人、出卖组织，死心塌地为国民党军警宪特机关做事，且后果极严重的叛徒。

李强胆大心细，每逢执行任务总要精心制定预案。数学优势使他的预案有如演算公式一样周密，包括时间、地点、着装、武器、方式以及撤退路线等等，所有细节无一遗漏，有时他还亲临现场仔细勘察。他的机警与思虑周全，使他在与锄奸对象接触时，对方都想不到迎面而来的这位温文尔雅、书生模样的人会是"杀手"，因此都未加戒备。于是，狭路相逢的瞬间，李强就以果断迅疾的手段要了叛徒的命。

需要说明的是，李强致叛徒于死命的武器往往不是枪（枪通常用于自卫），而是匕首、绳索，甚至"千张"（豆腐皮），有时只是一副铁拳，所以"动静"都不大。出手则干净利落，全身而退，从未留下隐患。

1927年夏天，国民党对共产党人的新的大屠杀一步步迫近。共产党也集结了以九江、南昌一带贺龙率领的国民革命军第二十军、叶挺率领的国民革命军第十一军第二十四师和朱德领导的国民革命军第三军军官教育团共两万余人准备举行起义。此时，李强的任务除了及时惩治叛徒外，还有为起义筹集武器、钱款以及扩充军事力量。

南昌起义前，国民革命军几乎每个师都配有两名苏联顾问。四一二反革命政变后，苏联顾问们都被解除了职务并被要求立刻离开武汉。行前，其枪支都秘密交到李强那里。还有一些国民革命军的军官和士兵携枪出走，也把枪交给共产党。李强把各种渠道搜集来的整箱整箱的枪支藏在住所地板下，请一两个同志帮忙，搭船将武器送到叶挺所部的党代表颜昌颐那里。后来李强感到人多容易暴露目标，就自己冒险送去。李强还用"国库券"买了大量银元用于起义，他曾回忆道：

> ……所以，我们银元就搞了五六万。当时，五六个国库券才买一个银元，买来交给军队。所以很重要，我们要干。搜集枪支，我们也干，我们一皮箱一皮箱，手能提得动的箱子，搭船摆渡到武昌，送到二十四师司令部。曾经有一两个人帮我，但主要是我搬拿的，统统送到二十四师，给军队里用[1]。

半个世纪后，南昌起义重要骨干彭干臣（南昌起义后任南昌公安局局长兼卫戍司令）之子彭伟光才知道，其父亲在起义前从武昌前往南昌时曾携带了用于起义的一大批武器弹药和50箱银元，就是李强所秘密筹集的武器和"银元就搞了五六万"中的一部分。

李强还秘密推荐了多名进步青年到叶挺部工作，并争取到国民革命军其他部队的某些团长、营长支持共产党，带领部队向南昌集结。

---

[1] 参见1981年1月17日李强《讲白区斗争》。

此时的武汉不仅暗流涌动，经济形势更是急转直下。由于蒋介石勾结帝国主义列强控制了全国乃至远东的金融中心上海，强令各家银行停止与汉口的银行间往来，导致武汉经济全面崩溃。物价在一周内上涨百分之五十，囤积居奇严重，生活必需品匮乏；商铺、工厂歇业、倒闭，失业人口及家属占了全市总人口的三成多。由于货币贬值，"国库券"被视为灼手之物，现金、银元、铜元几近绝迹。没有铜元就不易找零，每购生活必需品得付一元，人民苦不堪言。加上有士兵强以"国库券"向人力车夫换取拉车所得铜元，遭到拒绝后就暴打并拘送数名车夫，更引发了武汉市8000名车夫抗暴和总同盟大罢工，连日上街游行。

急剧的变化使投奔武汉的一万多名各省革命者陷入深度困境，很多人连吃饭住宿都成了问题，有的甚至贫病交加流落街头。不仅如此，几次北伐战役中负伤的数万名伤兵也涌进武汉，处境同样艰难。共产党更是难上加难：安排流亡者和锄奸行动需要钱，发动起义、坚持斗争更需要钱！

李强奉命筹措大量经费。常用的办法行不通，他得独辟蹊径。

武汉的夏季闷热难耐，李强紧闭门窗、赤膊上阵，搜肠刮肚地回忆学过的数理化知识，一一梳理、归纳演算，写满公式的旧报纸堆满了桌面、墙角。他还认真研究武汉三镇各间银行和交易所的情况。李强对交易所并不陌生，早在上海时就去看过，弄清了交易所里虽有人买空卖空，但主要还是"买实卖实"。1985年5月30日，李强在给中国技术进出口公司华中分公司作报告时说，我20年代在上海也搞过交易所，我私人干，每天挣五块钱我就可以过一天了，没有问题。

摸透金融黑市的规律后，李强在前花楼街的路边支起一张小方桌，专门调换钞票。他看准行情，把"国库券"兑换成"中央票"，再调成银元或"上海票"，行情好时就将"国库券"直接调成银元或铜元。他买进卖出很顺利，索性放开手脚大干，终于筹到大量银元和铜元。得知江北银行的兑换率高于江南，他就租一条小船，带了几个同志用麻袋装铜元，一趟趟运到江北去换银元，果然增值不少。

李强筹集的另外一部分款项来自农民运动。

　　北伐战争极大推动了湖北农民运动。到 1926 年底，湖北农协会员激增到 20 万人，农民自卫队遍地开花。尤其是湖北南部"打土豪"的力度最大，组织起来的农民根据不法地主和土豪劣绅的罪行大小，分别采取清算、罚款、没收、游乡、关押、驱逐、枪毙等形式予以坚决打击，其中不少被没收的金银被秘密送到李强住处。

　　李强搞来喷火枪和坩埚，将金银熔炼成锭，连同后来处理的中央机关用房（包括陈独秀住处）和车辆退租或转卖收入，一部分移交武汉地方党组织，银元和枪支给颜昌颐带到南昌，还有一部分作为活动经费交给中央。这给他带来巨大的成就感，更觉得当初选择读大学工科的正确——他为自己能用学到的知识为党作出特殊贡献而倍感欣慰！

　　1927 年 7 月，中共中央委员、中共江浙区委组织部部长兼江浙区委军委书记赵世炎因中共江苏省委原秘书长韩步先的出卖而被捕，国民党淞沪警备司令部在赵世炎家中搜出一万多元。这笔钱就是李强筹集的一部分党的活动经费。李强为革命领袖的被捕牺牲和党的巨额经费的损失而万分痛惜！①

　　1927 年 8 月 1 日，中国共产党发动南昌起义，打响了武装反抗国民党反动派的第一枪。起义爆发后，在南京的蒋介石和在武汉的汪精卫调兵遣将围攻南昌，企图将革命扼杀在摇篮里。面对严重的形势，以周恩来为首的前敌委员会决定按计划撤离南昌，南下广东建立新的革命根据地。南昌起义后，中共中央决定迁回上海，李强奉命留下做"收容"工作。他在中共湖北省委书记罗亦农的领导下，同战友们一起采取各种方法同国民党反动派斗争。

　　李强常带几个潜伏在国民革命军的同志穿军装携枪上街，每遇国民党右派组织街头演讲时，他们就朝天放枪。几十年后，李强将此称为早期共产党人的幼稚之举，就像受人欺侮的小孩子当街泄愤。但在当时的武汉，枪声还是有效地震慑了国民党右派，后来他们就不敢单独跑到大街上蛊惑群众了。

---

① 　参见 1982 年 3 月 5 日《李强同志与郑超麟同志座谈记录》，沈忆琴记录。

南昌起义总指挥旧址——原江西大旅社

一天，李强在街上碰到中央军委组织科科长欧阳钦。李强与他曾在一座楼里办公，彼此非常熟悉。但在白色恐怖下的武汉，他俩未敢打招呼，只是在擦肩而过的瞬间都从对方眼中看到了坚毅与顽强，知道还有不少同志留在武汉坚持斗争。后来得知欧阳钦的任务是与找不到组织的同志取得联系，李强就介绍了几个家乡来的青年给他，由他负责送往共产党掌握的军队。

留守期间，李强还与梅宝瓒建立了情报工作关系。

梅宝瓒是北洋军阀政府国会议员。1911 年 10 月 9 日，孙武在汉口宝善里试验炸弹火药时不慎引爆，被俄国巡捕侦破。千钧一发之际，梅宝瓒急赴武昌起义总指挥所报告，由此促成了起义的提前。北伐胜利后，这位辛亥革命老英雄隐居湖北家中。

李强在上海学联时就认识梅宝瓒的儿子梅中林、堂侄梅龚彬（字电龙）。梅中林与梅龚彬都是五卅运动积极分子，并在那个时期加入共产党，梅龚彬还被誉为上海学联五卅"五虎将"之一。后来，梅中林成为中共武汉地区负责人，梅龚彬担任国民革命军第四军第十二师政治部主任。七一五反革命政变后，梅中林被国民党反动派杀害。

梅宝瓒住在日租界，妻子是日本人。李强利用其特殊身份从日本人那里获取情报，这些情报大多具有重要价值。他每隔一两天去梅家取情报，每月还给梅宝瓒送去两百元生活费补贴家用。

同期，李强还被赋予培训新手的任务。后来他回忆说，"在武汉，我们临走时训练过几个人"。他记得其中有个青年叫陈声煜，曾赴法国勤工俭学，后转赴苏联莫斯科留学，回国后被罗亦农派到李强这里实习。李强领着陈声煜带枪"行走"，走了好几条街才回到机关。起初，陈声煜很紧张，在李强的帮助下他很快就勇敢起来。后来，陈声煜接任中共湖北省委军委负责人，李强返回上海后，陈声煜又接替了李强移交的善后工作。1928 年 5 月，陈声煜因叛徒出卖被捕，牺牲时年仅 28 岁。

李强的"收容"工作还包括把中央机关人员安全送回上海，把能带回的物资也尽数带回。这项任务既艰巨又细致，责任重大，时时面对危险。当时，中共中央的重要人物都乘坐英国祥泰木行的货轮，经水上秘密交通线返回上海，具体事宜均由李强与舵工操办。李强只知道"祥泰"号不卖票、不载客，舵工是共产党员，宁波人，姓陈，但不知真实姓名，因为出于工作纪律的要求，是不准打听的。李强回忆：

我们的同志坐客轮行吗，坐客轮人家要认出你的啊，逃也逃不了，所以作为他的朋友，坐他的船，他这装木材的船，又不要买票。在上海装了一船锯好的木条，装运到武汉，然后再回去装。所以，没有什么人来过问的，在他的船上，我们有很多重要的人物，重要的东西送到了上海，甚至连痰盂（这不是笑话，是事实）都搬到了上海[1]。

从 1927 年到 1931 年，舵工老陈承担了多次人员和物资的转运任务。周恩来、瞿秋白、苏兆征、李维汉等人都搭乘过"祥泰"号，顾顺章护送张国焘等人前往鄂豫皖根据地也是乘这条船。老陈还经常接济困境中的共

---

[1] 参见 1981 年 1 月 17 日李强《讲白区斗争》。

产党员。后来，老陈因顾顺章的叛变而被捕，这条水上秘密交通线就完全中断了。

如今，距离共产党人绝地反击的岁月已经过去了 80 多年，作为军委特科创建者的结局，也各不相同。

李剑如护送鲍罗廷抵达莫斯科后留在苏联学习，1930 年回国，同年 9 月在湘鄂西革命根据地肃反扩大化中被错杀。中共七大时被追认为革命烈士。

秦青川于 1929 年 2 月在四川老家病逝。新中国成立后，当地政府为他树碑，碑题为："革命烈士秦青川之墓"。

曹汝谦于 1929 年 11 月被捕牺牲。新中国成立后，当地政府为他建造烈士纪念碑，徐向前元帅亲笔题写了碑名。

董醒吾于 1927 年 7 月 1 日在上海被捕，被判有期徒刑两年。获释后创办"学友图书社"，编印发行教科书及教育挂图。1946 年 8 月，他在上海山东路（今山东中路）中保坊 201 号创办新鲁书店。20 世纪 80 年代病逝。

李强以及蔡树彬、陈遗、胡子、杨福林等人历尽坎坷，迎来了新中国的诞生。

大浪淘沙，清浊分流，忠诚与背叛如影随形。复杂多变的人性，你死我活的斗争，有人中途退出，有人背叛革命。如顾顺章、蔡飞、陈莲生、王竹樵等人，在革命途中成了可耻的叛徒，遗臭万年。

无疑，那些坚守理想信念的人们，不管是牺牲的，还是幸存下来的，都是英雄。英雄不问出处，但应知归处。人民应该记住他们。

"红队"英雄

1927 年下半年，当很多人因大屠杀而逃离上海时，29 岁的周恩来，22 岁的李强，24 岁的陈赓，32 岁的顾顺章，却分别从武汉、香港等地秘密潜入上海。历史注定，在后来的四年里，他们将成为一部世纪谍战中的真正主角。

七一五反革命政变后，中共中央在共产国际帮助下于汉口召开紧急会议（即八七会议），批判和纠正陈独秀的右倾错误，确定了实行土地革命和武装反抗国民党反动派的总方针，并把发动农民举行秋收起义、建立工农革命政权、解决农民土地问题作为当前党的最主要任务。八七会议后，共产党开始打造"坚固的能奋斗的秘密机关"，在上下级之间建立"严格的""极密切的""极秘密的"联系，党的组织和活动全部转入地下。

李强完成中央机关离汉善后任务后秘密返回上海，已是1927年10月，穿夹衣的季节了。他"搜集"了从武汉回来的几位同志，大家一起商量今后怎么干。李强相信，能"搜集"到几个人，就能攒下几颗革命的火种，每一个忠勇无私的共产党员，每一次不怕牺牲的冲锋，都是大屠杀之后的顽强重生，都是集结与再出发。

李强已做好牺牲的准备，但倘若一息尚存，就要揩干净身上的血迹，掩埋好同伴的尸首，到最危险之处继续战斗。因为共产党员是特殊材料制成的人。反革命大屠杀不仅吓不倒共产党人，反而还激起了愤怒的、革命的和青春的热火，并使其燃烧得更烈。来不及悲伤叹息，更顾不上护惜生命，在李强眼里，真理杀不死！

此时此刻，周恩来、陈赓也正在中国的南方艰难转战。

1927年8月初，南昌起义部队撤离南昌南下广东，试图取得出海口，求得共产国际的军火物资和经费援助后再行二次北伐。途中与国民党军鏖战数十日，起义军伤亡严重，兵败汕头，遂收编部队向海陆丰撤退。连日高烧的周恩来随队行动，在莲花山遭遇阻击，部队溃败，周恩来与主力部队失散。后来他在叶挺、聂荣臻等人陪同下，辗转逃至香港九龙油麻地治疗。

陈赓在会昌激战中腿负重伤，被送往福建汀州福音医院治伤。他腿伤未愈即归队作战，起义部队分散突围后，他和卢冬生乘船转往香港，在船返汕头停泊时巧遇周逸群。三人千辛万苦抵达上海，在陈赓之妻王根英的帮助下与党组织接上了关系。

10月，顾顺章随中共中央机关返回上海。

11 月上旬，周恩来从香港秘密返沪，出席中共临时中央政治局扩大会议。在会议通过的诸多议案中有一个《政治纪律决议案》，该决议案在组织上实行惩办政策，以周恩来为书记的南昌起义总前委全体成员均受到警告处分[1]。

就这样，分别经历了屠杀、兵败、伤病和党内处分的四位共产党员在上海聚齐了。此刻，上海早已没了当年国共携手、人民奋起反帝反封建的磅礴声势，成百上千工人纠察队员奋不顾身英勇冲锋的浩大气势也了无声息。与大好革命形势的短暂一别，如今竟恍如隔世！

由于陈赓腿伤严重恶化，随时面临截肢的危险，他立即被送进上海牛惠霖骨科医院。第二天，李强赶去看望他。李强与陈赓早就相识，一年前李强将陈赓、顾顺章、陆留送至长江口外的苏联货轮赴苏学习。那是李强第一次上轮船，在他的记忆中，货舱里的货不多，在货板上铺上棉被就是床。陈赓和顾顺章完成短期培训回到上海后，陈赓去了广东。后来李强曾在武汉与陈赓重逢，之后两人各自在硝烟战场和隐蔽战线淬炼自己。李强与陈赓都是豪爽之人，首次相识就一见如故，此次重聚上海已是第三次相见，自觉格外亲切。

周恩来要求李强随时报告陈赓的伤情，于是李强天天往医院跑。好在牛惠霖的妹妹牛惠珠曾是李强的英文教员，这层师生关系为他出入医院提供了便利。经过牛惠霖和牛惠生兄弟俩的精心治疗，陈赓的伤腿保住了，周恩来就将他留在了上海。

中央特科时期化装成工人的陈赓

---

[1] 中共中央文献研究室编：《周恩来年谱（1898—1949）》（上），中央文献出版社 2007 年版，第 129—130 页。

　　这年 11 月 14 日，中共临时中央政治局常委会会议决定调整组织机构，在中央常委下设组织局，由罗亦农、周恩来、李维汉组成，罗亦农任主任，领导组织、宣传、军事、特务等科 ①。今天的学界将 1927 年 11 月 14 日作为中央特科的开端，自此始。

　　由于涉及组建中央特科背景的档案大多未解密，当事人也早已不在人世，所以笔者不可能搜集到所有的历史资料。但笔者认为，军委特科的骨干李强参与了中央特科的创建。不这样判断，就无法解释为什么中共中央刚返回上海，临时中央政治局常委会就在 11 月 14 日决定成立中央特科；也无法解释为什么共产党人在遭遇重大挫败后能迅速拉起一支更加精锐和更有战斗力的情报保卫队伍。

　　记忆可以断片，历史无法割裂。所有的分析集中到一起，就是一句话——共产党人心未死，志不绝。

　　一个组织，要有优秀的牵头人和足够数量的骨干才能形成紧密的人才聚集。李强率领军委特科特务股的"老班底"转入中央特科行动科。无疑，以李强等为代表的共产党人百折不挠的血性和韧劲，为共产党新的情报保卫组织沉淀了不畏强暴、血战到底的基因。有了这种基因，中共隐蔽战线才能获得强大的崛起动力和持续性更长的影响力。

　　和李强一样在白色恐怖下"搜集"革命者的还有徐以新。后来徐以新告诉李强，他跟随贺龙、廖乾武、刘伯承等人逃到香港后，发现大批同党组织失联的革命人士滞留在那里，不少人衣食无着，甚至在街上要饭。徐以新昼夜不停四处寻找，把直接或间接找到的 200 多人秘密送回了上海 ②。

　　1927 年底，包括刘伯承、徐以新等人在内的一大批在南昌起义中保留下来的党的干部奉命前往苏联学习。这些人学成后陆续回国，绝大多数后来成为中国土地革命战争时期、抗战时期以及解放战争时期人民军队和人民政权的重要领导干部。

---

① 中共中央文献研究室编：《周恩来年谱（1898—1949）》（上），中央文献出版社 2007 年版，第 130 页。

② 参见 1981 年 1 月 17 日李强《讲白区斗争》。

中央特科设四科，即总务、情报、行动、交通科。据李强回忆，中央特科的第一科设立最早，因为中共中央刚撤回上海，需要采购物品、布置机关、租赁房屋。其任务还包括布置会场，营救被捕的同志，收殓牺牲的烈士遗骸，还负责打铺保、做生意。第二科专门负责收集情报，掌握敌情，是稍晚成立的。第三科是行动科，主要任务是镇压叛徒，打击国民党特务，保障中央会议安全召开。

顾顺章兼中央特科科长，并兼行动科科长，这与其曾赴苏联学习秘密工作，在上海工人武装起义中的表现以及曾在武汉中央军委特科任负责人等资历有关。此前，他已在1927年4月下旬的中共五大上增补为中央委员，5月30日又被增加为中央军委委员。

李强曾在回忆中总结了中央特科与武汉时期军委特科的不同之处，主要是加强了党的领导以及所担负的任务更加全面，他说：

这时的中央特科比我在武汉时期也有所不同，即加强了领导力量，而且在任务上也更加全面、多样。它主要是依靠党的各级组织，深入敌人的侦查机关，探取敌人破坏我党的阴谋活动的秘密，向党组织报警，保卫党的领导机关和革命活动的安全。

具有丰富经验的周恩来高度重视人才的培养和使用。为了提高特科人员的政治素质和斗争能力，应对一天比一天更加深入的白色恐怖，1928年春，周恩来组织了一个为期20天的特训班，由他和恽代英等人亲自讲授政治形势、斗争策略、工作纪律和秘密工作技术，重点训练学员的武装营救和射击技能。

参加特训班的是二科、三科的主要行动骨干，这是因为在中央特科组织的锄奸或营救行动中，二科的人负责侦察、指认，三科的人负责"动手"，所以他们必须相互熟悉、配合默契。特训班实行严格的保密制度，依旧采取了必要的隔离措施，即与锄奸或营救行动无关的总务科（包括科长洪扬生在内）和无线电通讯科（交通科后改为无线电通讯科）的人员均不参加特训班，避免他们直接接触二科和三科的行动人员。但是李强参加了特训班，除了在政治理论上受益外，射击训练也使他愈加身手不凡。

今天的人们知道，在共产党无线电通信史上，李强在周恩来领导下，在相关特科人员的参与下，制作了第一部无线电收发报机，建立了第一个无线电台，创办了第一个无线电训练班，第一次在香港实现了沪港无线电通报。人们却不知道，李强在中央特科最初的任务并未涉及无线电，而是锄奸，即使在担任无线电通讯科科长之后，还奉命多次单独执行特殊的锄奸任务。

这是因为，锄奸是关系到共产党能否重新在上海立足的当务之急，只有最勇敢、最有担当的人员才能堪此重任。新中国成立后，"文化大革命"期间，周恩来在一次忆及特科往事时，重点讲了陈赓和曾培洪（即李强），他说，曾培洪主要是做"锄奸工作"的。周恩来一语点明要害。

遗憾的是，笔者只搜集到两起与李强在上海锄奸行动有关的资料。

中共中央机关刚从武汉回到上海时，顾顺章在巨籁达路448号租房住。他搬家时碰到一个熟人，并知道此人已叛变了革命，而这个叛徒却以为共产党不知情，还想继续招摇撞骗。顾顺章和帮他搬家的连德生一起将叛徒骗到家中喝酒，让妻子张杏华给李强报信，李强急忙带上手枪、斧子、"千张"赶到顾家守在门外。当叛徒醉醺醺走到门口时，李强、连德生、顾顺章就里应外合把叛徒干掉了[1]。

还有一次，李强正跟陈赓在房间里说话，一个叛徒推门进来，他还不知道组织上已掌握了他叛变革命的情况。李强与陈赓对了一下眼神，两人用双手把这个叛徒消灭了。

以上两起锄奸行动是"小打小闹"，后来，中央特科还组织过全科出动的重大行动，惩治叛徒何家兴、贺稚华即其中之一。

1928年4月罗亦农被捕后，周恩来曾组织中央特科全科力量营救罗

---

[1] 李强：《我的革命历程》，中共中央党史研究室编：《中共党史资料》第49辑，中共党史出版社1994年版，第7页。

亦农，但由于形势不利无法下手，最后只得放弃原定计划。罗亦农被杀害后，中央特科情报科很快从巡捕房"内线"打听到罗亦农是被何家兴、贺稚华夫妇出卖的。四天后，几名"红队"队员闯进何、贺住处，搜出了两个叛徒拟继续出卖的大批共产党员名单，击毙何家兴、击伤贺稚华后全身而退。

中央特科对外影响最大的锄奸行动是镇压叛徒白鑫。白鑫是黄埔四期生，1926年3月加入共产党，后担任叶挺指挥的国民革命军第十一军第二十四师教导营党代表。1929年初被调到上海担任中央军委秘书。大革命的失败对白鑫的心理打击很大，为乞求活命，他来上海不久就向国民党当局自首了。

1929年8月24日，中共中央政治局候补委员、中央农委书记兼江苏省委农委书记、军委书记彭湃，中共中央政治局候补委员、候补常委、中央军事部长杨殷，中共中央军委委员兼江苏省委军委委员颜昌颐，中共江苏省委军委干部邢士贞等人因叛徒白鑫向国民党当局告密而被捕。当晚，周恩来主持紧急会议，研究营救彭湃等同志和惩办叛徒的措施。当周恩来了解到彭湃等人将被押解到国民党淞沪警备司令部看守所的消息后，立即组织中央特科进行武力营救，指示："凡是会打枪的都去！"当时李强已在研制无线电收发报机，也被抽出来上了第一线。李强曾回忆过在营救行动中所做的"很危险的工作"，说：

> 与这个人（指中央特科第一个情报工作关系鲍君甫——笔者注）有关的，我做了很危险的工作。事情经过是这样：一九二九年我党中央委员彭湃同志被叛徒出卖被捕，由英租界送到中国地界关在淞沪警备司令部侦缉处。此人就告诉了陈（养山），陈报告特科陈赓，特科派我去侦察情况并摸清押去司令部的道路情况。

当了解到巡捕房是将"嫌犯"引渡到城隍庙旁边的上海市公安局水仙庙拘留所关押，李强立即在水仙庙对面的小旅馆开房，搞了一个大烟灯，以一个整日不出屋的瘾君子身份为掩护抵近侦察。

彭湃

杨殷

颜昌颐

邢士贞

　　李强后来回忆说，得悉那一天彭湃等人将被押解经过枫林路，中央特科立即集合30多人带着武器，要在半路上把彭湃等人抢下来。李强担任其中一个小分队队长，带了枪和一架拍电影的机器，假装拍电影在半路上等。由于行动队员的枪支无法放进摄影机，就安排上海老靶子路、北四川路转角处的三民照相馆老板范梦菊（此人后来叛变革命，出卖了向忠发——笔者注）用皮箱装了，开着"电驴子"（摩托车）送到同孚路上的中央特科机关里。因枪是被黄油油封的，无法使用，行动队员赶紧买煤油来洗干净，再涂生发油，等赶到现场时，鲍君甫正心急火燎等在那里，说押解彭湃等人的囚车已开过去了，错失了良机。

中央特科营救行动失败。30 日，彭湃、杨殷、颜昌颐、邢士贞被国民党当局残忍杀害。周恩来很快就设法搞到了彭湃、杨殷等人的狱中遗书。彭湃等人在遗书中报告中共中央，他们出事是"被白害"。周恩来还了解到，白鑫为了掩人耳目，串通巡捕房演了一出"苦肉计"，在彭湃等人被捕当日，白鑫与其妻一同被带走，晚上即被释放。之后，他东躲西藏再没露面。

周恩来要求中央特科以最坚决的行动来回应国民党反动派的屠杀，并做了详细安排。白鑫深知共产党一定会杀他，整日提心吊胆，行踪十分诡秘，使中央特科无法下手。1929 年 9 月，白鑫到柯麟医生那里看病，柯麟立即向组织报告。后来，中央特科又从不同渠道得知，白鑫在得到巨赏后藏身国民党上海市党部常委、情报处长范争波家中，即上海霞飞路（今淮海中路）和合坊四弄 43 号范公馆，将于 11 月 11 日晚乘车离开 43 号，在保镖护送下到码头坐船逃离上海。

周恩来立即下达了锄奸令！

和合坊是个由数排石库门建筑构成的大弄堂，两头有武装巡捕把守。行动科数名"红队"队员事先秘潜 43 号附近，所持手枪都配足了子弹。据李强回忆，行动指挥部设在离和合坊稍远的同孚路大中里"王老头子"家中，总指挥是顾顺章，现场指挥是谭忠余[1]。就在白鑫走出范争波家欲登车离开时，埋伏在附近的"红队"队员迅疾向白鑫、范争波及其保镖等五人开枪，打第一枪的是邵扶民。白鑫夺命飞逃拔枪还击，逃至紧挨 43 号的另一排石库门尽头，是个死胡同。紧追不舍的邵扶民举枪射击，电光石火之间，白鑫毙命。在当天的行动中，范争波负重伤，保镖等三人死伤皆有，而"红队"队员无一伤亡。

杀白鑫那天，李强本来是准备去的，却突患白喉高烧不止。现代人已

---

[1]　据中共隐蔽战线史学者叶孝慎先生考证，顾顺章在离和合坊不远的慕尔鸣路（今茂名南路）指挥，现场指挥是蔡飞，"王老头子"家在同孚路旭东里。

很少听说过白喉了，但在 20 世纪二三十年代，白喉却是传染性和致死率最高的恶疾之一。李强的"德国货"身体很少生病，此次患疾与长期以来工作和生活环境都比较艰苦，致免疫力下降有关。这病不仅来得不是时候，且十分凶险。后来是急忙找私人医生打了针，一周后李强浑身脱了一层皮，才算痊愈。

中央特科杀白鑫极大震慑了叛徒和国民党特务，使中共中央的安全得到一定程度的保障。但直至今天，很少有人知道锄奸英雄邵扶民的身世，周恩来也是在事后向李强打听过其真实姓名。李强当时只知道邵扶民绰号"邵麻子""麻皮医生"，更多情况也不了解。1991 年 9 月 28 日，李强在亲笔所书《所提五名同志与我工作上曾有关系》的文中回忆了彭湃、颜昌颐等人的英勇牺牲，中央特科镇压白鑫以及邵扶民开第一枪的情况。他说：

二、颜昌颐同志

我是在武汉军委工作时与他有关系……不久，南昌起义……颜昌颐同志后来到上海，他租住的房间无意中与张沈川电台在同一户房东的房子里，（我们）发觉后电台马上搬家。后来颜与彭湃同志被捕一起牺牲。

出卖他们的是白鑫，在武汉时他是二十四师教导营的党代表。我们弄清了（情况）以后把白杀了，在上海霞飞路和合坊四十一号，是邵扶民医生先开枪的①。

迄今为止，很少见到李强担任交通科科长期间的公开资讯。难道他失踪了？

李强没有失踪，他独来独往隐藏太深。得益于会说一口常熟上海话，办事谨慎又"灵光"，所以，他常常奉命单独执行一些特殊任务，大到处置罪大恶极的叛徒、奸细，给"红队"队员进行锄奸行动一对一辅导，为烈士收殓遗体、买棺落葬，小到帮助同志解难，将烈士遗孤送去育婴堂，等等，李强仍如在武汉军委特科时一样，对这些极其危险的事，"什么都干"。

① 参见 1991 年 9 月 28 日李强《所提五名同志与我工作上曾有关系》。

李强曾总结过 1927 年到 1931 年的四年里"尽做这一类工作"的"体会"，就是既要不怕死，又要过细。他说，如果怕死的话，还能做吗？做这些事就是要一不怕苦二不怕死，还要过细地做工作。我同陈养山两人做了四年这类工作也没被捕。所以有人说我们是"福将"。

有资料称，据国民政府上海警察局档案卷宗记载，1927 年到 1931 年，仅在公共租界，中央特科"红队"消灭的叛徒、奸细就达 40 人左右。这是一个最低限度的数字，因为"红队"的许多行动"从未被发现过"。

几十年来，李强对独自执行的锄奸行动守口如瓶，致使那些"从未被发现过"的惊心动魄的细节都被淹没在浩瀚的历史长河中。

"拉出来"与"打进去"

这里需要回溯一下。

1928 年 4 月初，中共江苏省委机关因浦东区委原书记唐瑞麟的叛变而被国民党破获，中共中央委员、中共江苏省委组织部部长陈乔年，中共中央监察委员、上海总工会党团书记兼总工会组织部部长许白昊，中共江苏省委临时常委、上海总工会委员长郑复他等人被捕。不久，陈乔年、许白昊、郑复他被国民党残忍杀害。接着是中共湖南省委原组织部部长袁笃实叛变，导致湖南省委机关全军覆没，新任的省委书记贺昌不得不在上海重建湖南省委机关。

陈乔年等人的被捕牺牲同九个月前因叛徒出卖而被杀害的陈延年、郭伯和、赵世炎等人一样，给共产党人极大的震动。周恩来悲愤不已，也对党内不断出现叛徒的情况更多了一层清醒的认识。

我们党不能再有这样的损失了！

1928 年 4 月，腿伤刚愈的陈赓被任命为情报科科长。为了贯彻 1927 年中共中央第 25 号通告关于打入国民党内部开展工作的指示精神，他在国民党系统、帮会以及租界巡捕和"包打听"中安插了一批共产党员和党的同情者，或是能被利用的关系，其中第一个情报工作关系是鲍君甫。

鲍君甫，又名杨登瀛、刘君珊，1901 年出生，广东中山人，母亲是日本人。他在日本东京读完中学和大学，其间接触过马克思主义书籍，1919 年回国。之后在五卅运动中认识了不少共产党员和国民党左派，同时也与上海洋务工会负责人、国民党右派杨剑虹建立了密切关系。通过杨剑虹，鲍君甫结识了陈立夫、张道藩等人，渐成其亲信。

1928 年 4 月，陈立夫、杨剑虹在上海为刚成立的国民党中央组织部党务调查科筹建侦探机构和物色人选。调查科实权人物、总干事杨剑虹特意挑选同乡鲍君甫来组建这个机关。鲍君甫考虑再三，想出

鲍君甫

了一个既能帮共产党做事，又可弄到一点共产党的消息去应付国民党特务机关，在国民党内做官获利且不担风险的办法，决定征求一下陈养山的意见。

陈养山，1906 年出生，浙江上虞人。1923 年 2 月，在震惊中外的京汉铁路工人二七大罢工运动中，17 岁的钱庄店员陈养山目睹共产党员林祥谦和武汉工团联合会法律顾问施洋大律师在敌人屠刀下英勇就义，受到极大震动。后来，他在恽代英的指导下大量阅读《中国青年》上刊登的文章，懂得了许多革命道理。

1924 年，陈养山加入社会主义青年团，1925 年转为共产党员，同年 5 月调上海，任共青团中央交通员，后化名陈英舟就任国民党武汉市党部常委兼组织部部长。不久又被恽代英调到国民党中宣部上海交通局搞发行。1926 年冬，奉命到国民党浙江省党部工作。四一二反革命政变后再次回到上海，任中共上海法南区委宣传部部长。

20 世纪 20 年代的陈养山

陈养山与鲍君甫相识于 1925 年。当时陈养山经人介绍向鲍君甫学习日语。1928 年春，陈养山在家乡组织农民暴动遭国民党军警追捕逃到上海，因一时未能接上组织关系，暂住在鲍君甫家里。

陈养山感到鲍君甫提供的消息很有价值，即向中共中央报告。周恩来指示陈赓进一步了解情况后认为，鲍君甫虽在政治上不可靠，但只要加以正确引导，可为我所用。他与李维汉、罗亦农等人商量后，同意谨慎使用鲍君甫。后来，陈养山被调到中央特科情报科工作，负责对接鲍君甫，并与陈赓单线联系。

此后，鲍君甫被国民党中央组织部党务调查科委任为驻上海特派员。由于他在国民党淞沪警备司令部、公安局、市党部和巡捕房里人脉深厚，加上陈立夫等人的信任，使他实际上成了党务调查科在上海搞特务行当的"第一把手"。为了支持鲍君甫的工作和确保其人身安全，中央特科除了派陈养山与他单线联系，还派人给鲍君甫当保镖，实际上是担任助手。据李强回忆，这个人是"党内的人，是个电车售票员，胸牌号 222，叫连德生。他身材高大，有力气，经常参加中央特科的行动，因为我们党的机关是不能让鲍君甫知道的，所以通过连德生与我们联系"[①]。

中央特科还为鲍君甫委派了秘书（安娥），设立办事处、配备车辆，每月给 400 元大洋的津贴，还经常发活动经费，等等，有时也给他一些假情报以迷惑敌人。李强就曾租了间房子，搬进家具和行李，弄了不少共产党的文件放在那里，让鲍君甫报告国民党特务机关派人去抓，鲍君甫因此还立了功。其实在特务抓捕行动之前，李强早已跑了。

中央特科通过鲍君甫这一情报工作关系，有偿获得不少有价值的情报，对保卫中共中央的安全、营救被捕人员以及惩处罪行深重的叛徒发挥了一些作用。

顾顺章叛变后，鲍君甫与中央特科的关系暴露，即遭逮捕，半年后经张道藩保释出狱。此后，国民党故意将鲍君甫再次逮捕，与被捕的共产党员关在一起，让他给被捕人员做"工作"，促其自首叛变。后来，鲍君

---

① 参见 1985 年以来李强的多次谈话，张瑞玲记录，薛幸福整理誊写。

▶匕首之刃
——李强传

甫被委任为国民党首都反省院（名义上属高等法院管辖，实际上被中统控制）的股长，专门给秘密叛变的共产党员办理手续。

1938 年至 1945 年，鲍君甫投靠汪伪政权的财政部部长兼警政部部长周佛海，当了高级汉奸，与"梅机关"（日本特务机关）关系密切，并担任南京感化院实际主持工作的副院长。日本投降后，大汉奸周佛海被关进狱中，鲍君甫没了依靠，在南京街头卖面条为生，后来被国民政府以汉奸罪抓起来并判刑八年。

1949 年 4 月，人民解放军解放南京前夕，鲍君甫出狱，再次在街头摆摊。在全国镇压反革命运动中，鲍君甫没有主动向公安部门登记，于 1951 年 1 月被南京市公安局逮捕，移送人民法院审理。审理期间，鲍君甫向审讯人员讲述了为共产党做过的工作，但编造说自己是"1926 年由陈养山引荐打入敌人内部并由陈介绍参加共产党"，以及"绝无叛党出卖组织情事"云云，并要求陈赓作证。

实际上中央特科成立于 1927 年 11 月，根本不存在 1926 年大革命时期鲍君甫"由陈养山引荐打入敌人内部"的事情。时任南京市法院第一任院长的鞠华对此案非常重视，于 1951 年 7 月以市法院名义两次给时任云南省人民政府主席陈赓发函，希望证实鲍君甫在大革命时期的政治身份。

1951 年 11 月 24 日，陈赓亲笔给鞠华院长回信，内容如下：

南京市人民法院鞠院长：

关于鲍君甫（又名杨登瀛）之供词是否属实一事，据我所知，鲍确系 1927 年起即与我党发生关系，1931 年以前在工作上曾和我联系，在此期间对党贡献颇大，我被捕时曾在南京宪兵司令部与我同狱，此时表面上还好，以后任伪中央感化院院长，据说表现不好，其他详情不知……仍以注意，管制为好，特此函复。

并致敬意

陈赓

11 月 24 日 [1]

① 姚华飞：《秘战英雄陈养山》，中共党史出版社 2018 年版，第 48—49 页。

陈赓的复函肯定了鲍君甫在大革命失败后为共产党做过的事情，为法院依法审案提供了重要证据。南京市人民法院又进一步查实并获得了大量证据。综上证明，鲍君甫在 1931 年 5 月前确实为共产党做过事情，1931 年 5 月后，他的人生是一部忠实效命于国民党特务机关和汪伪特务机关的历史。最终，南京市人民法院决定对鲍君甫不以"反革命分子"论处，给予宽大处理，予以释放，判处管制一年。而鲍君甫编造的"由陈介绍参加共产党"一说，事实上根本不存在。鲍君甫非中共党员，陈赓和陈养山绝不可能对不存在的事情予以证实。

共产党从未忘记为党做过事情的人，使鲍君甫的命运发生了转机。

鲍君甫被判管制后住在南京玄武区大树根，后搬至随园，无生活来源。1952 年 11 月，时任司法部副部长的陈养山闻讯后即写信给南京市公安局三位局长，强调："鲍君甫在大革命后对我党的保卫工作有很大的贡献，而且救出了许多我党负责同志……"信中说："我与陈赓同志商量给鲍作些救济，或想其他办法帮助一下。"

1956 年 3 月，南京军区派人送鲍君甫去北京，受到陈赓、李克农、陈养山等人的接见。陈赓详细询问了他的生活情况，委托国防部安排其生活，在北京协和医院为他安装假牙，并制作呢料制服、皮鞋等。鲍君甫在专人陪同下在北京逗留了三个星期。

以后，陈赓只要到南京出差，都到鲍君甫家看望，对其生活给予关心。根据陈赓和陈养山的建议，南京市公安局每月给他 140 元生活津贴，陈赓每月给他生活费 150 元，李克农、陈养山、安娥等也对他和家人给予长期关照。后来，鲍君甫到了上海，政府就将他养起来了。

"文化大革命"期间，鲍君甫受到冲击再度被捕，先后被关押在南京、上海。周恩来知道后，于 1968 年 11 月将他转移到北京秦城监狱关押，实际上是在特殊环境里用特殊手段将他保护起来，还委托李强和陈养山前去看望。李强回忆说，鲍君甫被关在秦城监狱"大门之内，二门之外"的房子里，行动比较自由。1969 年 12 月，鲍君甫在狱中病逝。周恩来得知其家属无生活来源确有困难，指示有关部门帮助解决。不久，鲍君甫的女儿被调回南京工作，以照顾多病的母亲。

　　近年来，已故半个多世纪的鲍君甫被戴上了"中共秘密党员""中共特工""在中统的心脏中潜伏多年的地下工作者""中共情报四杰之一"等桂冠，他所做过的工作也被夸大到脱离了其作为中央特科第一个"情报工作关系"的基本史实。有人甚至说，周恩来弥留之际叮嘱罗青长不要忘记鲍君甫；还有人说是鲍君甫帮助钱壮飞、李克农打入国民党特务机关云云。

　　这些说法与事实不符。

　　首先来看罗青长本人的回忆。

　　2020 年 5 月，央视四频道《国家记忆》栏目播出大型纪实节目《周恩来和中共隐蔽战线鲜为人知的历史》，其中有对亲历者罗青长生前的采访实录。罗青长说，周恩来与他谈的是对台工作。

　　再来看旁证。

　　据周恩来的保健医生张佐良所著《周恩来的最后十年——一位保健医生的回忆》（上海人民出版社 1997 年版）中记载：

　　（1975 年）12 月 20 日早晨，值班人员按照周恩来的吩咐派汽车接来了调查部长罗青长。……周恩来同他谈对台工作问题，询问在台的一些老朋友情况。两个人似乎没有谈多少事情，周恩来再次昏睡了过去。谈话只得中止，医生马上进病房来检查和抢救，罗青长在病室外焦急不安地等候着，他知道周恩来的病情已是十分严重，他不能让总理因他来此谈工作而过于劳累再度发生昏厥。罗青长未向周总理告辞，便悄然离开了医院……罗青长是周恩来生前与之谈论工作的最后一位部长。

　　这些资料证实，周恩来找罗青长是专门谈对台工作，放心不下的是在台老朋友，不可能涉及鲍君甫。还有许多资料记载，不一一赘述。

　　再来看钱壮飞、李克农、胡底打进国民党特务机关是否与鲍君甫有关的问题。

　　李强曾多次回忆说，钱壮飞、李克农、胡底进入中央特科情报科，是与一个特别党支部有关。他说：

在我党早期的无线电专业人员中，由李克农、张沈川和钱壮飞三人组成一个街道支部，张沈川任支部书记……张沈川在国民党电报局学习的时候，顾顺章就通知了我，他今后归我管。张沈川办事认真，拘谨，实在。张陪我去找钱壮飞，到了钱家，李克农也在那里……①

李强还在亲笔手书的《所提五名同志与我工作上曾有关系》一文中再次提及张沈川、李克农、钱壮飞组织了一个街道支部，张是支部书记的史实。李强说：

三、钱壮飞

钱的历史与电影《金陵之夜》（指1985年北京电影制片厂拍摄的电影《金陵之夜》——笔者注）比较是符合的。他在北平（应为北京——笔者注）不能待下去到了上海，由胡底同志找到了李克农同志，找到了党……后来他们三个人，张、李、钱，组织了一个街道支部，张是支部书记②。

李强的回忆真实再现了在严重的白色恐怖下，几个忠于信仰的共产党员顽强地寻找党组织和坚持斗争的传奇历史。

1927年底，钱壮飞和胡底因从事革命活动被北洋政府通缉，两人接到党组织预警后逃离北京，于1928年夏辗转抵达上海。因电影结缘，钱壮飞又认识了胡底的同乡李克农。有资料称，钱壮飞、胡底与上海党组织接上关系后，被编入中共法南区委所领导的法租界支部，支部书记是张沈川。而据前文中所引李强的回忆，是钱壮飞、李克农与张沈川组织了一个街道支部，张是支部书记。

笔者认为李强的说法更可信。一是因钱壮飞、李克农、胡底皆是在被当局通令缉拿的情况下，或化装出逃，或越墙逃脱，辗转来到上海的；二是三人皆机警过人，都意识到在白色恐怖下的上海，行动必须格外谨慎；

① 参见1985年以来李强的多次谈话，张瑞玲记录，薛幸福整理誊写。
② 参见1991年9月28日李强《所提五名同志与我工作上曾有关系》。

三是三人皆多才多艺，擅表演、善交际，尤长独立工作。

初到上海的钱壮飞生活无着度日艰难。一天，他看到报纸上刊登的上海国际无线电管理处招人广告，便去应试，结果考了第一名。管理处主任徐恩曾对才华出众的钱壮飞很赏识，加上还是同乡，于是，徐恩曾不仅接纳钱壮飞入职，还予以重用。钱壮飞向张沈川汇报了这一情况。同年秋，上海国际无线电管理处"升格"为无线电管理局，徐恩曾被蒋介石任命为管理局局长，把钱壮飞留在身边担任机要秘书。

张沈川是湖南慈利人，苗族，1900 年出生。1924 年 6 月考上私立青岛大学。1925 年 5 月参与领导青岛大学声援纱厂工人的斗争。1926 年 6 月考入广州中山大学，创办共产党外围组织"社会科学研究社"，同年 10 月参加北伐，加入共产党。1927 年 2 月任北伐军总政治部先遣队文书股长。8 月初，张沈川因未赶上南昌起义部队并遭国民党特务通缉，辗转回到老家。1928 年初，因再度被国民党通缉离开慈利到上海，才与党组织接上了关系。

听了钱壮飞的汇报，富于革命斗争经验的张沈川立刻意识到，必须抓紧时间向中央报告特别支部和钱壮飞的情况，而眼下，则需要钱壮飞绝对避免暴露身份。所以，张沈川不许钱壮飞参加散传单、贴标语等活动①。

1928 年 11 月，周恩来指示张沈川学习无线电收发报技术。张沈川见到他的直接领导李强，立即向李强报告了特别支部和钱壮飞的情况。李强在回忆当时的情况时说：

（张沈川）是我培训的我党第一个无线电报务员……他告诉有这样一个人，很能干，可以做情报工作。我就去见他。将他情况报告了总理。他（指周恩来——笔者注）同意后，经过街道支部将他调到特科（是一普通党员），我去找他的时候，他又介绍了李克农给我，后来交给陈赓。陈赓派他们打入国民党内部。

①　参见开诚：《李克农——中共隐蔽战线的卓越领导人》，中国友谊出版社 1996 年版，第 7 页。

根据李强的这次讲话提及的第一次见钱壮飞的情况，是因张沈川向党组织推荐了一个"很能干""可以做情报工作"的人。李强即按照组织层级报告顾顺章转报周恩来。周恩来听取汇报后认为，共产党正需要这种多才多艺、联络广泛、能够随机应变的人才来从事情报工作。但此时情报科科长陈赓腿伤未愈，于是周恩来派李强由张沈川带着到位于甘世东路西爱咸斯路的钱壮飞家见面。李强在一间朝西开窗的过街楼里第一次见到钱壮飞，还有钱壮飞约来的李克农①。

　　钱壮飞将自己逃离北京来上海后进入上海国际无线电管理处的情况娓娓道来。李强此前已听张沈川粗略讲过，今天当面听钱壮飞讲，其间的脉络和细节更加清晰。李强发现，在描述老辣多谋的徐恩曾爱钱、爱才、爱女人的特点时，钱壮飞能在诸多角色间顺畅转圜而不露丝毫破绽。李强不由得暗自叹赏，钱壮飞真乃奇才，可一身饰演多个角色！

　　李强还了解到，李克农虽比钱壮飞小几岁（钱壮飞叫他"小李"），但却相当沉稳老成。李克农和钱杏邨（阿英）曾于1927年3月奉命加入青帮"巢湖帮"，拜马玉伯为"老头子"。"巢湖帮"虽算不上青帮的正帮，但李克农是递了帖子、拜过香堂，两只脚都在"门里"的人，还详细研究过三教九流，十分擅长与各路码头打交道。李强非常高兴结交这样的人才！

　　此次见面，李强从诸多细节中了解到钱壮飞和李克农的情况。李强、钱壮飞和李克农都机警过人，三人共同商定，李强向上级汇报后要再来钱家一次，把与钱壮飞、李克农接续组织关系的同志也带来。李强回忆说：

　　……恩来同志要我去找张沈川（因我已受命学无线电），沈带我去钱的家里，他已约了李克农同志也到了。我告诉他，我去报告后再来，后来决定钱与李都要下次我带人去找他们②。

---

① 参见1980年6月2日《李强谈中央特科》。
② 参见1980年6月2日《李强谈中央特科》。

　　过了一个月左右，李强陪着腿伤初愈的陈赓再去钱家。李强对钱壮飞、李克农说，今后由陈赓与你们单线联系，咱们就此别过各自保重。说罢握别两人径自离开。李强后来回忆说：

　　（陈赓）伤治好可走了，我就陪他去找钱和李，陪去见了以后我就说，今后你们的工作同他谈，我就以后不来了 [①]。

　　1930 年夏，国民党中央秘书长陈立夫成立国民党中央党部组织部调查科特务组，负责对共产党进行调查研究，策划和组织破坏活动，以及进行机密情报的搜集。陈立夫多次来上海与徐恩曾密谋。之后，党务调查科在南京道署街设立特工总部，由徐恩曾负责，南京、上海设区，其他省设特务室 [②]。

徐恩曾

　　徐恩曾即赴南京工作，钱壮飞随同前往并兼任"长江通讯社"（国民党公开情报机关）负责人，其社址就设在南京中央饭店四楼，中统秘密联络点"正元实业社"的隔壁。钱壮飞还兼任了南京"民智通讯社"社长。经周恩来批准，李克农考入上海国际无线电管理局，任广播新闻编辑。在天津，还成立了"长城通讯社"，由钱壮飞介绍进入上海无线电管理局工作的胡底担任社长。

　　根据周恩来的指示，钱壮飞、李克农、胡底组成了另一个特别党支部。这个深度渗透国民党特务机关的支部直属于中央特科情报科陈赓领导。正是由于特别党支部的出色工作，中共中央才能掌握国民党的重

────────────

① 参见 1991 年 9 月 28 日李强《所提五名同志与我工作上曾有关系》。

② 傅金铎、张连月主编：《中国政党：统治大陆时期的中国国民党》，华文出版社 2002 年版，第 207 页。

要机密，周恩来才能助力中央苏区粉碎蒋介石发动的第一次和第二次军事"围剿"，并及时应对顾顺章叛变造成的重大危机。

李强后来回忆说，当时中央特科打进国民党内部的人很多，各种各样的人都有。比如在法租界、公共租界巡捕房的巡捕里，在上海的神父中都有"我们的人"，甚至在国民党淞沪警备司令部侦探学校里也派了不少人进去。就连曾助力袁世凯做皇帝的杨度，后来也成了共产党员。李强曾负责与杨度秘密联系，还给他送过钱[1]。

上述史实告诉人们，钱壮飞、李克农、胡底在周恩来领导下的情报工作生涯，李强与钱壮飞、李克农的生死之交，乃至他们三家几代人之间的革命友谊，均始于1928年上海法租界一座过跨街楼里的小房间。钱壮飞为谋生进入上海国际无线电管理处在前，国民党的官办商用无线电机构"转型"为专门的特务机关在后；李强认识和考察钱壮飞、李克农在前，陈赓与钱壮飞、李克农建立单线联系在后；周恩来布局在前，钱壮飞、李克农、胡底"卧底"在后。

以上均与鲍君甫无关。

李克农、钱壮飞、胡底（右起）是中共情报战线上的杰出代表，史称"龙潭三杰"

---

① 参见1981年1月17日李强《讲白区斗争》。

可见，针对国民党特务机关的"打进去"工作是一群共产党员在白色恐怖下的敏锐直觉、顺势而为，在经过严格审查、审慎研究等一系列程序后，由周恩来拍板决策。绝非凭借什么人的灵机一动就能"平地起惊雷"，甚至神通广大法力无边。

李强自从在钱家与钱壮飞和李克农分别后，一直谨遵工作纪律未与两人联系。直到 1937 年李强从苏联回国抵达延安后与李克农重聚，李强才知钱壮飞已于 1935 年在长征途中牺牲，年仅 40 岁；胡底在长征途中遭张国焘杀害，年仅 30 岁。李强悲痛万分，扼腕长叹，他没想到九年前在上海与钱壮飞的那一别竟是诀别！

1945 年 4 月，在延安召开中国共产党第七次全国代表大会时，周恩来深有感触地对李强说，没有钱壮飞就没有我们两个了，你要照顾和教育好钱壮飞的两个孩子。

1926 年的钱壮飞

当时，钱壮飞的儿子钱江和钱煌被送到李强兼任院长的延安自然科学院学习，兄弟俩继承父志参加革命。李强联想到钱壮飞的女婿也参加了革命，不由深感到欣慰。他曾回忆说：

>   ……钱壮飞的女婿也是我党的交通员，经常往来于上海、武汉（应为南京——笔者注）之间，为党做了不少工作。在那个年代，一个人参加革命，家属和子女虽然不是党员，但革命的思想使他们深受影响，耳濡目染也就成了革命的伙伴[1]。

李强多次说过，没有钱壮飞，我们这些人都完了。"为此，我们都深深感激钱壮飞同志，没有他的忠诚、机警和及时报告，我们的遭遇将不堪设想。"

---

[1] 参见1985年以来李强的多次谈话，张瑞玲记录，薛幸福整理誊写。

第四章　隐藏在空气里

初心使命

四一二反革命政变后，共产党人在十分艰难的条件下埋头苦干，经过一年多的努力，使党的组织逐渐得到恢复，各地红军和农村根据地也有了一定程度的发展。

在湘赣边界，毛泽东率领秋收起义余部于 1927 年 10 月到达井冈山宁冈的茅坪，开始创建井冈山革命根据地。1928 年 4 月下旬，朱德、陈毅率领南昌起义余部在宁冈砻市同毛泽东会师。在朱德、毛泽东领导下，红四军三破敌"剿"，深入开展土地革命，使根据地很快就扩大到宁冈、永新、莲花全境，吉安、安福一部分，以及遂川北部、酃县东南部。中央苏区呼之欲出。

在湘鄂西，贺龙、周逸群等人建立的革命武装整编为工农革命军，后扩编成红二军团，不久又成立了湘鄂西苏维埃政府。在鄂豫皖，共产党在黄麻、商南、六霍起义的基础上成立了鄂豫皖边特委，创立了红一军，这便是鄂豫皖中央局和红四方面军的前身。在湘鄂赣，农民游击战争也为创建革命根据地打下了基础。

开天辟地第一次，共产党有了自己的军队。但相对于国民党军队旅以上各级指挥机关均已配备短波无线电台的优势，各地红军与根据地的通信指挥手段却严重落后。除个别部队配备电话外，大多仍以军号为主，只能适用于战术通信，无法承担全局性战略战役指挥联络的使命。而中共中央远在上海，同相距数千里各地红军和根据地之间的联系主要靠交通员传送文件，既费时又不安全。这使中共中央意识到，必须尽快建立与各地红军和根据地之间的无线电通信联络。

其实，共产国际和联共（布）比中共中央更早注意到军事斗争、情报工作以及培训技术干部的必要性和重要性。

四一二反革命政变后，共产国际执委会东方书记处军委会委员赫梅廖夫于5月6日在给军委会主席别尔津，同时送联共（布）中央政治局中国委员会委员拉斯科尔尼科夫的《关于中共中央军事部的工作、工作缺点和未来前景的书面报告》中指出，今后必须开展的工作主要有："最高领导机构再次重申中共中央军事工作的必要性和重要性"。"造就中国军事工作干部，在莫斯科对他们进行认真培训，并借助于他们深入开展业已开始的工作。""协助武装工农军事组织，拨给军事部十分必需的爆破器材。""更广泛地开展情报工作。""坚决要求中共中央指派中国军事部的常任成员，同时派出不少于两名俄国同志到军事部工作，而且一名应当是与我们的教官组有联系的、威信很高的军人同志，另一名应当领导情报工作。""增加对党的军事工作拨款"①。

5月18日至30日，共产国际执委会第八次全会通过的《关于中国问题的决议》指出："目前应当十分尖锐提出的问题是改编军队，建立绝对忠于革命的军队，密切军队与工农组织的联系，配备军队干部以及将雇佣军队改变为正规革命军等等。"②

此后，联共（布）中央委员会和中央监委联合全会在关于"中国革命的教训"的决议中指出：中国共产党"首先应当化险为夷，以图自存……撤换领导，并把有直接革命斗争经验的新领导人由基层提拔到中央；与此同时，党还应当在武汉地区建立秘密机构……尽一切努力发展土地运动，

---

① 《联共（布）、共产国际与中国国民革命运动》（1926—1927）第四卷，中共中央党史研究室第一研究部译，中共党史出版社2020年版，第232页。

② 参见中国社会科学院近代史研究所翻译室编译：《共产国际有关中国革命的文献资料》（1919—1928）第一辑，中国社会科学出版社1981年版，第331页。

▶匕首之刃
——李强传

采取一切可能措施武装工农，以奠定真正革命工农军队的基础"①。

5月26日，联共（布）中央政治局会议作出关于中国问题的八项决议，其中的第四项是："为了给特种部队（炮兵、空军、通信兵、装甲兵等）培训共产党干部，从中山大学今年毕业生中挑选100名共产党员和共青团员，委托军事部门保证对他们进行培训。中国委员会要向下次会议提出必需的经费预算。"②

6月2日，联共（布）中央政治局会议决定："（5）根据政治局今年5月26日的决定，从中国高校100名毕业生中派40名到炮校学习、20名到航校学习、15名到通信学校学习，25名去学习装甲和机枪技术。允许共和国革命军事委员会利用自己的预算余额作为这些同志的生活费。规定学习期限为9至18个月。学年开始前，将这些学员安排到相应的营地，以利用夏季时光从事野外训练。"③

正如李强后来所回忆的那样，"六大之后，根据苏联同志的建议，我党开始在上海着手建立无线电通讯设施"④。

这也充分说明了在当时历史背景下中共与联共（布）之间的相互依赖关系。一方面，中国共产党领导下的中国革命的成功离不开联共（布）的援助；另一方面，联共（布）控制下的共产国际也真诚希望中国革命能够取得胜利，并不遗余力地支持中国共产党。

基于双向需要的革命格局须有安全稳妥的无线电通信手段予以保障，于是，中共中央根据共产国际的指示和中国革命的实际需要，很快启动了培训无线电技术人员和建立电台的工作。李强也证实，"周恩来参加了大会（指中共六大——笔者注），会后回到了上海。根据苏联同志

① 中国社会科学院近代史研究所翻译室编译：《共产国际有关中国革命的文献资料》（1919—1928）第一辑，中国社会科学出版社1981年版，第344—345页。
② 《联共（布）、共产国际与中国国民革命运动》（1926—1927）第四卷，中共中央党史研究室第一研究部译，中共党史出版社2020年版，第271页。
③ 《联共（布）、共产国际与中国国民革命运动》（1926—1927）第四卷，中共中央党史研究室第一研究部译，中共党史出版社2020年版，第293页。
④ 李强：《我的革命历程》，《中共党史资料》第49辑，中共党史出版社1994年版，第8页。

建议，我党着手准备建立无线电通讯设施"①。

1928年6月中旬，周恩来在抵达莫斯科出席中共六大时，曾向共产国际提出代培无线电技术人员的申请，很快就获得共产国际的批准，并首先在莫斯科中山大学和莫斯科东方劳动者共产主义大学组织实施。中山大学的中国留学生毛齐华、方廷桢（方仲如）、陈昌浩、沈侃夫（陈宝礼）、李元杰、程祖怡六人成为最早一批被派到国际无线电训练班学习无线电通信技术的人员。

毛齐华，原名毛品贤，1903年出生，上海嘉定人。1920年进入中华书局印刷总厂当学徒工。1925年初加入共青团，担任团支部书记。这个支部后来属共青团曹家渡部委领导，部委书记是李强，胡均鹤是宣传委员，毛齐华担任组织委员。

1987年5月2日，李强（左）在杭州毛齐华家中

---

① 1985年以来李强的多次谈话，张瑞玲记录，薛幸福整理誊写。

▶匕首之刃
——李强传

　　1925 年 4 月，毛齐华加入中国共产党，担任党支部书记兼厂工会党团书记和秘书长。五卅运动期间，毛齐华参与领导上海印刷业的罢工，担任上海印刷总工会副总务科长。后来参与创办中共地下印刷厂，担任党支部书记。1927 年 2 月，毛齐华在中共武汉长江印刷厂担任党支部书记兼工会党团书记，10 月赴莫斯科中山大学学习①。

　　毛齐华他们进入的国际无线电训练班设在莫斯科一条冷僻的街上。毛齐华等人每周有两三个晚上去那里学习。从学习收发报技术、无线电原理和制作机器零件的技术入手，后来就带着自制的收发报机外出实习，有时还到莫斯科郊外的国际电台参观。中共六大之后，毛齐华曾在莫斯科东方大学遇见了前来传达六大精神的周恩来。周恩来热情地向毛齐华打招呼，并说："你们要抓紧学习，国内急需建立无线电通讯方面的人才。"话不多，但是给毛齐华留下了深刻的印象。

　　1929 年底，除陈昌浩中途被调走搞青年团工作，毛齐华等五人全部搬到国际无线电训练班住宿，进入封闭式学习状态，只是在中山大学有重要报告时才回去听一听。

　　周恩来在审查中共六大会议代表和留苏党员学生档案时曾留意到，一个被指派参加旁听六大的东方大学学生涂作潮曾向组织强烈要求"继续留在莫斯科学习爆破技术"。

　　涂作潮，1903 年出生，湖南长沙人，十几岁便学徒作了木工。1924 年到上海谋生，在工人夜校认识了蔡林蒸（蔡和森的继兄）。同年 4 月，经蔡林蒸、林育英介绍加入中国共产党。1925 年 10 月被派往苏联莫斯科东方劳动者共产主义大学中国班学习②。

　　中共六大之后，周恩来留在莫斯科办理六大未了事宜，包括同中共代表团其他领导逐一找中国留苏学生谈话，了解其学习情况，向他们介绍国

---

① 毛齐华：《风雨征程七十春——毛齐华回忆录》，当代中国出版社 1997 年版，第 1—55 页。

② 涂作潮：《"木匠"的回忆》，中国人民解放军历史资料丛书编审委员会：《中国人民解放军历史资料丛书——通信兵·回忆史料》(1)，解放军出版社 1995 年版，第 30—32 页。

内革命形势，征询对回国工作的意见①。

了解到涂作潮的想法后，张国焘、周恩来在分别跟涂作潮谈话时表示，国内红军急需无线电通信技术人才。战斗中，一个团的单位，由于通信联络不上，常常不能很好地完成战斗任务，甚至遭到不应有的损失，组织上不同意你学习爆破技术，希望你改学无线电通信。

涂作潮同意组织决定②。

接着，中共代表团向共产国际远东局推荐涂作潮等十名东方大学学生到列宁格勒伏龙芝军事通信联络学校学习无线电技术。1928年10月26日，共产国际远东局召开绝密会议，根据"特别可靠、熟悉俄语、男性"三项条件，审核确定了十人中的六人，但最终入学的只有涂作潮、覃显猷、刘希吾、宋濂四人。

1928年11月中旬，涂作潮等四人开始在列宁格勒伏龙芝军事通信联络学校学习，课程内容有放狗、放鸽、有线通信、无线通信、绘制军用地图、修理汽车、木工和锻工等。涂作潮擅长木匠活，在教员劝说下改为主攻无线电机务，重点学习组装和修理无线电台③。

1928年11月上旬，周恩来从莫斯科回到上海，参与中共中央领导。因当时强调工人成分而被选为中共中央总书记的向忠发在实际工作中并不能起核心领导作用，故在此后相当一段时间内，周恩来成为中共中央工作的实际主持者④。与此同时，他开始布置建立无线电台的具体工作。

一天晚上，李强奉周恩来之命来到一家小旅馆。进入房间后，周恩来热情地拉着李强坐下，他长久地盯着眼前这个充满朝气的年轻人，思绪却

① 中共中央文献研究室编：《周恩来年谱（1898—1949）》上卷，中央文献出版社2007年版，第148页。

② 涂作潮：《"木匠"的回忆》，中国人民解放军历史资料丛书编审委员会：《中国人民解放军历史资料丛书——通信兵·回忆史料》（1），解放军出版社1995年版，第32页。

③ 张进：《历史天空的红色电波》上册，长城出版社2013年版，第32—35页。

④ 中共中央文献研究室编：《周恩来年谱（1898—1949）》（上），中央文献出版社2007年版，第149页。

飘移到五个月前的莫斯科。他想到中国留学生在莫斯科经过严格审查分别
进入国际无线电训练班和列宁格勒伏龙芝军事通信联络学校的过程。这些
学员要两年左右才能结束学期，但国内各地党组织和红军一刻也等不得，
他们因联络不畅而纷纷向中央诉苦，其心情之迫切、语气之急切，仿佛一
记记重锤不断敲击着周恩来的心。

周恩来深知请共产国际代培无线电技术人员的重要性，可远水不解
近渴，高度仰赖别人，实属处于弱小地位的中国共产党不得已而为之。而
眼下在中国，有无数年轻的共产党员，他们不一定"熟悉俄语"，也不
一定是"男性"，却百分之百地可靠。只要革命需要，他们会怀着全部激
情奔向党的奋斗目标，哪怕牺牲生命也在所不辞。因此，与其坐等别人
帮忙，不如在本土立即开展无线电技术人才培训和无线电收发报机研制
工作。自力更生与依靠外援"两条腿"走路，无疑是创建无线电通信事业
时应取的策略。

基于反复思考后形成的想法，加上一年前在武汉领导中共中央军委特
科情报保卫工作时对李强的了解，以及李强上过大学工科、熟悉英文等
情况，周恩来深信他能完成任务。

刚才，李强见周恩来若有所思，就没有贸然打扰。从一年前担任军委
特科特务股股长起，李强就在周恩来手下工作。周恩来对他而言，既是
领导，又是兄长。他对周恩来充满敬意，却又从不拘谨。李强并不知道，
其实早在两年前周恩来领导上海工人武装起义时，罗亦农就将他自制炸药
和手榴弹的故事讲给周恩来听过，使周恩来对这位年轻党员面对艰难任务
时所表现出来的激情和创造力有了深刻的印象。

周恩来告诉李强，党中央要建立地下电台，决定由你来研制收发
报机、组织人员培训和建立电台。

李强听了感到兴奋，原来是要把秘密情报隐藏在空气里送出去！但
他也有一点为难。多年以后，他在回忆这个改变了自己一生的事情时说，
因为我虽然上过大学，对无线电却一窍不通；国民党特务对无线电设备
检查控制很严，一经查获均施以重刑；而且书店也根本没有与此有关的
中文书籍。周恩来鼓励我说：没有中文的，可以看英文的，你的英文基

础不错，完全可以自学①。在周恩来的信任与鼓励下，李强表示服从组织决定，就边学边干，全力以赴学起无线电来②。

为了给李强提供强有力的组织保障，周恩来对中央特科的内设机构和人事安排均做了相应调整，将中央特科四科交通科改为无线电通讯科，仍由李强担任科长③。

不久，张沈川也在周恩来那里领受了任务。半个多世纪后，张沈川回忆了这个令他终生难忘的重要时刻，他说：

> 1928年11月的一天，组织上通知我（当时我任上海法租界地方党支部书记）到三马路惠中旅馆一楼的一个房间，说是中央组织部部长伍豪（周恩来）和我谈话。去后，周恩来很详细地问了我的情况：过去在什么地方念书，参加过哪些政治活动，什么时候入的党，由谁介绍的？我一一作了回答。最后，恩来同志说：组织上决定调你学习无线电通信技术。并说，从明天起，你就归他领导（指坐在一旁的顾顺章，他后来叛变）④。

有资料称，周恩来向张沈川布置学习无线电技术的任务后，由张沈川培训无线电通信技术人员，参加学习的有李强、黄尚英、王子纲、伍云甫、曾三等⑤。

---

① 李强：《我的革命历程》，《李强文存（1924—1994）》，李延明整理，中共常熟市委党史工作办公室2002年印，第289—290页。

② 李强：《一次划时代的通信革命》，中国人民解放军历史资料丛书编审委员会：《中国人民解放军历史资料丛书——通信兵·回忆史料》（1），解放军出版社1995年版，第1页。

③ 李强：《我的革命历程》，《李强文存（1924—1994）》，李延明整理，中共常熟市委党史工作办公室2002年印，第289—290页。

④ 张沈川：《"地下"无线电波》，中国人民解放军历史资料丛书编审委员会：《中国人民解放军历史资料丛书——通信兵·回忆史料》（1），解放军出版社1995年版，第6页。

⑤ 中共中央文献研究室编：《周恩来年谱（1898—1949）》（上），中央文献出版社1998年版，第151页。

　　这个说法不够准确。因为周恩来布置的任务包括研制无线电收发报机和使用收发报机两个方面。李强的任务是研制收发报机，张沈川的任务是学会使用收发报机。周恩来与张沈川谈话时已经明确，张沈川归顾顺章领导。顾顺章时任中央特委委员，是中央特科实际负责人，李强在特科下设的无线电通讯科任科长，张沈川是通讯科成员。因此，顾、李、张之间的垂直领导关系是明确的。根据张沈川回忆，周恩来与张沈川谈话的次日，"顾即派李强找到了我。以后，李强就经常帮助我学习，每月的生活费也是他带给我的"。李强还买来电键、蜂鸣器、干电池、矿石收音机、耳机等设备供他学习[①]。这不仅说明了李强领导张沈川，还说明了李强所承担的具体工作。

　　1928 年冬，张沈川化名"张燕铭"考进国民党第六军用电台的无线电学校。开学后发现，校长是老熟人刘鹤年，曾在青岛测候所任报务员，1925 年还同张沈川一起参加过"青沪惨案后援会"，支持日本纱厂罢工工人。1929 年 5 月，张沈川顺利毕业。经刘鹤年批准，住进第六军用电台实习。张沈川手法熟练，常被刘鹤年安排单独值夜班。张沈川利用这机会偷抄了两本国民党军用密码交给党组织。

　　7 月初，国民党黄埔军校电训班毕业的张健等三人被分配到第六军用电台实习。他们受过专门的特务训练，一来就注意到"实习生"张沈川，于是处处给张沈川找碴，使他的工作环境顿时变得危险起来。张沈川立即向李强汇报情况。根据李强的指示，张沈川向刘鹤年提出"实习生多，练习机会少，决定搬出去另找工作"。经刘鹤年同意后，张沈川迅速离开了第六军用电台[②]。

① 张沈川：《"地下"无线电波》，中国人民解放军历史资料丛书编审委员会：《中国人民解放军历史资料丛书——通信兵·回忆史料》（1），解放军出版社 1995 年版，第 6—7 页。
② 张沈川：《"地下"无线电波》，中国人民解放军历史资料丛书编审委员会：《中国人民解放军历史资料丛书——通信兵·回忆史料》（1），解放军出版社 1995 年版，第 6—7 页。

弄堂深深

相对于张沈川借国民党军用电台之手的"培养"过程，李强就艰难多了。多年以后，他回忆了在白色恐怖下买回美国大学用的英文教科书，从偷偷自学无线电理论开始研制工作的过程，他说：

我学习无线电技术，完全靠自学，没有教师教。因处在白区，环境险恶，只能偷偷地学。参加革命前，我在大学学习了两年，没有毕业。我是学修铁路、建桥梁的。好在学校里，我的各门基础课学得比较扎实，数、理、化的成绩都比较好。中学里的自然科学都用英文课本，加上在大学里全用英文课本，所以在接受学习制造无线电收发报机的任务后，就到街上买回美国大学用的有关教科书，进行有系统地自学。因为基础好，学起来并不困难[①]。

多年后李强把自学成功的经验总结为两条，一是基础课好，尤其是数学特别好，英文都能看懂；二是系统地学，没有系统的读与有系统的读完全不一样，因为系统的读是读在前面，同时不放过书中的每一道练习题，都认真地做[②]。李强充分认识到在实践中学习无线电技术的重要性，颇动了一番脑筋，找到一个秘密实习的办法。他回忆说：

除了在理论上学习之外，更重要的是在实践中学习，我曾秘密地到上海无线电工厂学习过。在博物院路有一家私营的大华科学仪器公司（以下简称大华——笔者注），专门生产发报机，但因厂子管得很严，我不能进他们厂

---

① 李强：《一次划时代的通信革命》，中国人民解放军历史资料丛书编审委员会：《中国人民解放军历史资料丛书——通信兵·回忆史料》（1），解放军出版社 1995 年版，第 1 页。

② 1985 年 5 月 30 日李强在中国技术进出口公司华中分公司的讲话。

▶匕首之刃
————李强传

子去学，便把他们的产品搞出来，一面解剖，一面学习 ①。

　　李强摸到门道，开始琢磨购买零件自己动手制作收发报机，并在购买零件的过程中认识了大华职员、原"南京"号邮轮报务员郑国年。李强在他的帮助下学习安装零件、维护修理，还得到不少零部件 ②。

　　李强很感谢郑国年。后来郑国年提出与他合作，与外国人打交道，李强欣然同意。当时在上海码头停靠的外国轮船都由大华提供发报机，郑国年就是专门负责为各轮船的小型无线电台提供零配件。他借此机会介绍报务员去船上工作，并与报务员串通，经常故意弄坏发报机，然后叫李强去修理。李强知道什么地方有问题，保证一修就好，结果赚了外国人不少钱 ③。李强回忆：

　　郑国年原来是中国第一艘邮轮上的报务员，所以他与船公司熟识。我们（将发报机）卖给了船公司，要由我们介绍报务员，第一个月的工资报务员要给我与郑平分。有时候即通过报务员将发报机内弄断一根线，我去修，弄了二个小时搞好焊好了，即收一百块钱，将五十元给报务员，五十元就是我的了 ④。

　　在当时的上海，最重要的无线电零件只能在外国人开的洋行里买，有的在洋行里也买不到，还是得想办法自己制作。于是李强结交了一个无线电爱好者朋友，向他学习无线电制作技术。李强回忆道：

　　当时的上海，比较复杂，什么人都有，卖什么东西的都有，一般的零

---

① 李强：《一次划时代的通信革命》，中国人民解放军历史资料丛书编审委员会：《中国人民解放军历史资料丛书——通信兵·回忆史料》（1），解放军出版社 1995 年版，第 2 页。
② 李强：《我的革命历程》，《李强文存（1924—1994）》，李延明整理，中共常熟市委党史工作办公室 2002 年印，第 290 页。
③ 参见 1985 年以来李强的多次谈话，张瑞玲记录，薛幸福整理誊写。
④ 参见李强亲笔写的回忆电台制作之手稿。

件比较好买。但是发报机的重要零件在街上是买不到的。可是到了外国人的洋行里，就能搞到，只要先付定金，规定好型号，约三个月到货。记得当时最难做的是用紫铜管绕线圈，洋行里也买不到。另外，我有一个朋友是无线电业余爱好者，从他那里我也学到了不少东西[1]。

李强说的这个朋友叫柳中燧。因为李强常到商务印书馆仪器柜台买无线电零件，有个叫荣锡根的售货员就向他介绍了总到大华（大华附设有售卖外文书刊的门市部——笔者注）阅读外文版无线电书刊的发烧友柳中燧。于是，李强也到那里翻杂志，终于"偶遇"了柳中燧。

柳中燧是浙江鄞县人，1902年出生，六岁随祖父母到上海，进入由天主教教会开办的徐汇公学读书，毕业后转入大专商科学习。1923年，柳中燧在上海法租界工部局报务处谋了个小职员的差事。后来，这个具有教会教育背景的年轻人笃信科学，迷上了无线电技术。

李强多次到复兴中路永裕里46号柳中燧的家中叙谈，暗中对他进行考察，发现他同情革命，正在研制能与国外通报的收发报机。柳中燧也感到李强的眼神里时时流露出对学习无线电技术的渴望，跟自己刚入道时几乎一模一样。

这一日，柳中燧一边忙活，一边不无得意地对李强说，早就晓得侬想跟我"白相"。

此话正中下怀。李强连忙问柳中燧：可以伐？柳中燧说，好呀！

你不要太爽气哦！李强非常高兴，与柳中燧一拍即合。此后，李强往柳中燧那里跑得更勤了，柳家也就成了李强的无线电知识和器材的"供应商"。

制作一部小小的收发报机，涉及几十道工序，每道工序之间环环相扣、相互影响，这对于零起点的李强而言，其难度之大、时间之紧、工作量之繁重可想而知。但在柳中燧的指导下，李强勤学苦练，很快就学会了紫铜管绕线圈等技术难点，还学会了画线路图和电台组装。

---

[1] 李强：《一次划时代的通信革命》，中国人民解放军历史资料丛书编审委员会：《中国人民解放军历史资料丛书——通信兵·回忆史料》（1），解放军出版社1995年版，第2页。

之后，李强和柳中燨到英国商行、美国无线电公司上海经销部或本土公司的经销部门订购电子管、蓄电池，没遇到过什么麻烦。相比之下，收报机的零件比较好买，英国商行里此类东西多一些。而发报机却只有大华才能制造（该厂主要制造、出售军用电台和轮船用电台），李强就通过郑国年，请大华的工人帮忙制造。

研制工作需要场地，李强为此颇费心思。当时，在沪东有恒路上有家绍敦电机公司，是共产党员蔡叔厚开的专营变压器的一个小公司。

蔡叔厚原名肃侯、绍敦，1898 年生于天津。因家境清贫，他艰难地读完浙江甲种工业学校就去做工。最初受聘到孝丰造纸厂督造锅炉，不久到上海日商内外棉纱厂做工人。在五卅运动中，蔡叔厚愤然退出内外棉纱厂，先后在宝成纱厂、湖南纱厂、申新二厂当电机工程师，1921 年，蔡叔厚考取留日官费生学习电机专业，后又考上东京工业大学研究生，1924 年毕业回国[1]。

蔡叔厚精通日语，曾用熟练的日语冒充日本人到法国巡捕房救出了一个正在学习日文的中国学生。蔡叔厚对法国

蔡叔厚

巡捕说，有一名日本学生被你们抓进来了，请你们放人。当时法国巡捕不明就里，结果还真把人给放了[2]。

为了能找到一条"工业救国"的道路，踌躇满志的蔡叔厚在上海创办绍敦电机公司，担任总经理，主要生产变压器，由 110 伏或 220 伏升高到14000 伏，可供 20 英尺长的霓虹灯管用。五卅运动期间，蔡叔厚开始接触新思潮。大革命失败后，一大批共产党员先后到蔡叔厚家中避难。蔡叔厚的家

---

[1]　李强：《忆蔡叔厚同志》，《李强文存（1924—1994）》，李延明整理，中共常熟市委党史工作办公室 2002 年印，第 198 页。

[2]　参见 1985 年以来李强的多次谈话，张瑞玲记录，薛幸福整理誊写。

成了"济难会"，只要是共产党里来的人，不管认识与否，他都热情接待。家里一度每天开两桌饭，接济那些食宿无着的共产党人，而他自己却过得异常节俭，吃饭总是咸菜一碟。

在与共产党人的接触中，蔡叔厚懂得了许多革命道理，认识到只有共产党才能救中国。四一二反革命政变后，蔡叔厚看到革命者一天天牺牲，觉得自己有责任补上斗争的岗位，就毅然加入了中国共产党。他的公司表面上是搞生产、做买卖，实际上成了共产党的秘密联络点。

周恩来时刻关注着李强的情况，他了解到研制工作需要掩护和工作场地，就与有关部门协调，由蔡叔厚来掩护李强。当时的蔡叔厚有许多公开身份，如绍敦电机公司总经理、中国电工企业公司总经理等。据李强回忆，其实蔡叔厚是共产国际情报人员，1930年调到共产国际情报站工作，其组织关系也随工作调动转去。1933年5月，史沫特莱匆匆离开上海后，蔡叔厚与共产国际的组织关系就断了[①]。

有资料称，蔡叔厚是中央特科成员。实际上，蔡叔厚与李强只有工作关系，没有党的组织关系。他不是中央特科成员，不参加特科日常工作，其任务是提供场地并掩护李强。

掩护工作非常危险，万一被国民党特务机关查出共产党在这里私造电台，蔡叔厚全家都会有生命危险。但蔡叔厚丝毫没把这些放在心上，一掩护就是两年多。他在二楼腾出过街楼供李强安装机床，李强购置的无线电器材、技术资料也都放在这里，有整整两大箱子。李强常带着柳中燧到蔡叔厚的过街楼去制作零件，柳中燧就认识了蔡叔厚。一开始，柳中燧以为他也是发烧友，时间长了才发现蔡叔厚做事隐蔽、口风很紧。更重要的是，他重情义，从不看重金钱、名利，不计较个人得失，与精于算计的小市民完全不同。这使柳中燧隐约感到，蔡叔厚和李强都是真正"有

---

① 1982年1月16日田云樵、李强发言记录。
　　另据叶孝慎先生考证，蔡叔厚是佐尔格领导下的"拉姆扎"小组成员，换言之，他是中共派给佐尔格的助手。1931年夏，牛兰夫妇被捕，佐尔格奉命组织营救，动用了他能调动的所有力量，其中也包括蔡叔厚。之后，"拉姆扎"小组撤出中国，佐尔格等人返回苏联，史沫特莱亦于1933年5月去莫斯科，直至1934年秋才转道美国重回上海。

腔调"的人。

一天，柳中燨壮着胆子问蔡叔厚，侬的上级是不是周恩来啊？

当时，共产党为了保护组织，不得不以坚决果断的姿态和雷霆万钧的气势镇压叛徒，中央特科行动科"红队"和周恩来之名早已威震上海滩。话一出口，柳中燨就后悔了。自己埋头搞技术，本不应打听政治，这种问题怎能随便问，又让人家怎样回答嘛！

谁知蔡叔厚听后只是笑了笑，什么也没说。

一场尴尬的局面就地化解，对蔡叔厚脸上神秘莫测的笑容也可以做出各种解释，但大家心知肚明，以后就没人再提这个话题。

李强、柳中燨、蔡叔厚就这样走到一起来了。这是一个年轻的组合：柳中燨 28 岁，人长得瘦瘦的；蔡叔厚中等个子，戴副眼镜，从年龄上讲是老大哥，其实才 33 岁；李强最小，只有 24 岁。

这又是一个机缘巧合的奇妙组合：蔡叔厚不但有不俗的留洋背景、资金实力和深厚的人脉资源，而且工作中很有办法，也非常机警，即便诸行无常，总能处之泰然。柳中燨是自学成才的本土精英，既有理论功底，又有实际经验，是名副其实的"技术顾问"。他自幼温雅谦和，虽比李强年长，反倒称李强为兄。相比之下，李强更热血，活脱脱一个拼命三郎，虽在无线电技术方面起步晚，进步却很快。

李强直接对周恩来负责，在三人小组中处于中心地位。但他始终小心翼翼地将蔡叔厚、柳中燨与张沈川隔开。因为他和张沈川是单线联系，所以李强两边跑，充当"防火墙"。张沈川知道李强那里还有几个人，也自觉地不与他们发生横向联系。

同李强一起鼓捣无线电台的还有翁瑛。

翁瑛，原名朱文元，也是常熟人，1905 年出生。四一二反革命政变后，翁瑛到国民革命军第二十军学兵营当文书，参加了南昌起义，在周文所在部队第二十军第三师教导团担任团部书记官。1927 年秋，翁瑛在随起义部队南下途中经周文在介绍加入中国共产党。后因部队转战湖南失败而被俘，两天后被释放返常熟。1928 年秋在石梅小学当教员，任中共常熟县委书记。因组织农民暴动失败被捕，经家人营救获释，到上海商品检验局当检查员。他找到李强后，被调到中央特科无线电通讯科工作。翁瑛勤学苦练，很快就学会了无线电技术。

今天的人类生活，无线电早已成为须臾不可缺少的部分。基于无线电技术的移动通信技术、网络信息化技术，在相互交织中迅猛发展。但在90多年前，无线电还是一门刚进入中国的应用科学，是共产党人从未涉足的领域。正因为不懂，感到神秘，才更激发了李强这批青年才俊的探究勇气，从斗争中学习斗争。

无线电波无影无踪，之所以能在自由空间里传送情报，靠的是收发报机。研制收发报机是一个超级"烧脑"的过程。李强的思路时而宽阔，时而狭窄；经常梗阻、走投无路，也经常豁然开朗。动脑与亲自动手的经历使李强意识到，事物的真相与表象不一定是一回事，只有从微不足道之处做起，久久为功，才能拥有大匠人的独立思考和"庖丁解牛"般的技术养成。

为了安全起见，李强又找了老重庆路、大沽路交叉口一幢二层三开间房子底层的统厢房，一边学习，一边制作零件进行组装。到1929年春末，第一批收发报机就装成了①。看着这个50瓦功率、外形略显笨重的"珍宝"，李强心里没底，请张沈川检验。

张沈川离开国民党第六军用电台后，李强安排他租住在赫德路（今常德路）一间二楼的前楼里，调来贺果（原名贺培真，留法勤工俭学回国）与张沈川同住②。李强买了不少无线电器材，绘制出线路图样，带着张沈川和贺果制作收报机，深夜收抄旧金山（英文）、伯力（俄文）等地的政治经济新闻供领导参阅③。贺果的进步也很快。

对于首次检验自制电台，李强的印象实在太深。半个多世纪后他回忆说，我装了一部电台给他（张沈川），他先从抄收国际新闻和气象预报

---

① 李强：《一次划时代的通信革命》，中国人民解放军历史资料丛书编审委员会：《中国人民解放军历史资料丛书——通信兵·回忆史料》（1），解放军出版社1995年版，第2页。

② 张进：《历史天空的红色电波》上册，长城出版社2013年版，第53页。

③ 张沈川：《"地下"无线电波》，中国人民解放军历史资料丛书编审委员会：《中国人民解放军历史资料丛书——通信兵·回忆史料》（1），解放军出版社1995年版，第7页。

开始练习，然后再与世界各国的业余电台互相通报。

望着张沈川头上冒出的细密汗珠，李强的心都要跳出嗓子眼了，连连问情况如何。张沈川摘下耳机冲着李强笑了笑。李强几乎跳起来。身上一使劲，脚下的旧地板"吱吱呀呀"响了起来，屋顶小灯泡也被胳膊碰得左摇右晃。两个年轻人激动地压低了嗓音小声喊道，成功啦！

后来，李强他们又装了一台 100 瓦和一台 250 瓦的收发报机，还装了一台三灯收发报机，但外形比较笨重，灵敏度不高。周恩来得知后指示，要充分考虑地下工作的需要，电台功率大小要根据实际使用情况，体积和重量要轻小，方便携带和操作，既便于收发报接收，又能避免被敌人察觉，要根据现在的样机和图纸，进一步改进设计和制作[1]。于是，李强他们动手改进，再由张沈川进行检验。

趁地下电台还未正式建立，李强通过郑国年，找大华的工人做了些零件，自己再和柳中爔组装成收发报机，悄悄拿到上海各个码头的大轮船上去卖，还真赚了点钱。李强做生意的公开理由是感谢柳中爔，实际上真正目的是为解决中央特科无线电通讯科经费紧缺的困难。他后来回忆说，从小路来的零件做成发报机卖到轮船公司的船上，给工作带来不少方便。

李强对柳中爔始终心怀感激，组装无线电台的任务完成后，依旧与柳中爔保持着交往。李强帮助柳中爔在蔡叔厚后来所在的中国电工企业公司担任了厂长兼工程师和顾问。柳中爔研制出当时紧缺的医疗 X 光机交给李强。李强将它偷运到中央苏区，以解根据地的燃眉之急。

新中国成立后，1951 年夏天，李强到上海看望柳中爔，邀他去北京发展。对柳中爔来说，能在白色恐怖下帮助共产党人，是他生命的顶峰，也是这辈子最引以为豪的事情。但考虑到自己上有老下有小，离开上海有诸多不便，所以婉辞了李强之邀。不久，李强了解到这位昔日"技术顾问"没有"正式"工作，生活拮据，就主动联系第一机械工业部上海综合研究所副所长涂作潮安排他进综合研究所工作。

---

[1]　张进：《历史天空的红色电波》上册，长城出版社 2013 年版，第 45—46 页。

1953 年，柳中熉转入一机部船舶工业局下属的产品设计室任技师。"文化大革命"期间，他凭着"正规"单位的退休证明度过最难的时光。"文化大革命"后，他的儿子"子承父业"，以其突出的电子技术优势供职于北京某单位，专司维修各种型号的电视摄像机。柳中熉则颐养天年。

从赫德路、大西路到弥敦道

1929 年，资本主义经济史上最严重的周期性危机在美国爆发，并迅速蔓延到世界其他地区。中国无法置身事外，加上连年战争和自然灾害造成的大规模赤贫化和深度饥荒，经济困境就愈发严重，这使处于地下状态的共产党日益陷入窘境。

在以往的国际共产主义运动中，各国无产阶级政党都依靠职业革命者推动事业发展，并由党供给他们生活费。作为共产国际的中国支部，党费收入太微，而四一二反革命政变后职业革命者的人数和维持费用又太大。所以，巨大的不敷之数是由联共（布）通过共产国际、赤色职工国际、青年国际等组织，以国际主义的名义对中共提供对口的财政援助。

这些资金占据了援助资金的主导地位，由共产国际的国际联络局通过德、法等国设在上海的银行汇入化名的收款人账号。为了不引起国民党特务机关的注意，后来共产国际把电汇改为普通汇款，并由不同的人、从不同的国家寄汇上海。

随着越来越多的职业革命者转入地下状态，共产党的财政愈发紧张，也愈发从紧使用国际援助。这个时期，中共中央机关工作人员的每月生活费只有 25 元；地方区委的同志每月 19 元，仅相当于普通工人的月工资。张沈川任法租界党支部书记时，每月生活费两至三元，远低于普通工人，负责电台通报工作后增加到六元。由于他长期深夜工作，睡眠、营养不足，患了严重贫血，又得了伤寒，一度高烧昏迷不醒。李强焦急万分，请来名医周君常先生给他医治，另租房子安排休养。由于中央对中央机关的病员有额外补贴，张沈川病中的生活费才增到每月 21 元。

　　李强的生活费比张沈川略高一些，但也没超过地方区委的水平。他自幼生活优渥，参加革命后经手过成千上万的黄金、银元和钞票，始终保持着公私分明的态度。自从进入中央特科，李强就对家人绝对保密，也不可能公开拿家资补贴自己负责的隐蔽工作。所以，面对眼前的艰难，他和张沈川咬紧牙关自律甚严，把满腔心思都用在工作上。

　　李强因常来赫德路这里给张沈川送无线电器材，才知道中共中央军委委员兼江苏省委军委委员颜昌颐就租住在这里的二楼亭子间里，距离张沈川住的前楼仅丈把远。

　　颜昌颐是共产党最早的军事人才之一，李强与他结识于武汉。当时李强在中共中央军委特科任特务股股长，在工作中与颜昌颐经常往来。为了筹备南昌起义，李强多次将秘密收集的枪支装进手提箱，亲自提着送到叶挺任师长的国民革命军第二十四师司令部，交给颜昌颐。李强对这个亦师亦友的老大哥非常敬仰，现在又知道他也在中共中央机关工作，但李强仍谨遵纪律，与他并不来往。倒是张沈川，搬来不久就认识了曾和贺果一起赴法国勤工俭学的颜昌颐。

　　1929 年 8 月的一个深夜，张沈川在楼梯上碰见颜昌颐，邀他到家略坐片刻。天热，颜昌颐脱下浅蓝色绸衫顺手挂在衣架上，离开时忘记带走。张沈川想找机会送回去，但一连几天未碰见颜昌颐，心里便有了不祥之感。

　　25 日早上 7 点多钟，张沈川突然听到门外传来纷乱的脚步声。透过墙板壁缝，他看到四个侦探从二楼窗户爬进颜昌颐住的亭子间，房间里顿时传来翻箱倒柜、砸碎物品的声音。侦探们甚至撕碎被子，掏出里面的棉絮进行检查。近在咫尺的搜捕和捣毁使张沈川紧张得屏住了呼吸，因为他家里正摆着已完成组装的收发报机，有不少无线电器材和应用工具，屋顶还装着天线。几个小时后，踩踏声、咒骂声渐渐远去，张沈川才松了一口气。

　　第二天，李强来到张沈川家里对他说："彭湃、杨殷、颜昌颐、邢士贞、张际春（湖南醴陵县人，黄埔第 1 期学生）等 5 人，因叛徒出卖而被捕了。"① 张沈川听了心情非常沉重。

事发后，周恩来组织中央特科全科力量营救彭湃等人，但因行动人员擦洗刚运到的枪支上的黄油错过了时间，导致营救行动失败。8月31日，彭湃、杨殷、颜昌颐、邢士贞被国民党秘密杀害，张际春被押解到南京囚禁。但是住在赫德路老房子前楼里的张沈川、贺果以及常来这里的李强却安然无恙。

这至少给今天的人们透露出三个信息：第一，此次被捕人员均为叛徒白鑫出卖。由于特科实行的保密制度，白鑫再狡猾，也不知道距颜昌颐家丈把远的地方就是张沈川、贺果的家，共产党人正在那里秘密研制无线电收发报机和学习收发报技术。第二，白鑫所在的中央军委与李强所在的中央特科均属周恩来直接领导，周恩来在两个系统之间设立防火墙，不允许其发生横向往来。周恩来应对白色恐怖的能力堪称完美，他亲自制定的秘密工作纪律充分体现了他对共产党情报保卫工作的深谋远虑。第三，国民党特务机关纵有最残酷的刑罚，也无法撬开真正共产党人的嘴巴。颜昌颐被捕后遭到严刑拷打，但他毫无所惧视死如归，牺牲时年仅31岁。颜昌颐以生命为代价保住了李强、张沈川和贺果，也保住了红色电台的"摇篮"。

一部能轻易消灭共产党员肉体的庞大国家机器，面对着一群将崇高信仰深植内心的共产党员，再来论胜败输赢，其实从半个世纪前这些细节中即可窥见一斑。

颜昌颐牺牲后，张沈川将那件绸布长衫作为烈士遗物细心收藏起来。可惜第二年12月，张沈川也被捕了，绸布长衫不知所终②。这成为张沈川心中永远的遗憾。

在国民党疯狂搜捕共产党的情况下，共产党建立地下电台的工作反而

---

① 张沈川：《"地下"无线电波》，中国人民解放军历史资料丛书编审委员会：《中国人民解放军历史资料丛书——通信兵·回忆史料》(1)，解放军出版社1995年版，第7页。

② 张沈川：《"地下"无线电波》，中国人民解放军历史资料丛书编审委员会：《中国人民解放军历史资料丛书——通信兵·回忆史料》(1)，解放军出版社1995年版，第7页。

加快了进度，但同时，采取的防范措施也更加严密。李强认为，尽管颜昌颐被捕后他和张沈川、贺果都没出事，但从长远来看，不同部门的人员近在咫尺地住在同一幢石库门内，不利于培训人员的安全，也不利于研制无线电工作的顺利进行，应当尽快转移。于是，李强退掉张沈川租住的赫德路老房子，安排他住进大西路福康里 9 号的三层楼房里，这里后来成为中共第一部地下电台台址①。

　　颜昌颐等人被捕后，中央特科无线电通讯科的人员调动更加紧锣密鼓地展开。经周恩来亲自协调，将刚从莫斯科东方大学毕业回国的原北京女师大学生蒲秋潮（女）调来，与张沈川假扮夫妻"住机关"。两人衣着考究、深居简出，把家居摆设搞成阔绰人家的样子，掩护地下电台。

　　不久，王子纲被调到中央特科无线电通讯科工作。

　　王子纲原名杨炳玉，1909 年出生，河北定县人。1921 年至 1928 年在北京香山慈幼院读书。毕业后经香山慈幼院介绍，到辽宁铁岭当小学教员，后到天津《庸报》馆学习译电，翻译国内外通讯社电讯新闻。经报馆地下党员介绍秘密加入中国共产党，从此走上革命道路②。

　　王子纲领悟能力强，译电技术好，能熟记三四千个汉字明码，译一般电文不用查密码本。他调来后分别向李强和张沈川学习机务和报务。由于有一定基础，加上勤奋好学，所以很快就能当"小先生"，协助张沈川教报务了③。王子纲经培训后的技术也愈发精湛而独特。战友们说他"发报

---

① 张沈川曾回忆说："1929 年秋，组织上在沪西极斯裴尔路（今延安西路）福康里 9 号租赁一幢石库门三层楼房，作秘密电台的台址。"［参见张沈川：《"地下"无线电波》，中国人民解放军历史资料丛书编审委员会：《中国人民解放军历史资料丛书——通信兵·回忆史料》（1），解放军出版社 1995 年版，第 9 页］。张沈川的此处记忆有误。
　另据叶孝慎先生考证，在中共第一部地下电台的台址大西路福康里 9 号（今延安西路420 弄 9 号）上，原建筑已拆，现为美丽园大厦。
② 张进：《历史天空的红色电波》上册，长城出版社 2013 年版，第 53—54 页。
③ 王子纲：《转战南北建奇功》，中国人民解放军历史资料丛书编审委员会：《中国人民解放军历史资料丛书——通信兵·回忆史料》（1），解放军出版社 1995 年版，第 199 页。

点急划长，间隔均匀，听起来清晰悦耳"①。据红四方面军电台人员回忆，王子纲抄收电报时不用抄收电码，而是直接抄收汉字②，成为名副其实的业内高手。

1929年10月，李强将黄尚英调来跟张沈川实习。

黄尚英是浙江乐清人，1910年出生，1926年参加中国共产党。曾在上海基督教青年会无线电夜校学过收发报技术，但缺乏操作经验。张沈川就白天教他练习收发报技术，深夜带他抄收旧金山（英文）、伯力（俄文）等地新闻，练习听力和收发报技术。黄尚英进步很快，不久就能独立操作了。

后来又调喻杰生（籍贯、出生时间、加入共产党等情况不详）来实习。据中国人民解放军通信兵史专家张进考证，喻杰生的情况与黄尚英类似，也在教会学校学过一点收发报技术，但不能上机。在张沈川的辅导下，喻杰生很快就可以上机操作了。

1929年春天，中央特科情报科的陈寿昌被调来协助李强。

陈寿昌是浙江静海人，又名陈希堪，1906年出生，原上海电报局工人。1924年加入中国共产党，1925年任武汉电报工会负责人。四一二反革命政变后，陈寿昌秘密抵达上海，先后任中共中央机关秘书、中央职工运动委员会委员、中共上海市总工会（市政总工会）党团书记。1928年先后任中共江苏省委委员、中华全国总工会常委、上海闸北区委书记、沪西区委书记。中央特科成立后，他先是进入特科行动科，不久调入情报科，负责陈赓与钱壮飞、李克农、胡底、陈养山等人的单线联系③。

---

① 黄萍：《红一、四方面军会师前后的通讯联络》，中国人民解放军历史资料丛书编审委员会：《中国人民解放军历史资料丛书——通信兵·回忆史料》（1），解放军出版社1995年版，第95页。

② 马文波：《转战途中传捷报》，中国人民解放军历史资料丛书编审委员会：《中国人民解放军历史资料丛书——通信兵·回忆史料》（1），解放军出版社1995年版，第217页。

③ 参见中共宁波市镇海区委党史研究室、宁波市镇海区地方志办公室：《镇海史志——纪念陈寿昌烈士诞辰110周年》2016年第1期（总第33期），第4—10页。

　▶匕首之刃
　　　——李强传

　　为了让地下电台尽快建成运转，各项工作都在紧张进行。李强负责绘图、买零件，制装收发报机。张沈川则在深夜用业余无线电台的呼号呼叫，其他业余电台回答。连试几晚，能够通报。

　　也就是说，距离周恩来下达研制无线电收发报机的任务仅过了近一年，几位年轻的共产党员就在拥挤嘈杂、柴米油盐的弄堂烟火中，在最不易保守秘密的城市深处，在随时都有生命危险的白色恐怖下，成功建立了共产党的第一座地下电台。

　　根据中央特科已在上海建台，而上海党中央与粤赣闽等地的往来文件数量又远远多于其他省份的实际情况，周恩来决定在香港建台，实现上海党中央电台与中共中央南方局香港电台之间的无线电通报，并中继上海党中央电台与各革命根据地电台的通报。当时，尽管李强他们已制作出功率较大的收发报机，但上海条件所限，电台只能使用"市电"，导致大功率发报机一工作，邻居们的电灯就随之闪烁，极易暴露，因此只能用小功率电台。而小功率电台无法与中共中央南方局香港电台以及各革命根据地电台直接通报，必须通过香港台中继。

　　为此，李强先后两次去香港，其中第一次是为建台选址、找报务员和安排掩护。他后来回忆道：

　　1929年下半年，组织上派我去香港建立电台。

　　为了在香港建台，我先后去了两次，第一次是我一人去的，目的是看地方，选房子，尽量选一个既利于隐蔽，又利于工作的地点。结果选了九龙尖沙咀弥敦道的一所房子，这是老式的中国式的四层楼，房子很窄，也很古怪，仅前后两间有窗户，中间住的两间没有窗户。我选中了第四层，把整个第四层都租下来了（一共有四间），因要建电台，从工作和安全考虑，不租一层是不行的。找到房子后，组织上又在当地找了一名朝鲜同志当报务员。那位同志叫什么名字，记不起来了。后来，张沈川已在上海教了不少懂得无线电收发报技术的学生，我们就有力量往香港派人了。我把房子租好，并从广州派来会说当地话的卢彪夫妇住下作掩护，便回上海了①。

香港的无线电管制虽不像国民党在中国内地那样严苛，但港英当局警方对共产党的监视却非常严密，处置手段也极为老辣。因此，李强的香港之行充满未知的凶险。

李强第二次去香港的任务是基于对香港各方情势的了解，秘密携电台通关，抵港后安装电台、调试试通，以期实现正式通报。李强说：

到了（1929年）年底，我第二次去香港，一起去的有报务员黄尚英。我们是携带着电台和密码坐船从上海到香港去的。上船之前，我买了两只大铁皮箱子（TRUNK），这种箱子在当时是很时髦的，不过从外表看很笨重，里面能装很多东西，立起来放，像大衣柜，打开以后，一边挂衣服，一边放其他东西。当时，我把收发报机藏在铁皮箱里，运上船。为了掩护身份，也是工作需要，我穿得很阔气，坐在头等舱，像个很有地位的人物。到香港后，我们从船上刚下来，英国警察（是华人）就要来检查，其实他们也不是要认真检查，我早已知道窍门。他们走过来了，就给他们四块钱，每只箱子两块。他们拿到钱，看都不看就用粉笔在箱子上画了一个记号，点点头就走开了。

我们到香港后，把密码本交给王梦兰（即黄慕兰——笔者注），是王梦兰自己译报，还是由她再交给别人译，我们就不大清楚了。我们把电台安装好以后，按照预先约好的波长、呼号和时间，先收听上海党中央电台的声音。双方都听到对方的声音以后，就开始通报了。正式通报的时间，大约是1931年1月，香港台是黄尚英，上海台是张沈川②。

---

① 李强：《一次划时代的通信革命》，中国人民解放军历史资料丛书编审委员会：《中国人民解放军历史资料丛书——通信兵·回忆史料》（1），解放军出版社1995年版，第2页。

② 李强：《一次划时代的通信革命》，中国人民解放军历史资料丛书编审委员会：《中国人民解放军历史资料丛书——通信兵·回忆史料》（1），解放军出版社1995年版，第2—3页。

▶匕首之刃
——李强传

　　李强当时住在香港永安公司的大东旅馆，按照计划，由黄尚英值守香港的弥敦道电台。据张沈川回忆，他和蒲秋潮正在上海福康里 9 号家里的地下电台值守，接收到香港台的首次通报时高兴得跳了起来。张沈川同黄尚英在电键上相互祝贺通报成功，张沈川还将通报的第一张报底留作纪念。可惜如同他收藏的颜昌颐烈士的遗物一样，这张珍贵的报底也在张沈川被捕后不幸丢失 [①]。

　　香港台与上海台于 1930 年 1 月的正式加密通报，在共产党的历史上是一个具有划时代意义的重要时点。1982 年 11 月 17 日，李强撰文《一次划时代的通信革命》，阐明了"划时代意义"之所在。

　　李强指出，我党的无线电通信工作是 1930 年 1 月诞生的。在此之前，党内上下左右的联系主要靠机要交通传递文件，既费时又不安全，从上海党中央到江西苏区来回要两个多月，很不方便。无线电技术的应用，使我们党内军内的联系大大加强了。正如毛泽东同志指出的："由于无线电的存在，纵使我们在农村环境中，但我们在政治上却不是孤立的，我们和全国全世界政治活动的关系是很密切的，同时，纵使革命在各个农村是被分割的，而经过无线电，也就能形成集中的指导了。"可以毫不夸张地说，无线电通信工作的建立，在我党通信史上，是一次具有划时代意义的革命……

　　李强在文章中强调，上海党中央与香港南方局之间的无线电通信，开创了我党通信工作的新局面。经过长期的艰苦努力，冲破了重重困难险阻，在我们党内首先成功地实现了无线电通信，这确实是一件了不起的事情，所以我说这是我党通信史上的一次划时代的革命 [②]。

　　香港台与上海台试通报期间，还有一个值得铭记的日子。

　　1929 年下半年（李强后来回忆是 10 月的一天——笔者注），中共中

---

① 张沈川：《"地下"无线电波》，中国人民解放军历史资料丛书编审委员会：《中国人民解放军历史资料丛书——通信兵·回忆史料》（1），解放军出版社 1995 年版，第 9 页。

② 李强：《一次划时代的通信革命》，中国人民解放军历史资料丛书编审委员会：《中国人民解放军历史资料丛书——通信兵·回忆史料》（1），解放军出版社 1995 年版，第 1、3 页。

央派邓小平从上海经香港、绕道越南去广西，组织领导百色起义。聂荣臻听说邓小平途经香港，就把邓小平请到自己在香港的家中，让担任中央机要交通员的妻子张瑞华做了一顿丰盛的饭菜为邓小平送行①。聂荣臻告诉邓小平，李强正在香港为电台选址。邓小平立即约李强在叶季壮的书店里见面。叶季壮当时是《香港小日报》的总编辑，他开设的书店实际上是共产党的秘密接头点。

邓小平想同李强研究的问题事关起义部队与党中央电台的通报安全。也是由于上海的电台只能使用"市电"，李强他们研制的大功率发报机极易暴露，而小功率电台又无法与起义部队张云逸部军用电台直接通报，必须通过香港台中继。鉴于此，李强和邓小平约定了起义部队电台与香港台通报的呼号、波长和联络时间。之后，邓小平离开香港，经海防去广西。而李强与邓小平离开叶季壮的书店不久，这个秘密接头点就被港英当局警方破获。叶季壮侥幸逃脱，后来也奔赴广西参加了百色起义。1929年12月11日，李强、黄尚英在香港驻守弥敦道电台时，接到了来自广西百色起义部队的电台通报，内容是："广西百色起义胜利！"李强立即命黄尚英向上海台转报。这既是百色起义部队第一次与香港台通报，也是香港台在与上海台试通期间的另一个重要成果。

李强与叶季壮的革命友谊始于这间作为共产党秘密接头点的狭小书店。十几年后，李强在延安与叶季壮重逢时，叶季壮时任中共中央军委后勤部部长兼政委，后勤部是李强所在的军工局上级机关。面对国民党当局对陕甘宁边区的军事和经济封锁，为了让军工局技术人员和工人能吃饱穿暖，放开手脚生产抗战急需的武器弹药，李强充分利用了与叶季壮在血雨腥风中并肩战斗的"有利条件"，他回忆说：

我还有一个有利条件，没有粮食吃，就向叶季壮部长要，叶部长也总能满足我们的要求。军工局的职工能够放手军工生产，可以不为衣食担忧②。

---

① 张进：《历史天空的红色电波》上册，长城出版社2013年版，第57页。

② 参见1985年以来李强的多次谈话，张瑞玲记录，薛幸福整理誊写。

　　叶季壮有事也找李强帮忙。八路军大礼堂刚建成时由于设计考虑不周，使用不久就出现问题，岌岌可危了。李强用两根 20×20 厘米的方柱围起原柱并以螺钉加固，使大礼堂转危为安。

　　从战争时期到和平建设，李强始终没有忘记叶季壮。香港小书店里的相逢过去了 60 多年，1991 年 9 月 28 日，李强亲书了与叶季壮交往的小片段，再次提及那间作为接头点的小书店，他写道：

　　一、叶季壮。在西安时，我去西安买兵工原材料，他派汽车帮我运输。以后回到延安任军委后勤部长，是军工局的上级。（我）工作上经常去请示报告和提出一些问题请求解决，我们关系很好的。到了五二年，派我去苏联当商务参赞，我当对外贸易部副部长，一向关系很好的。一直到他去世后，外贸部归富春、先念同志负责。在香港时，他是小日报的总编辑，是一个接头点。在延安闲谈时他说，他以后就很快到广西去了[①]。

　　还有一件事值得笔书。
　　完成香港建台和沪港通报任务后，李强请避居香港的国民党广西省政府主席、广西省警备军司令俞作柏帮助购买了两部最先进的军用电台，但取回电台要担很大风险。为此，李强想出了一个利用洋行到洋行取货的办法，后来把电台秘密送到苏区。李强回忆说：

　　这两部电台是广西的俞作柏买的，是英国造制造的马可尼电台。手摇发电，功率 10 瓦，这在当时是很先进的，我还是第一次看到。俞作柏买好后放在一家英国洋行里，让我去取，这是要担不少风险的，因这是军用电台，禁止转卖。怎么运出去呢？当时，我有一位在德国西门子洋行当职员的朋友，就利用这家德国洋行的名义到英国洋行把电台取来，不入账也不

————————————
① 1991 年 9 月 8 日李强《所提五名同志与我工作上曾有关系》。

入库，就把它取出运回上海了。这两部电台带回上海后，送到苏区去了①。

李强返回上海后，根据周恩来下达的到中共中央长江局和北方局建台的指示，于1930年4月与王有才、张华（女）一起到达汉口。因当地只能供应直流电，李强他们一时难以改装机器的电源，建台未成。5月，李强派翁瑛、王子纲、喻杰生、刘光慧（女）带一部50瓦电台抵天津，但因中共顺直省委遭受破坏损失巨大，翁瑛等人奉命立即撤回，因而也未能实现在北方局建台的目标②。

1930年7月底，李强做了痔疮手术，伤口尚未痊愈，组织上通知他去湖南找彭德怀，在长沙建台。半个多世纪后，李强回忆了当时红三军团攻打和撤离长沙以及他此行建台未果的情况，他说：

我找来一个橡皮圈，上船后坐在橡皮圈上，以备发生意外。船到武汉时，红三军团正在打长沙，彭德怀是总指挥，滕代远是政委。这一仗打得异常残酷。红三军团五天连打四仗，7月27日占领了长沙，俘虏敌军4000余人，给国民党何键部队以沉重打击。但是，红三军团在李立三"左"倾错误的影响下，未能及时撤离长沙，也未做必要的应敌反扑的准备，致使何键部队集中兵力大举反扑时我军陷于被动，不得不于8月5日撤离长沙。此次红三军团占领长沙虽然只有几天时间，但扩大了红军在全国的影响。我在武汉从报纸上得知长沙失守，红军已撤出长沙，我也不可能再去长沙搞电台，于是我又从原路返回上海③。

为了实现上海台与香港、汉口、天津、长沙等地的无线电通报，一大批年轻的共产党员付出了青春的激情，有的人甚至献出了宝贵生命。除了

---

① 李强：《一次划时代的通信革命》，中国人民解放军历史资料丛书编审委员会：《中国人民解放军历史资料丛书——通信兵·回忆史料》（1），解放军出版社1995年版，第3页。

② 张进：《历史天空的红色电波》上册，长城出版社2013年版，第58页。

③ 1985年以来李强的多次谈话，张瑞玲记录，薛幸福整理誊写。

颜昌颐英勇牺牲外，年仅 20 岁的香港台首任报务员黄尚英因工作和生活条件艰苦患病不治，成为第一个英年早逝的共产党通信技术骨干。李强曾深情地回忆了这位埋头苦干、兢兢业业的好青年，他说：

> 在香港电台工作的黄尚英由于工作辛苦，生活条件比较差，后来得了肺病，于 1930 年夏天回到上海，由另一位同志接替他的工作。黄尚英回到上海住了几天以后因病得很厉害，接回老家浙江了，还未回到家就去世了，年仅 20 岁。这位青年埋头苦干，兢兢业业，是我党通信事业中第一个积劳成疾、以身殉职的，是一位令人怀念的好同志[1]。

共产党人白手起家研制和建立无线电台以及培训无线电技术人才的过程，使今天的人们看到了中国共产党在大革命失败后为再度崛起而作出的顽强努力。1985 年 5 月 30 日，80 岁的李强在总结一生时，为自己能在白色恐怖下听党指挥、勇担重任而倍感自豪，并把这归于"那个时候的党风相当好"，"大家思想非常单纯"。他说：

> 我的自然科学基础比较好。我在大学和中学时，老师用英文讲课，读书也方便。那个时候共产党准备在上海暴动，我就做手榴弹。后来又搞无线电。只要是党的命令，要我怎么做我就怎么做。现在回想起来，那个时候的党风相当好，大家思想非常单纯，没有什么别的想法。今天叫你到哪里去，站起来就走，不讲第二句话……
>
> 1928 年搞无线电，我听党的命令，靠的是两个条件，一是我的自然科学基础课比较好，另外就是懂英文书，所以把美国课本买回来看，自己学……1929 年我们开始搞电台，年底就实现通报了。这对红军非常重要。过去中央苏区还有其他苏区有问题都要派人送信，一个月还送不到，还很危险。现在搞了无线电，当天就知道。这么一个重要任务我都承担起来了，

---

[1] 李强：《一次划时代的通信革命》，中国人民解放军历史资料丛书编审委员会：《中国人民解放军历史资料丛书——通信兵·回忆史料》（1），解放军出版社 1995 年版，第 3 页。

而且是学了一年就做出电台来了。第一个通报就是香港台同上海台搞通了。1929 年 11 月百色起义以后，广西经过香港到上海也通了①。

面对彪炳史册的功劳，李强的心态始终安然平和。因为他的心澄澈而干净，他的胸怀如大海般宽阔而深邃，所以，永远不会被功利和无聊的炫耀所污染。

李强的好心态是留给现代人的一面镜子。

咬紧牙关

1930 年，在大革命中被打散的共产党人逐渐恢复元气，全党已从六大时的 4 万多人增加到 10 万人，全国红军发展到 13 个军 6.2 万多人。除了毛泽东领导的赣西南、闽西革命根据地外，其他还有湘鄂西、鄂豫皖、闽浙赣、湘鄂赣、广西的左右江、广东的东江和琼崖等根据地。在以农民游击战争和土地革命为主要特征的中国革命新阶段里，各地红军和革命根据地对于建立无线电通信联络和引进无线电技术人才的要求比中共六大时更迫切。

1930 年 2 月 1 日，中共中央军事部在给中央的《一九三〇年一月份军事工作报告》中指出："……现在各地的红军突飞猛进发展，干部人才成了严重的问题，不仅是军事干部、政治指导人才缺乏，尤其是军医、修理枪械工匠，以及无线电、交通上一切技术人才，都感缺乏。现在解决这一问题，除各级党部以至中央要尽量的寻觅外，急须马上从莫（指莫斯科——笔者注）调一批人回来，并要在莫送人去学军医、修械、无线电等技术，同时，国内亦应（注意）加紧在军事学校、医务学校、医院、兵工厂、无线电等学校活动，或多派人去学习。"②

3 月 18 日，中共中央发出第 97 号通告，要求各省军委并转各级党部尽速将符合条件的人才送往红军工作，指出："现在全国军事工作是

---

① 参见 1985 年 5 月 30 日李强在中技华中分公司的讲话。
② 转引自张进：《历史天空的红色电波》上册，长城出版社 2013 年版，第 60 页。

随着革命的发展而日益发展，特别是南中国各部的红军更是突飞猛进的扩大，因此，目前需要干部人才是非常之多，而又非常迫切。为应付这一客观的环境，中央除设各种方法解决外，各省军委以及各党部应速调查该党部所管辖的同志有无军事人才，军医、交通、修理军械人才，以及政治工作人才等，列表统计，送交上级党部转送中央军委。如有红军的区域，自然可以就近送到红军中去工作，否则可送来中央军委分配到各部红军中工作。但送来中央的人至少要有下列条件：一、是上项人才之一；二、坚决勇敢，能吃苦耐劳；三、在政治上及组织上没有问题；四、身体强健，有决心到军中工作。除同志外，如有上列特殊技能的人才，表同情革命而愿到红军中工作的同情者，各级党部亦可介绍到红军中去工作，或列表报告中央军委，俟需要时可调集。"①

根据中央的要求，各地党组织积极物色青年党团员参加红军，尤其注重选派符合条件的人员参加中央特科无线电通讯科的无线电培训。

1930 年 3 月，中共湖南湘区派伍云甫到上海学习无线电技术。

伍云甫，1904 年出生，湖南耒阳人。1923 年夏加入中国社会主义青年团，1926 年加入中国共产党，先后任耒阳县立中学教职员联合会党团成员、县总工会教育科长和总务处长、农民协会秘书长、省农协驻耒阳县农会特派员等职。马日事变后，他组织游击队开展武装斗争，担任中共耒阳县委秘书长、一区区委书记兼组织部部长。1928 年 1 月率耒阳游击队参加湘南起义。朱德、陈毅率部上井冈山后，伍云甫留在当地坚持斗争。同年夏，到国民党军队从事兵运工作②。

伍云甫详细回忆过抵上海后与李强初次见面的情况。他说：

……我欣然接受了党给予的这个任务，从汉口搭乘招商局的轮船，沿江东下，在船上一位水手（自己的同志）的照料下，顺利到达上海，住进了

① 《中国人民解放军历史资料丛书——后勤工作·文献》（1），解放军出版社 1997 年版，第 37 页。转引自张进：《历史天空的红色电波》上册，长城出版社 2013 年版，第 60—61 页。
② 张进：《历史天空的红色电波》上册，长城出版社 2013 年版，第 61—62 页。

三马路亚洲旅馆。

第二天一早，门外有人高声问道："竞生兄在吗？"我走出房门，打量了一下来人，是一个西装笔挺、风度翩翩的青年。我兴奋地迎上去："哦，张兄！久违，久违！"就这样，我同上海党组织接上了关系。

这位被我叫作"张兄"的青年就是李强。虽然我和李强原来并不认识，但是一跨进白色恐怖笼罩着的上海就找到了自己的同志，真如他乡遇故知，彼此谈得十分亲切。不一会儿，茶房进来了。李强站起身来说："吴兄，旅馆太寒碜了，还是搬到舍下去住吧！"不由我分说，他从衣袋里掏出钱来，和茶房说了几句上海话，就把我带出了旅馆。

我心里明白，李强所说的"舍下"并不会比亚洲旅馆宽绰。我们坐上人力车，经过几条马路，来到一个僻静的弄堂。李强把我带到一家小楼房里，他和房东太太打了招呼，房东太太领我们进了亭子间。这就是党组织事先租好供我学习的地方。

小小的亭子间，窗子下放一张桌子，桌子后面放一张床，就没有转身的余地了。我放下随身的行李，看到屋角里一只崭新的煤油炉子，觉得有点新奇。李强笑着说："怎么，会烧饭吗？从现在开始，要自己料理自己！"他边说边掏出一个纸包来："喏，这是你这个月的生活费，12块，省着点用吧。"李强走了之后，我本想好好躺一会儿，但心情却像黄浦江上的浪潮一样，平静不下来。是因为走上这样一个新的重要的战斗岗位而兴奋呢，还是因为党在那样困难的处境中对同志无微不至的关心而感到激动呢？心头有一种说不出的滋味[①]。

无线电训练班生活艰苦，学习条件非常简陋，几个学员分散住在几家亭子间，教员只有张沈川一人。为了避免引起房东怀疑，张沈川一身公务员装束，每天上午和下午到伍云甫住的亭子间来教收发报，不久又改由王子纲来辅导。教学设备只有一支电键、一个蜂鸣器、两支铅笔和几个白

---

① 伍云甫：《在黄浦江畔的岁月》，中国人民解放军历史资料丛书编审委员会：《中国人民解放军历史资料丛书——通信兵·回忆史料》（1），解放军出版社 1995 年版，第24—25 页。

纸本。伍云甫以学技术、找工作为由，一练就是一整天，手指头敲电键按得又红又肿，还是咬牙坚持。

不久，中共湖南湘区委又派曾三来学习无线电技术。

曾三，曾用名康和生，1906 年出生，湖南益阳人。1922 年参加进步学生运动。1924 加入中国社会主义青年团。1925 年加入中国共产党。1926 年到中共湘区农委工作。1927 年任中共湖南湘区委秘书。大革命失败后，曾三辗转抵达汉口，住进一家小旅馆。他当了蚊帐，跟老乡凑钱结了店钱，又求船员帮助偷偷上船到了上海。这时，曾三身上只剩一角钱，又当了夹袍在一家小旅馆住下。第三天，李强找到曾三，给他 5 元钱，叫他安心住着等人来接头。

李强安排曾三与伍云甫住在一起，由张沈川教收发报，后来由王子纲辅导，再后来就是伍云甫和曾三两个人互相练习。李强发给他们每人每月 7—8 元生活费（不含房租），买来两副耳机和一个矿石收音机，让他俩抄收徐家汇天文台播发的气象资料，并与外界和家人断绝一切联系。伍云甫、曾三除了吃饭，生活费所剩无几，还要订一份报，买点日用品，日子过得很苦，但这毫不影响他们俩的学习热情。狭小的亭子间被夏天的太阳一晒，闷热难耐。伍云甫与曾三打着赤膊浑身湿透，一个收报、一个发报，咬紧牙关苦练不辍[1]。

跟着李强和张沈川学无线电技术的，除了翁瑛、贺果、蒲秋潮、王子纲、黄尚英、喻杰生、伍云甫、曾三，还有宋侃夫、刘进、胡白天、曾华伦、王有才、张华（女）、刘光慧（女）、赵荫祥（女）等。培训的办法都是两三个学员一班，李强教机务，张沈川教报务，后来由翁瑛讲授无线电原理，王子纲和伍云甫教收发报技术。当时上海的很多人家聘家庭教师上门补习，采取这样的办法不易引起敌人的注意[2]。学员们很用功，两三个月后全部结业。

1930 年 3 月，涂作潮、宋濂毕业从莫斯科回到上海。与党组织接上

① 张进：《历史天空的红色电波》上册，长城出版社 2013 年版，第 62—64 页。
② 张进：《历史天空的红色电波》上册，长城出版社 2013 年版，第 45—67 页。

关系后，涂作潮就在李强领导下到无线电修理所工作。涂作潮回忆说：

1930 年 3 月组织上通知我和宋濂回国到上海后，仍住在四马路新鹿鸣旅馆。第二天上午在旅馆碰到一个"东大"军事班的同学，他帮我带信给党中央有关部门。第二天下午李强来了，把我带到大世界附近九星大戏院西面的一家裁缝店三楼上，李强问我这些年在苏联干了些什么？我一一向他作了汇报，并着重说明了我虽然学过无线电通信，但是搞报务不行，只能搞机务。接着，李强出了几个题目简单地检查了我的业务水平，便留我在这里住下。这里是党领导的无线电修理所，从此我便开始直接在李强领导下进行工作。

在修理所里，开始我没有搞多少技术性的工作，只是为李强送送信，买买无线电零件。当时，我经常到大华科学仪器公司找陈国平（广东人）买无线电零件；到裁缝铺东面一家霓虹灯管厂找蔡叔厚借工具；到国际饭店对面一家诊所给李强的舅舅李梅林送信（李强没有舅舅。"李梅林"是党内一位同志的化名——笔者注）；到一家外国无线电器材公司买电容器，等等，这样大概干了不到一年的时间。

和我同住在修理所的还有翁瑛，他本姓朱，是江苏常熟人，李强的同乡。后来在中央苏区军委三局当过政委[1]。

鉴于各地党组织和红军纷纷向上海党中央反映通信落后的状况，周恩来指示李强扩大培训规模，周恩来说：

各个苏区都给中央写信要人要电台，因此要扩大规模，抓紧培训无线电人员，以适应革命斗争发展的急需[2]。

---

① 涂作潮：《"木匠"的回忆》，中国人民解放军历史资料丛书编审委员会：《中国人民解放军历史资料丛书——通信兵·回忆史料》（1），解放军出版社 1995 年版，第 32—33 页。
② 张进：《历史天空的红色电波》上册，长城出版社 2013 年版，第 69 页。

根据周恩来的指示，中央特科无线电通讯科决定再办一期无线电训练班。在办班方式上，李强和张沈川主张在店铺林立的英租界开设两个电料行，正式登记、领取执照，由训练班学员、教员分别充当老板、店员、学徒，以合法身份经销电器用品，代装代修电灯、自来水管和收音机等；学员分住两店，白天营业，晚上由教员采用单独施教的办法分别教习技术。若一店被破坏，还有一店可用。

顾顺章否定了李强和张沈川的主张，一再强调他在法租界巡捕房里有可靠的"内线"，如果党在法租界设立的机关发生问题，他定会事先知道，可以采取措施应付。

1930年10月中旬，中央特科无线电训练班正式开学。根据顾顺章的意见，训练班地点设在法租界巨籁达路四成里12号（今巨鹿路391弄12号）租赁的一幢石库门三层楼房内。三楼是学员宿舍，二楼是宿舍兼教室，楼下客堂里放着一张写字台，几条凳子及一些电器材料；另外还有一些工具和一台进口的小发动机。门上挂了一块"福利电器公司工厂"的招牌。人们称它为"福利公司"①。

训练班的领导人是顾顺章，李强是"福利电器公司"的"老板"，是训练班实际负责人兼机务教员，张沈川教报务。管理生活与财务的是吴克坚，他名义上是账房先生②。

由于顾顺章的坚持，训练班由过去的两三个人一班，分散居住、单独施教的方式改为集中住宿、集中教学。学员是相关省、市委选派来的，广东（8人）、江苏（5人）、湖南（2人）、福建（1人），共有16人③。

就在李强等人紧张筹划训练班之际，在苏联学成毕业的毛齐华、方廷桢（方仲如）、沈侃夫（陈宝礼）、李元杰四人从莫斯科启程，经海

① 毛齐华：《风雨征程七十年——毛齐华回忆录》，当代中国出版社1997年版，第91—92页。

② 参见1980年6月2日李强谈中央特科。

③ 张沈川：《"地下"无线电波》，中国人民解放军历史资料丛书编审委员会：《中国人民解放军历史资料丛书——通信兵·回忆史料》（1），解放军出版社1995年版，第8页。

参崴走陆路秘密回到国内。四人按约定时间抵达上海，与党组织接上头。毛齐华意外地与老战友李强重逢。他回忆说：

> 1930 年初冬，我和方廷桢、沈侃夫、李元杰如约在上海碰头之后，住在组织上指定的三马路一家旅馆里，等待组织派人来接头。

> 有一天，突、突、突一阵摩托车声在旅馆门前戛然而止，楼梯上咚咚地走上来一个人，原来是顾顺章。只见他油头粉面，西装革履，一副上海小开的样子。寒暄以后他说："我们正在筹建无线电台，很需要你们学到的无线电技术，以开展党的通讯工作。"在顾顺章要离去时，我顺便问他："你可知道有个叫曾培洪（即李强）的人吗？1927 年曾在武汉搞过情报工作。他现在哪里？"顾说："他就是你们的领导，是工程师，明天就来同你们见面。"

> 第二天，李强果然来了。老朋友、老战友久别重逢，分外高兴，大家互相问长问短，有说不完的话。随后他介绍了一些情况，要我们安排好住处后再开展工作①。

毛齐华加入共青团后曾在李强任部委书记的共青团上海曹家渡部委任组织委员，还多次参加过李强秘密组织的训练班。现在，两人又为建立无线电台的共同目标走到一起来了。后来，毛齐华回忆了在李强安排下设立和驻守新的地下电台的过程。他说：

> 我按秘密工作的要求，租了一个亭子间，并把妻子潘林珍从乡下接出来，安了家，由她担任守门瞭望。这以后，李强经常到我家谈工作、聊天。

> 又过了十多天，李强叫我把家搬进慕尔鸣路兴庆里 17 号（今茂名北路 111 弄 17 号）新建的党的地下电台所在地。房子的二房东是吴克坚，住

---

① 毛齐华：《风雨征程七十年——毛齐华回忆录》，当代中国出版社 1997 年版，第 90 页。

在楼下，大家称他为"账房先生"。曾三（康和生，建国后曾任中央档案局局长）是报务员，住在小亭子间。我家是三房客，住在楼上。收发报机就放在我房内衣橱里，每夜在我房间里进行收发电报工作。后来吴克坚去了苏联，我从楼上搬下来顶替吴克坚当了二房东。我和妻子所设的慕尔鸣路电台，属中央特科四科领导[①]。

毛齐华所说的慕尔鸣路兴庆里 17 号地下电台新址，就是从最初由张沈川驻守的大西路福康里 9 号迁到福德坊 1 弄 32 号后，又迁来此地的。

毛齐华等人的到来，加上先期回国的涂作潮等人，大大增强了无线电通讯科的培训力量。李强安排毛齐华驻守慕尔鸣路电台，同伍云甫、曾三负责电台通报。训练班的教职员增加了几人：涂作潮和沈侃夫侧重教机务，方廷桢教电学兼管学员的政治生活和组织生活，李元杰和宋濂也参加教学工作。

虽然"福利公司"牌子上写着"工厂"，但进进出出的人员中有的穿长袍，有的穿西装，有的穿学生装，有的穿工人装，形形色色，而且大都是些青壮年，对外又没有业务关系，也没有具体的产品，人员进出纷杂，容易引起敌人的怀疑。

周恩来最先意识到这个问题，曾让李强到秘密电台传达他的意见说："你们对无线电器摸得很熟，但对思想政治工作注意不够，今后要特别重视！"[②]周恩来的提醒并未引起重视。开班一个月后，怪事果然来了。

一日，同在弄堂里住着的吴亮平（莫斯科中山大学中国留学生）被巡捕房抓走。又一日，有个穿蓝布工装的人闯进来说查电表，但在房内转了一圈就走了。几天后又发生了一件怪事。

[①] 毛齐华：《风雨征程七十年——毛齐华回忆录》，当代中国出版社 1997 年版，第 91 页。

[②] 毛齐华：《风雨征程七十年——毛齐华回忆录》，当代中国出版社 1997 年版，第 92 页。

这天下午，李强正召集毛齐华等人讨论训练班教学计划，突然闯进四个流氓。为首的一个人拎着一张印有观音菩萨像的纸叫道："我们是这条马路上的兄弟，侬在这里办了工厂，我们可以帮侬跑跑腿，请给我们点跑腿钱，白相人嘛，大家买双鞋子穿穿！"

李强用眼睛一扫这几个人，心里有数了。他疾步上前把几名教员、学员挡在身后，自己站定桌旁，抱拳拱手向这位自称"白相人"的头子问道："敢问这位老大在门槛没有？""白相人"听眼前这人讲的是青帮行话，忙答：不敢，沾祖师爷一些些灵光。

李强不动声色，两手分按桌角又问："侬屋里厢姓什么？出门姓什么？我们参教参教？"流氓头子心说，这是盘海底！

"盘海底"是青帮专用语。青帮称帮内人为"家里人"。"家里人"之间，或"家里人"与外人之间，凡初次见面都要进行一番询问盘查，且有固定的语言模式，久而久之，形成一套青帮内部的通行语言，人称"盘海底"，也称"通草"或"对切口"。

"盘海底"分两种情况。一种是礼仪性的，即"家里人"见面时的寒暄和互相交底，气氛比较友好。比如，彼此要交代清楚各属什么"系统"、排在什么"辈分"，来者须说明到访目的，等等。另一种属于"火线侦察"，即怀疑对方是"空子"，不是"家里人"，有冒充"家里人"之嫌，因此必对来者详加盘查、"参教"，问清楚其"三帮九代"。

李强与流氓头子之间的"盘海底"显然属于后者，那就是一番唇枪舌剑电光石火。流氓头子看眼前这人话一出口就很冲，看起来蛮棘手，进门时那股混不吝的劲头顿时打了折扣。

李强又问他："老大在哪座宝山？"这是在查"老大"属于青帮哪个"系统"。

再问，贵前人是哪位？头顶哪几个字？这是在查"老大"拜在哪个"老头子"门下，是什么"辈分"。

流氓头子被李强的气势吓到了，片刻醒悟过来，才壮着胆子反问李强："侬，侬，烧的是哪路香？"

李强正等着他问话呢。此刻，只见李强轻挽袖口抱拳一叩道："不敢。在家，子不敢言父，在外，徒不敢言师。"又指天指地朗声道，敝人头顶一个"潘"字，兴武六帮。张师父上德下祥，头顶二十二炉香，手提二十三炉香，脚踩二十四炉香！

李强这番回答表明了自己的"辈分"，并亮出了师父的牌子。

青帮讲究"辈分"。20世纪30年代初，青帮"大"字辈已渐式微，"大"字辈下面的"通"字辈势力最大。青帮三大亨中，黄金荣、张啸林都是"通"字辈，杜月笙原是"悟"字辈，因收徒数万势力坐大，就按青帮规矩"爬楼子"升到"通"字辈。

几个流氓这才意识到，眼前这位是"悟"字辈，属于青帮里正在快速上升的新生力量，他的师父，即"老头子"张德祥与杜月笙同为"通"字辈，是上海滩响当当的"老江湖"。

几个流氓开始发慌，李强却丝毫不给他们喘息机会，连珠炮似地追问道，侬家船有多长？船头多宽？船尾多宽？船上有几块板？板上有几颗钉？桅杆有多高？

李强乘胜追击的目光与言辞一样犀利，对流氓头子的反问更是对答如流、暗藏机锋。流氓头子心想，此人不是"坐地虎"，就是"小老大"，唉，今朝触霉头，只能掉枪头了。于是收起了狐假虎威的做派，将那张泼皮无赖的脸凑近前来嗔怪道："哦哟，自家人、自家人！那么侬在这里办工厂，为什么不向老头子打招呼？"

李强一拍脑袋说，啊呦，今朝落雨天，害你半吊子，我昵洋葱头，忙的咪，一天世界！

这是"盘海底"还是大白话？流氓头子蒙了，正不知该怎么搭腔，就见李强一边双手抱拳连连说各位多多包涵，一边掏出四块银元向他手里塞过来。

流氓头子心想，放着光滑滑的银元不拿，那才是笨蛋呢！他拉拉扯扯、半推半就收了钱，又拖长了声调说，今朝嘛只是来看看，没想到冒犯了前辈，以后有什么事尽管吩咐，包在我身上！

言罢，几个流氓就坡下驴，溜了。

事后张沈川问李强，你跟他们讲的是什么话，我怎么一句也听不懂？李强回答是"帮话"。多年以后，毛齐华也清楚地记得，李强懂得一点"上海白相人"的行话，和几个流氓接谈，使他们产生错觉，才撤走的。

对李强来说，"盘海底"的底气是因四年前在浦东团部委工作时就做足了三教九流功课，没成想如今派上了用场。看来厮混"江湖"也得有本事，否则很难在上海滩立足，共产党也不例外。

这场"盘海底"来得突然去得快，李强惊出一身冷汗。他向顾顺章提出意见，在反动派严密控制的环境下，长时间把这么多人集中在一起办训练班，是党的秘密工作所不允许的！

顾顺章却满不在乎，自信满满。他既不考虑敌情，也不采取防范措施。不久，一场灭顶之灾猝然降临。

1930年12月17日，中央特科无线电训练班的教员和学生共20人突遭逮捕。史称"福利公司事件"。次日，即12月18日，上海《申报》以《巨籁达路破获反动机关抄出无线电机获男女二十余人》的醒目标题，刊登了一条消息：

昨午十二时，市公安局局长袁良忽据密报，谓现有大批反动分子，匿迹法租界巨籁达路四盛里十号屋内，私设无线电机，图谋不轨，请速饬员往捕等情。袁局长据报，立饬干探多人，持文先至捕房特别机关，请求协拿，捕头复派中西包探偕同前往，果在十号屋内三层楼搜获无线电听筒及电线多种，当场拘获男女二十余人，一并带入捕房，经捕头略诘一过，即交来探带去归案讯办。

尽管该消息有几处夸张炫耀之词，但总体上讲是基本属实的。中央特科无线电训练班确实在国民党的公安局和法租界捕房的联手行动中遭受了重大破坏，当天有20人被捕，器材物资全被收缴。

张沈川在1984年3月撰写的《"地下"无线电波》一文中，详细回忆了自己和3名教员、16名学员一同被捕的情况。他说：

　　1930 年 12 月 17 日上午，李强、毛齐华、吴克坚、涂作潮、宋濂、伍云甫、曾三等不在工厂，我在二楼前楼教收发报，十多个学员在练习收报，中外侦探五六人，突然闯上楼来，看我是教员，两个持枪的侦探把枪口对准我，其他侦探在全厂搜查，将我们学习用的电键、干电池、耳机、蜂鸣器等拿作"罪证"。我和方仲如等二十人被捕，押到法租界巡捕房，都被审讯一次，当晚被"引渡"到国民党上海市公安局。案情是共产党无线电通信机关[①]。

　　事发当天，李强在毛齐华家吃完午饭原本准备出去办事，先到电台。但由于他头天晚上研制收发报机熬夜太晚，结果在毛齐华的床上一躺就睡着了，因此躲过一劫。

　　毛齐华、曾三、宋濂也免遭毒手，后来毛齐华回忆说：

　　那是（1930 年）12 月 17 日上午，李强和我们在楼下研究怎样制作变压器（张沈川在楼上给学员上报务课，未参加讨论），方案确定下来已经 11 点钟，到吃饭时间了。我家离厂不远，李强因很喜欢吃我妻子潘林珍烧的江南菜，这天便照例和宋濂、曾三到我家吃午饭。饭后我们三人闲聊。宋濂要写信，因为手头没有纸便到四成里去取。不多一会，宋濂气喘吁吁地跑回来说："出事了！我们训练班后门上的警号变了！"我们听后大吃一惊，马上派了一位平时不出头露面的人去探听虚实。那位看弄堂的人在外面等着，见他来就说："不要进去了，刚才你们工厂的二十个人全部被巡捕房抓去了！"[②]

　　宋濂说完就急匆匆地跑了。李强很镇定，立即赶到四马路振华旅馆找吴克坚。当时吴克坚正在那里等中共中央的同志来送训练班的经费。李强

① 张沈川：《"地下"无线电波》，中国人民解放军历史资料丛书编审委员会：《中国人民解放军历史资料丛书——通信兵·回忆史料》（1），解放军出版社 1995 年版，第 8 页。
② 毛齐华：《风雨征程七十年——毛齐华回忆录》，当代中国出版社 1997 年版，第 93—94 页。

将福利公司被破坏的凶讯通知吴克坚，叫他赶紧转移，然后又赶到张沈川家处理党的文件、转移住地。毛齐华夫妇也赶到方廷桢、李元杰住处将东西搬出。之后，中央特科行动科组织人员秘密潜入已被查封的训练班教室，把教学设备和其他物资运走，还给看弄堂的师傅五块钱表示感谢。

出了这么大的事情，本应认真总结教训，但顾顺章不从主观上检查，反而把责任推到一个无关人员的身上。在事发后召开的总结会上，顾顺章说是训练班一个姓杨的告密，理由是训练班只有 20 人，除杨之外的其他人都被捕了。此人平时生活散漫，事发前一天晚上在小组会上受到过批评。顾的讲话使到会的人信以为真，但很快就被事实否定。毛齐华回忆说：

（顾）这个说法很快就由被捕的人否定了。因为那个姓杨的在出事的当天外出看病不在工厂；还有如果是他告的密，必然要暴露被捕人的党员身份，但敌人在审讯时，未拿出任何证据来说明他们是共产党员。

会上，与会的同志指出了领导上有轻敌思想，总以为"情报万能"；同时也批评了宋濂的错误，因他是第一个看到训练班遭到破坏的，又知道涂作潮的住址，却没有及时通知他。如果不是涂作潮的机警，他也要被捕。后来宋濂被敌人的白色恐怖吓破了胆，竟开小差跑了①。

"福利公司事件"震惊了中共中央。由于李强是训练班主要负责人，并且处境危险，中央要他暂停工作，立即隐蔽起来。所幸李强在开班时设立了"防火墙"，被捕人员并不知道在附近不远的慕尔鸣路上就有共产党的地下电台，所以事发后电台没出事，仍由毛齐华夫妇驻守，曾三照常与香港台通报，陈寿昌照常差不多每晚都来慕尔鸣路电台送取电报稿。而宋濂则被吓破了胆，不久就改换门庭，跑到国民党上海国际电台当了报务员。

---

① 毛齐华：《风雨征程七十年——毛齐华回忆录》，当代中国出版社 1997 版，第 94—95 页。

尽管地下电台未出事，中共中央仍决定立即将几处电台搬家，无线电通讯科改由陈寿昌负责，继续进行无线电通报工作。四个多月后顾顺章叛变。中央对中央特科进行调整，将电台分出来归中央领导。这之后，中央特科就只剩下总务、情报、行动三个科了。

一天晚上，负责与香港台通报的曾三收到香港台来电："老板进医院，这里处境困难。"毛齐华、陈寿昌也觉察到情况反常，连忙去找正处于隐蔽状态的李强。李强后来回忆道：

当时上海电台的报务员是张沈川培训出来的曾三。香港电台被当局破坏后，电台及联络办法他们全部掌握，第一天英国人还给我们通了报，第二天他们发了一份报给我们，是用英文发来的，内容是："你们的朋友情况很好，现在在监狱里。"英文"监狱"（Jail）这个词，曾三不认识，就拿来问我，我一看大吃一惊，说："不好了，他们在监狱里了！"我们知道对方遭到破坏后，就暂时停止了联络①。

半年后，因无证据，香港台的报务员被释放；负责掩护的卢彪被保释出狱，先后担任闽粤赣边革命军事委员会主席、中共中央南方局兼广东省委代理书记。1931年下半年，卢彪夫妇携带党组织交由他们保管的一袋黄金逃走叛变了。

张沈川等20人先后被押解南京小营子陆军监狱和中央军人监狱关押。尽管遭受了严刑拷打，但他们咬紧牙关，不承认是共产党员，最终被以"宣传与三民主义不相容之法"的罪名分别判处有期徒刑九年十个月和六年六个月，而且不发判决书、不准上诉。随后，他们被关押于苏州反省院。

1936年八九月间，经党组织营救，张沈川等16人先后被保释出狱，学员麦建平、张庆福、谢小康却病死狱中，教员沈侃夫被活活折

---

① 李强：《一次划时代的通信革命》，中国人民解放军历史资料丛书编审委员会：《中国人民解放军历史资料丛书——通信兵·回忆史料》（1），解放军出版社1995年版，第4页。

磨死。后来，张沈川和方廷桢历尽艰险找到了党组织[1]。

开枝散叶

中央特科无线电训练班的教职员和学生突遭逮捕，使培训计划受到严重挫折，但顽强的共产党人很快就秘密重启新的培训工作。

为了躲避愈发危险的环境，毛齐华退掉慕尔鸣路的房子多次转移，继续采用李强、张沈川最初实施的分散居住、单独施教的方法，在亭子间里培训了十几名无线电技术人员；陈寿昌秘密安排中共江南省委推荐的宋侃夫，中共湘鄂西省委选派的刘进、胡白天等学习无线电技术；刚从苏联回国的乐少华、徐以新举办机要干部训练班，也是将 20 名学员分散安排，由王子纲单独教授收发报和译电技术……

随着学员们陆续毕业，中共中央开始向各苏区派遣无线电技术人员。最早的是 1931 年 1 月，喻杰生被派往湘鄂西苏区。因他突然病逝，中央又陆续派去了刘进、胡白天、李文采等人。同月，周恩来指示聂荣臻安排伍云甫、曾三等前往中央苏区，与王净、刘寅会合[2]。5 月至 9 月，又先后派翁瑛、杨兰史、朱邦英、周德元、徐萍、王逸群、罗贵昆等前往中央苏区。10 月，王子纲、蔡威、宋侃夫、徐以新等人被派往鄂豫皖苏区[3]。

有资料称，李强于 1931 年抵中央苏区，建立了中央苏区的电台。《我的父亲邓小平》一书中写道："李强叔叔告诉我，后来我们又在江西的中央苏区建立了第三个电台……我、伍云甫、曾三，和一个做机器的工人，四个人到了苏区，1931 年才建立了苏区的电台……"[4]

这是误解了。李强未去过中央苏区，未说过他在中央苏区建立第三个

---

① 张进：《历史天空的红色电波》上册，长城出版社 2013 年版，第 75 页。
② 中共中央文献研究室编：《周恩来年谱（1898—1949）》（上），中央文献出版社 1998 年版，第 207 页。
③ 张进：《历史天空的红色电波》上册，长城出版社 2013 年版，第 81—84 页。
④ 毛毛：《我的父亲邓小平》，中央文献出版社 1993 年版，第 190 页。

电台，也未将共事近一年的涂作潮称为"做机器的工人"。但李强曾为去中央苏区的同志们送行，向同志们告知到苏区后与上海党中央进行无线电通信联系的办法，还进行了严肃的忠诚教育。真实的情况可在亲历者的回忆中找到答案。

1982 年 11 月 17 日，李强在谈及派伍云甫、曾三、涂作潮取道香港赴中央苏区的情况时说：

1931 年春天，为了沟通上海和江西中央苏区的联络，我们派伍云甫、曾三、涂作潮三位同志从上海去中央苏区。他们用脑子熟记双方联络的办法，是取道香港去苏区的①。

当时留在上海继续驻守党中央电台的毛齐华曾回忆说：

涂作潮、曾三、伍云甫等人于 1931 年 3 月到江西苏区去了，在那里继续从事无线电通讯工作②。

1985 年 6 月，亲历者伍云甫在《在黄浦江畔的岁月》一文中回忆了聂荣臻传达党中央指示，派他到中央苏区去建立无线电联络的经过。这与《周恩来年谱》中的所述情况完全一致。伍云甫说：

1931 年，春天的步履转眼踏上了上海滩……我、曾三和一个机务员（指涂作潮——笔者注）奉命到指定地点去接受党的一位负责同志的指示……我们到了指定的地点，接见我们的原来就是我们熟悉的聂荣臻。聂荣臻同志向我们介绍了当时的国内革命形势和各地区红军迅猛发展的情况，并且告诉了我们一个喜讯，说去年除夕，江西苏区的红军在毛泽东同志的战略指

---

① 李强：《一次划时代的通信革命》，中国人民解放军历史资料丛书编审委员会：《中国人民解放军历史资料丛书——通信兵·回忆史料》（1），解放军出版社 1995 年版，第 4 页。

② 毛齐华：《风雨征程七十年——毛齐华回忆录》，当代中国出版社 1997 年版，第 96 页。

导下，粉碎了蒋介石11个师又2个旅共十万兵力的"围剿"，活捉了敌师长张辉瓒。这个消息虽然我们在前几天略知一二，但经他一传达，我们好像又上了一堂生动的党课。然后他说："为了保证今后党中央和江西苏区能及时联系，党中央决定立即派无线电技术人员到那里去，建立无线电联络。"停了停，他向我们投射出征询的目光："现在党指派你们作为去完成这个任务的第一批同志，有意见吗？"①

亲历者涂作潮在《"木匠"的回忆》一文中回忆了李强为他和伍云甫、曾三送行的情况，他说：

不久……中央决定派曾三、伍云甫和我到中央苏区去工作。出发前李强还请我们吃了一顿饭，作为送行②。

亲历者曾三在《红军通信战士的摇篮》一文中回忆了他和伍云甫、涂作潮走了一个多月到达中央苏区，李强在送行时告知三人进行无线电联络的办法，要他们用脑子记住联络波长、暗号与时间，曾三说：

后来，中央又决定派涂作潮、伍云甫和我到江西中央苏区去……大约在1931年春节，我们三人从上海出发，由党内交通员护送，绕道经香港、汕头、福建，走了一个多月，于1931年3月到达江西中央苏区宁都的青塘……离开上海时，李强告诉了我们联络的方法，双方规定好联络波长、暗号和时间。当然，这些全靠脑子记，身上不能带任何书面的

---

① 伍云甫：《在黄浦江畔的岁月》，中国人民解放军历史资料丛书编审委员会：《中国人民解放军历史资料丛书——通信兵·回忆史料》（1），解放军出版社1995年版，第28页。

② 涂作潮：《"木匠"的回忆》，中国人民解放军历史资料丛书编审委员会：《中国人民解放军历史资料丛书——通信兵·回忆史料》（1），解放军出版社1995年版，第34页。

东西[1]。

作为"接收单位"负责人的王诤（时任红一方面军无线电队队长）和刘寅（时任红一方面军无线电队报务员）也从不同角度为上海党中央派遣人员赴中央苏区的情况作了佐证。

王诤在 1952 年 2 月的一次谈话中忆及：

就在第二次反"围剿"作战之前，上海党中央培养的一批报务员和机务员，如伍云甫、涂作潮、曾三等，来到江西中央苏区的青塘[2]。

刘寅在《在战斗中成长》一文中回忆说：

无线电队成立不久，大约在 1931 年春节后，党中央从上海派来了我党秘密培养的无线电通信技术人员伍云甫、曾三、涂作潮同志，他们的到来，使无线电队的技术力量和领导力量都得到了加强[3]。

冯文彬当时是红一方面军无线电队政委，也是"接收单位"的负责人。他在《我军无线电通信的创建》一文中总结中央苏区无线电人员的来源时说：

我军无线电人员开始是从三个方面来的，一是上海党中央派来的，如曾三、伍云甫、涂作潮等；二是从国民党部队里过来的，如王诤、刘寅等；

---

[1] 曾三：《红军通信战士的摇篮》，中国人民解放军历史资料丛书编审委员会：《中国人民解放军历史资料丛书——通信兵·回忆史料》（1），解放军出版社 1995 年版，第 79 页。

[2] 王诤：《从半部电台开始》，中国人民解放军历史资料丛书编审委员会：《中国人民解放军历史资料丛书——通信兵·回忆史料》（1），解放军出版社 1995 年版，第 48 页。

[3] 刘寅：《在战斗中成长》，中国人民解放军历史资料丛书编审委员会：《中国人民解放军历史资料丛书——通信兵·回忆史料》（1），解放军出版社 1995 年版，第 66 页。

三是挑选我军年轻优秀的党团员自己培训的①。

　　还有文件可证，当时中央派来的"无线电生"是三人。1931年4月19日，苏区中央局在给中央的信中报告："……以及中央派来的干部一批及无线电生三人均已抵达中央局……"②

　　综上可见，1931年3月前往江西苏区的是伍云甫、曾三和涂作潮三人。他们动身前，已经奉命暂时停止一切活动、隐蔽待命的李强曾秘密为他们送行，详细告知他们到中央苏区后与上海党中央台进行无线电联络的波长、呼号与时间，并进行了一番严肃的忠诚教育。这就是伍云甫在回忆中所讲的："临走时，领导上再三嘱咐我们，路上要随时警惕，万一不幸落到敌人手里，要忠于革命，坚贞不屈。"③

　　伍云甫、曾三、涂作潮到中央苏区后不久，红军取得了粉碎蒋介石第二次军事"围剿"的胜利，缴获了国民党军第二十八师公秉藩部的一部100瓦的电台。伍云甫他们用这部电台沟通了上海党中央电台，实现了中央苏区和红一方面军与党中央之间的电讯联系。

　　就这样，上海党中央派出的无线电技术人员相继配备到红军，与自愿留在红军的原国民党军第二十八师无线电技术人员、在江西宁都举行起义加入红军的原国民党军第二十六军无线电技术人员以及各地红军自行开办无线电训练班（训练学校）培养的无线电技术人员一起，主要使用从国民党军缴获的电台，初步建立起党中央与中央根据地以及各根据地之间的无线电通信网。

　　王铮在人民解放军通信兵发展史上是一个具有特殊经历、特殊贡献的奇才。王铮于1928年考入国民党军事交通技术学校学习无线电通信，

---

① 冯文彬：《我军无线电通信的创建》，中国人民解放军历史资料丛书编审委员会：《中国人民解放军历史资料丛书——通信兵·回忆史料》（1），解放军出版社1995年版，第59页。

② 张进：《历史天空的红色电波》上册，长城出版社2013年版，第118页。

③ 伍云甫：《在黄浦江畔的岁月》，中国人民解放军历史资料丛书编审委员会：《中国人民解放军历史资料丛书——通信兵·回忆史料》（1），解放军出版社1995年版，第28页。

1930 年 9 月调入国民党军第十八师任中尉报务员。1930 年 12 月，红军在江西龙岗与国民党张辉瓒部激战，俘虏了敌师长张辉瓒和一批无线电技术人员，王诤也在其中。当时在红军里像王诤这样经过正规培训的人才很少，冯文彬与王诤谈话①，动员他参加红军。王诤当即表示愿意参加红军。后来，王诤在红军无线电通信工作和无线电技术人才的培训方面作出了足以载入史册的重要贡献。

　　1952 年 2 月，王诤在一次谈话中完整阐述了红军 1930 年从缴获的国民党军半部电台起步，创建和发展无线电通信的过程。到 1934 年 10 月中央红军长征之前，中央苏区和红一方面军已发展到 17 部电台，形成了比较完整的无线电通信联络系统。

　　王诤在总结历史经验时说：

　　其实，当时党中央也早已觉察到在革命战争和白区地下斗争中有发展无线电通信的必要。为了便于实现对全国各大城市的地下组织和各革命根据地的统一领导和联系，党中央从 1928 年夏开始，就在苏联和上海开始挑选优秀的党、团员学习无线电通信技术，并将学成的一部分人员和装制的机器陆续往苏区输送②。

　　王诤强调：

　　回顾红军无线电通信的诞生和发展情况，有许多经验值得总结，从政策和纪律上看，可归纳为以下几点：

　　1. 组织使用旧军队技术人员加速培养自己的技术人员。在作战中，一俘获技术人员，就一面建台，一面开办训练班。

　　2. 加强对旧军队技术人员的思想改造。虽然战争环境条件下十分困难，

---

① 参见 1985 年以来李强的多次谈话，张瑞玲记录，薛幸福整理誊写。

② 王诤：《从半部电台开始》，中国人民解放军历史资料丛书编审委员会：《中国人民解放军历史资料丛书——通信兵·回忆史料》（1），解放军出版社 1995 年版，第 47—52 页。

工作十分繁忙，但不放松这方面的政治工作。

3. 严格强调爱护器材。办法是严格的制度与思想教育相结合。

这时的器材来源主要靠缴获，每占一个城市就到处搜集电池、油料和收音机零件，此外上海党中央也设法运来材料，从大城市到苏区沿途开电料行，把汽油、干电池、硫酸一点点运进来 [①]。

1959 年 2 月，王诤在以《红军无线电通信诞生、发展的历史（1931—1935 年红一方面军情况）》为题的谈话中再次谈及上海党中央早于中央苏区红军开始创建无线电通信的情况。

王诤说："其实，当时党中央也早已觉察到在革命战争和白区地下斗争中有发展无线电通信的必要。古田会议后，陈毅同志为了汇报情况曾跑到上海去一趟，就显示出了这一问题。因此，为了便于实现对全国各大城市党的地下组织和各革命根据地的统一领导和联系，党中央在一九二八年就在上海开始挑选优秀的党、团员学习无线电通信，并将学成的一部分人员和装制的机器陆续往苏区运输送。" [②]

一部艰苦卓绝的中共无线电通信史，不仅是史无前例的伟业，更是彪炳千秋的奇迹。就好比一株枝繁叶茂的大树，它以李强、张沈川等人奉周恩来之命，在白色恐怖的上海播撒无线电种子为始，又在毛泽东、朱德等人领导革命军队与国民党军进行的殊死战斗中，获得了深扎根基生长壮大的力量。

随着一批批无线电技术人员先后抵达各个根据地，中共中央同中央苏区、鄂豫皖、湘鄂西根据地电台建立了无线电联络，中央苏区又向湘鄂赣、闽浙赣根据地派出无线电通信人员，这株用共产党人青春和热血浇灌的无线电之树终于开枝、散叶、结果了。派往根据地的学员们大多成为红军无线电通信的主要骨干，有的还成为红军无线电技侦队伍的创建者，通过破译敌方密电，获取了大量重要战略情报。经他们的手又培训了更多

---

① 王诤：《从半部电台开始》，中国人民解放军历史资料丛书编审委员会：《中国人民解放军历史资料丛书——通信兵·回忆史料》（1），解放军出版社 1995 年版，第 47—52 页。

② 王诤：《红军无线电通信诞生、发展的历史》（1980 年 2 月 21 日）。

的无线电技术人员，从而建立起一支政治坚定、组织严密、纪律严明、技术熟练的通信队伍。在土地革命战争、抗日战争和解放战争中，这支队伍为人民军队各级指挥员提供情报、沟通联络、保障指挥作战作出了重要贡献，又将更多的人才输送到更多、更重要的岗位上。

王子纲先后担任红四方面军总参谋部电信处秘书兼无线电教员和电台台长、红军总司令部三局第一科科长兼电台台长、西路军电台台长、军委三局无线电分队长和第一科科长等职；抗日战争和解放战争期间，先后担任八路军留守兵团电台中队长、军委电信总局副局长等职[①]。

伍云甫先后担任红一方面军总司令部无线电队报务员、苏区中央政府电台负责人、中革军委总司令部前方无线电总队政委、中革军委总司令部通信联络局副局长兼科长、军委三局政委兼副局长、红军总司令部三局政委、军委二局政委兼副局长等职；抗日战争和解放战争期间先后担任八路军西安办事处主任、中央党校四部副主任、北平军调处行政处长、中央工委秘书长等职[②]。

曾三先后担任红一方面军总司令部无线电分队长兼政委、苏区中央局电台政委、红军通信学校政委、军委三局无线电第一分队政委、军委通信学校政委、军委三局副局长；抗日战争和解放战争期间任新疆"新兵营"政治处主任、中直机关党委副书记等职[③]。

宋侃夫先后担任红四方面军总参谋部电务处处长兼电台台长、红军总司令部三局局长、西路军总指挥部三局局长等职；抗日战争和解放战争期间担任延安鲁迅艺术学院党总支书记、中共湖北沙市市委书记等职[④]。

也有无尽的遗憾。

蒲秋潮于1931年调任中共河北省委秘书长，后被捕入狱。经北京女师大同学刘亚雄的父亲、山西兴县开明士绅保释出狱后，被党组织派到哈尔滨、牡丹江一带进行抗日救亡活动。她利用教师身份掌握日伪军情报、营救被俘

---

① 张进：《历史天空的红色电波》上册，长城出版社 2013 年版，第 54 页。
② 张进：《历史天空的红色电波》上册，长城出版社 2013 年版，第 62 页。
③ 张进：《历史天空的红色电波》上册，长城出版社 2013 年版，第 62 页。
④ 张进：《历史天空的红色电波》上册，长城出版社 2013 年版，第 65 页。

抗联官兵，在林海雪原打游击。后来患病，于 1934 年在哈尔滨病逝 [1]。

由中共湘鄂西省委选派的刘进和南洋华侨胡白天也是李强、张沈川培训出来的 [2]。两人毕业后到中共湘鄂西中央分局工作，刘进任无线电分队长，胡白天任报务员。1933 年 10 月，在红三军（红二军团改称）退出洪湖地区向襄北大洪山突围转移中，刘进、胡白天被俘，生死不明 [3]。

蔡威毕业后被派到鄂豫皖根据地，先后任鄂豫皖军分会参谋、红四方面军二台台长、红军总司令部二局局长。1936 年 9 月，第三次过草地时，因患严重的胃病、肠炎和伤寒症，在甘肃岷县朱儿坪小镇病逝，年仅 29 岁 [4]。

还有许多，不一一列举。

秋霜冬雪，病毒虫害，无线电之树也有断枝烂叶。除宋濂、卢彪夫妇等人外，其他叛变投敌或中途脱离革命道路的人也不在少数，他们最终都被历史无情淘汰。

1980 年 5 月，距离中央特科无线电通讯科秘密开办无线电训练班已过去了半个世纪，80 岁的张沈川故地重游，一心想找到当年共产党人"大隐隐于市"的地方。他触摸着一扇扇风剥雨蚀的木门，里面似乎都隐藏着波谲云诡的秘战谍影；侧耳倾听门后，仿佛仍回响着敲击电键的嘀嗒声。弄堂旧貌依然，石库门还是那个石库门，一砖一石似曾相识，却不知曾经的"江湖"现在何处。

张沈川心里掀起了巨大波澜，在自认为是四成里 12 号的石库门前照了一张相，在照片背后写道："1930 年被捕地点 1980 年重游旧地时拍 八十岁了 寄给李强同志 张沈川 80.5.22 上海"

照片辗转到了李强手里。这位 75 岁的老人长时间地端详着照片里那位中共无线电事业先驱者平和而安详的笑容。几度磨难已成往事，李强仰天长叹……

---

[1] 张进：《历史天空的红色电波》上册，长城出版社 2013 年版，第 56 页。

[2] 严成钦：《我做电台工作的一段回忆》，中国人民解放军历史资料丛书编审委员会：《中国人民解放军历史资料丛书——通信兵·回忆史料》（1），解放军出版社 1995 年版，第 171 页。

[3] 张进：《历史天空的红色电波》上册，长城出版社 2013 年版，第 65 页。

[4] 张进：《历史天空的红色电波》上册，长城出版社 2013 年版，第 80 页。

1980 年张沈川调北京前到 1930 年被捕旧址留影纪念

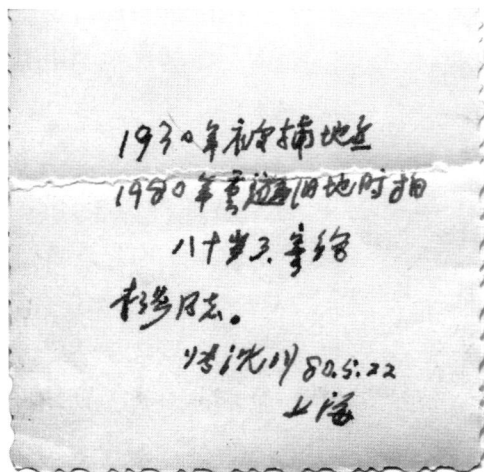

照片背面张沈川的备注

第五章　深海惊澜与历史责任

大撤退之夜

1931 年 4 月 24 日，中共中央政治局候补委员顾顺章在汉口被捕叛变。中共中央在得到打入国民党中央组织部调查科的钱壮飞转报的情况后，委托周恩来全权处理紧急事变。当夜，中共中央、中共江苏省委和共产国际远东局机关全部转移，使国民党企图一举破坏中共中央领导机关的计划未能实现。

顾顺章叛变对中共中央领导机关的安全造成的危机还未解除，6 月 22 日又发生总书记向忠发擅自外出过夜，被守候多时的租界巡捕逮捕，并很快叛变的严重情况，周恩来和其他中央领导人立即隐蔽起来。此后，中共中央开始向中央苏区转移，至 1933 年底完全退出据守了 12 年（其间短暂离开除外）的中心城市。

至于顾顺章叛变的根源，李强曾回忆说："后来上海顾顺章搞得越不好了，生活腐化，胆子很大，而且什么都干。他有这个特点，他准备好了被捕了怎么办，

顾顺章被捕的原始记录

他有这么一套。所以他被捕以后他的一封信保留在家里，结果我们把它搞出来了。"①

顾顺章的个人膨胀与其在党内地位的快速上升是同步发生的。随着手中权力越来越大，顾顺章得意忘形，流氓本性愈发暴露，生活日渐腐化堕落，在工作上也变得独断专行起来。他主张实行单纯恐怖行动，屡屡违反党的秘密工作纪律。周恩来多次严厉批评他，但顾顺章屡教不改。为了约束顾顺章，从政治上加强特科工作，1930 年 5 月，周恩来将聂荣臻调入中央特科。

顾顺章认为这招是冲他来的，便处处刁难聂荣臻。聂荣臻在回忆这段心累身累的经历时说：

调我到特科的意图是，为了从政治上加强特科。中央发现顾喜吃喝嫖赌抽大烟，样样都干。他把这些特科工作的掩护手段，变为追求个人享受的目的，日益腐化堕落，引起了党的警惕。顾顺章这个人过去耍魔术，在上海开过一家魔术店，是流氓无产者。他在党内掌握了一部分权力之后，就趾高气扬，胡作非为。当时还没有想到他会叛变，只是感到，如果放任他这样下去，会出问题。调我来，就是为了约束他的放荡行为。

到了上海，经过李立三同志谈话后，我就到顾顺章那里报到。他猜想到所以调我来，是对着他的，对他的放荡行为是不利的，所以，就想各种办法刁难我。他是特科负责人，要给你小鞋穿，你有什么办法。他晓得我们这些人从国外学习回来，没有搞过特科这种事，初来上海，人生地疏，经验不足，就专门给你一些很困难很危险的任务，你能说不去执行吗？不过，并没有难倒我，交代的任务我都完成了②。

鉴于顾顺章我行我素毫不收敛，周恩来决定将其调离特科。顾顺章得知后极为不满，顿生叛意。1931 年 4 月，顾顺章奉命护送张国焘、陈昌浩

① 参见 1981 年 1 月 17 日李强《讲白区斗争》。
② 《聂荣臻回忆录》，解放军出版社 2007 年版，第 105 页。

经武汉潜赴鄂豫皖革命根据地。完成任务后，他违反工作纪律，擅自在汉口以艺名"化广奇"的身份公开表演魔术时被叛徒指认。4月24日，顾顺章被国民党武汉绥靖公署侦缉处逮捕，略加审问即叛变投降。事发后，中央特科在顾家桌子的夹层里发现了密封函件，就是顾顺章早就备好向国民党表明"敬佩委座英明"，自己早有"归诚之心"，只是"俟机而动"的"投诚信"。

顾顺章的叛变给共产党的组织造成了难以估量的损失，恽代英、蔡和森等人被杀害，一批党内秘密联络点和电台被国民党特务机关破获。与此同时，还给党内带来一股恐慌情绪，使自首、叛变像流行病一样蔓延开来。有的党员被捕后在酷刑下叛变，有的未遭拷打也立即叛变；有的自首，但未出卖组织；有的不仅出卖组织，还像顾顺章一样当上国民党特务，专门缉拿共产党员。

1931年4月26日夜，上海白利南路的一座洋房，李强的家。由于特科工作性质的原因，李强经常搬家。现在，他为掩护身份在此居住。

李强听见有人轻轻敲门。他一骨碌翻身下床，蹑手蹑脚走到门口，听门外传来陈寿昌低沉急促的声音，李强立即打开房门。陈寿昌闪身进来轻声说："顾顺章叛变了！恩来同志要你赶紧搬家隐蔽起来，准备到苏联去，护照会给你送来。"李强惊愕不已，眼前突然浮现出四年前四一二反革命政变的那天，尹介眉冒着生命危险从上海赶到常熟曾家老宅来通知他转移，那一幕跟眼前的情景几乎一模一样。

陈寿昌

陈寿昌望着窗外轻声说道："我还要去通知其他同志转移！"边说边往外走。李强急切地问起周恩来的情况。陈寿昌走到门口又转过身来说，恩来同志正带着荣臻他们协助中央紧急转移。李强浑身的血液都冲上了面颊，紧握陈寿昌的双手说："坚持斗争，永不叛党！"陈寿昌回道："就此别过，后会有期！"说罢一转身，瞬时消失在漆黑的夜色中。

这又是一次似曾相识的告别！四年前，在上海法租界的恒丰里，罗亦农就是这样与自己分别的。李强无论如何也想不到，今日与陈寿昌的握别竟然又成永诀！

顾顺章叛变后，中央特科无线电通讯科改由中央直接领导，陈寿昌在通讯科继续工作了一段时间。1931年10月，中共苏区中央局向中共中央提出派得力干部来中央苏区主持根据地工会工作。为此，中共中央决定调陈寿昌赴中央苏区领导工会工作。同年12月，陈寿昌同聂荣臻等一道秘密启程，于1932年1月初辗转抵达瑞金。此后，陈寿昌先后担任中华全国总工会苏区执行局党团书记、主任，中央苏区反帝总同盟主席（后改称"中华全国总工会苏区中央局执行局"，陈寿昌任中共党团书记），中共福建省委书记和中共湘鄂赣省委书记、湘鄂赣军区政委等职。1934年1月当选为中华苏维埃共和国中央执行委员会委员。同年10月，中央主力红军长征。在与中央失去联系和孤立无援的情况下，陈寿昌率部留在湘鄂赣坚持斗争。11月，在红十六师于湖北崇阳、通城一带与国民党军第三十三师的激战中，陈寿昌不幸牺牲，时年28岁[1]。

陈寿昌牺牲20多年后，1961年3月的一天，重病中的陈赓由警卫员搀扶着来到陈寿昌的遗孀胡有娣家里。陈赓吃力地爬上楼梯，对胡友娣说："寿昌同志为革命牺牲了，他的牺牲和千千万万烈士一样，换来了中国的今天。"十天后，陈赓溘然长逝。

李强接到陈寿昌的警报后，第二天即举家搬到金神父路（今瑞金路），又花钱托人将妻子沈菊芳和儿子曾复，连同全部家当乘船送回常熟，自己迅速住进上海天津路的新光旅社隐藏起来。

四年前，李强与沈菊芳在老家成亲。当时，上海的租界巡捕和"包打听"专门盯着住亭子间的单身男人，就连租房也是"非眷莫问"。

---

[1]　参见中共宁波市镇海区委党史研究室、宁波市镇海区地方志办公室：《纪念陈寿昌烈士诞辰110周年》，《镇海史志》2016年第1期（总第33期），第14—27页。

李强将妻子接来上海生活，既可相互照应，还能以家庭为掩护开展工作。不久，沈菊芳诞下儿子。此番李强把妻儿送回曾家老宅后再无音信，沈菊芳受不了丈夫活不见人死不见尸的打击，离家而去，李强的第一段婚姻就这样画上了句号。

在秘密隐蔽的日子里，李强同心爱的无线电一起"静默"，内心却波澜起伏，白天晚上都在脑子里过电影。谍战与枪战的殊死拼杀，同志与兄弟的生死之交，突发事件的接踵而至，多少好同志被捕牺牲，又有多少意志薄弱的人叛变投敌……往事与今事像一根根粗棍，不分昼夜地搅得他心痛。李强告诫自己，任何情况下也绝不背叛革命。他又想，为什么一个高层干部的叛变就会引起"叛变流行病？"除了国民党特务机关的威逼利诱和严刑拷打外，还应吸取哪些教训？这些问题无法回避，他的痛苦反思持续了许久才渐归平静。

不只是李强，中央特科、中共中央领导人乃至共产国际都在反思——不仅限于顾顺章本人的罪不可赦，还延展到更深的层次。反思的内容或深或浅、或多或少，后来散见于各种回忆录、档案和文献资料，时间跨度长达半个多世纪。其中尤应关注的是涉及当时中共隐蔽战线"体制机制"方面的教训，主要是以下几点：

一是年轻的中国共产党照搬苏俄经验，长期据守中心城市领导全国工作，脱离了国情；二是中共中央机关办公场所和住处过于集中，易于被敌"一举破获"；三是组织体系不严密，未将保密工作作为重心工作；四是对处于地下状态的干部任用标准认识不够，对信念动摇、意志薄弱的人把关不严，对高级干部缺乏监督，发现问题未及时采取措施；五是没有在党内和群众中充分揭露叛徒的巨大破坏性，未对如何防止叛变进行广泛深入的思想教育，未将忠诚教育作为党内教育的重中之重。

以中央特科行动科为例，其队伍以工人为主。当时的上海工人大多系江南失地农民，在成为真正的产业工人之前，几乎都不得不经历一个长期散漫的过程，造成城市流氓、行业帮会盛行，一度与江南土匪的密集度相当。上海的大部分工人都与家族保持着密切的联系，哥哥在老家当农民，弟弟在上海做工，舅舅或叔叔开店铺，血脉相连姻亲一体，胜败荣辱同进共退。

这就是早期共产党人面临的国情之一，也是顾顺章及其小兄弟进入中央特科核心圈，顾家"承包"了中央特科相当重要的一部分"后勤"工作的社会原因之一。

当时中央特科总务科除科长洪扬生和若干工作人员外，还有顾顺章的岳父张阿桃、岳母张陆氏、小姨子张爱宝、姨妈的女儿叶小妹、胞兄顾维桢、嫂嫂吴韵兰、吴韵兰的胞弟吴克昌、吴克昌的妻子等人。他们有的住机关，有的烧饭，有的做掩护和交通工作，知道共产党的许多秘密，顾顺章叛变后，还不肯与顾划清界限①。忠诚教育抵不过族亲力量，新生事物被盘根错节的利益所击败，致使革命事业遭受无可挽回的损失。

教育之痛，痛入骨髓。周恩来比任何人都深切感受到教育失败的沉痛教训。这年6月10日，周恩来主持召开中共中央政治局会议，通过了他亲自起草的《中央审查特委工作总结》，指出，特委工作虽有许多成绩，给予党以不少保护作用，但终因顾顺章一个人的叛变，遂使全部工作发生动摇，这不能不说是特委工作本身的错误的结果。尤其是特委本身政治教育的缺乏，成为特委基础不能巩固的历史病源。周恩来在会议上作了自我批评，表示，直接指导这项工作的伍豪同志（"伍豪"即周恩来）要负错误的主要责任②。

血的教训令人痛苦、催人警醒！中央特科必须改组，这是开创隐蔽战线新局面的迫切需要，也是确保革命目标顺利实现的重要保障。为此，周恩来强调中央特科的新补充人员必须将忠诚度摆在第一位，并绝对执行秘密工作纪律。同时，对调出人员的决策也再无丝毫优柔寡断，以避免一个人出事，整个系统受影响，以及那种平时尚能吃苦做事，形势一变就一哄而散的情况再次发生。

---

① 参见1981年1月17日李强《讲白区斗争》。
② 参见中共中央文献研究室编：《周恩来年谱（1898—1949）》（上），中央文献出版社2007年版，第214—215页。

这些都在李强心里留下深深的印记，而他又是何等敏感的人！

李强有两个故乡。常熟，吴文化发源地之一，千百年来的崇文传统造就了文风昌盛、人才辈出，他的根在这里。上海，在侵略者坚船利炮轰击下首批开埠的口岸之一，东方与西方，殖民与革命，多元文化的剧烈撞击，演化出令人难以置信的几重空间，成为李强革命的起点与舞台。可以说，琴川河是孕育生命的母亲河，黄浦江是支撑骨骼、构建血脉的父亲河。一个是生命之源，另一个是信念之源。李强的成长和他为拯救民族的奋斗，无不源自于稻米桑叶的滋养，源自于弄堂码头棚厦漏屋的淬炼。

顷刻之间，这一切都翻天覆地地变了！他要猝然离别生活了六年的上海，告别仍在最危险处坚持斗争的周恩来，这使不曾在血雨腥风里眨眼的李强比起别人更多了一分不舍。

与此同时，在国共之间殊死搏斗的军事战场上，蒋介石正准备以数量十倍于红军的力量对革命根据地进行第三次"围剿"，形势非常严峻。先前派去那里建立无线电台的同志们也不知现在怎么样了？真想念他们啊！

除此之外，他心里还有莫名的委屈与无奈。因为在中央特科，与顾顺章最熟悉的人，除了陈赓，就是李强了。早在 1925 年担任共青团上海曹家渡部委书记时，他就认识了顾顺章，后来在筹备上海工人武装起义时也有工作交集①。在武汉工作期间，两人共同应对白色恐怖、完成特殊任务。返回上海后，顾顺章家的地址（起初租住在巨籁达路 448 号，1930 年 5 月迁往成都路 21 弄 8 号）也只有周恩来、李强和陈赓等人知道，而党内其他同志只知道顾顺章住在慕尔鸣路，在那里听取下级的工作汇报。实际上慕尔鸣路的这处住所只是顾顺章租来用于白天办公的。长期以来在工作中的密切接触，使李强与顾顺章对各自情况都很熟悉，"私人感情较深"②。

---

① 参见 1981 年 1 月 17 日李强《谈白区斗争》。
② 参见 1985 年以来李强的多次谈话，张瑞玲记录，薛幸福整理誊写。

可以说，时至今日，李强的个人安危、家庭安危都难以避免地系于整个组织的存亡。无论是个人，还是组织，还有思想，不脱胎换骨无以自救，更无以再生。李强不但要为整个系统的安全而远走他乡，还必须接受组织对他的忠诚度的大考验。

忠诚是一件无比严肃的事情，对于党组织而言，它事关纯洁性与生命力；对于共产党员而言，它事关人格、德行，事关思想之舵、信念之基。

信念是一种约束，它让"曾少爷"的个人生活看起来并不随意，却使李强活得更有意义。李强对信念有种神圣感。他可以抛却家财和一切个人利益，但不能离开初心。他知道重创之下的革命目标会更加遥远，但这不可怕，可怕的是被放大的个人委屈冲掉那份来之不易的神圣感。一旦思想防线从这个小口子裂开，终会一泻千里。因此必须就地严防死守，打一场信念保卫战。

李强对常熟和上海都有深深的眷恋，但他更爱自己选择的道路。既然确定了方向，就在心里种下了一份真诚。作为共产党员，服从组织是纪律要求，更是职责使然。对党忠诚的人，即便受委屈也不能坏规矩。因此，他不能像个怨妇似的带着一股幽怨离开上海，相反，一名永不服输的战士，必须令到即行，坦荡前进。

离开上海前夕，周恩来秘密约见李强，再三叮嘱李强注意保密，注意安全，要恪守共产党员对党的忠诚，妥善应对复杂的斗争局面等等①。

几天后，有人秘密送来一笔经费。李强知道，该走了。

怀着对未竟事业的遗憾，李强告别痛苦、埋下牵挂，毅然奔赴异国他乡。他当时并未意识到，这一走，再与周恩来见面是六年之后，与家人重逢则是1949年，常熟已迎来解放和新生的时刻。

---

① 见薛幸福文稿《一枝一叶总关情——李强与周恩来的革命情谊》。

"三军之事莫重于密"

从 1927 年 5 月到 1931 年 4 月，是中共情报保卫机构从初始走向成熟的重要阶段，其间的主要领导者是周恩来。他小心翼翼把控着军委特科、中央特科的活动边界，时刻将其置于共产党的绝对领导之下，使其成为卓有成效的战斗堡垒。这四年也是中共隐蔽战线影响力最大的时期之一，由此形成周恩来身后的一部分精神遗产，包括他给中央特科规定的指导思想、工作任务和工作方法。其中就包括中央特科的保密规定。

在血腥的白色恐怖下，保密工作扼着共产党存亡的咽喉。为此，周恩来规定了绝对保守秘密的工作纪律。如：中共中央领导人外出不得携带文件；中央机关之间的联络由交通员承担，禁止横向联系；工作人员实行单线联系，除非发生紧急状况，不能越级联系；工作人员不得随便串门，不应出入一切娱乐场所；严守党的秘密，不能向包括亲属在内的任何人泄露；等等。

道理浅显，落实不易。要做到极致，更非凡人所能。然而，共产党人却做到了。笔者关注到几个细节，着实令人钦佩。

一是周恩来在情报保卫系统和机要交通系统之间设立"防火墙"。

然而在 20 世纪二三十年代，要从源头上切割共产党的秘密与国民党特务机关之间的关系，物理隔离缺乏最基本的条件，只能依靠人的觉悟。觉悟基于信念。但即便是人的信念相同，又因背景、职业、性格等差异，只能靠纪律约束。纪律是死的，人是活的。基于共产主义理想信念之上的纪律是铁的纪律，只有中国共产党才能实行铁的纪律。

周恩来为中央特科和中央交通局制定了严禁横向往来的纪律。这道防火墙使情报保卫系统的灾难没有迅速蔓延到秘密交通系统，从而保证了中央机关在顾顺章和向忠发叛变后向中央苏区的安全转移。"防火墙"思路再次证实了周恩来政治上的远见卓识。

二是中央特科内部实行了严格的单线联系制度。

四一二反革命政变后，共产党的叛徒对党的情报保卫系统的破坏呈现"常态化"，但李强总能毫发无损全身而退，其中缘由除了他本人一贯谨慎外，还与以单线联系为主要特征的保密制度有关。李强的真实身份只有周恩来、顾顺章、陈赓等少数人知道，其他人，包括中央特科的同级干部都不知道，洪扬生即其一。

洪扬生是中央特科总务科首任负责人。总务科在中央特科诸科中成立最早，洪扬生对全局相当了解，还在顾顺章家里见过曾培洪（即李强），却不知其真实身份。当时顾顺章告诉他，曾培洪与自己是私交，是个只会享受祖产的少爷和"鸦片嗜好者"。顾顺章曾获一本英文魔术书籍，但看不懂，是曾培洪翻译后，顾才成了"著名魔术师化广奇"。

顾顺章的这套说辞使洪扬生信以为真。

顾顺章叛变后，洪扬生奉命转移到中央苏区。1934 年，他在瑞金的一次军事行动中被俘叛变，之后历任国民党江西省特务处特务员、江西党政二团第四分团主任、鄱阳县警察局局长、进贤县政府秘书等职。新中国成立后，1959 年，洪扬生被上海市公安局逮捕，同年 9 月移送江西省公安厅处理。1960 年因其"犯有一定反革命罪"，拟被依法判处死刑。1961年 3 月，邓颖超指示，要查找中央早期在沪的一批文件，要洪提供线索。故洪扬生被提回上海市公安局审理。1973 年，洪扬生获宽大处理，"戴上反革命帽子，交群众监督改造"。

1974 年，公安部门在核实有关资料时发现，洪扬生隐瞒了 1942 年至 1943 年 12 月之前充任国民党鄱阳军警稽查处谍报股长、第三战区长官司令部谍报员的反动职务和搜集共产党情报、发展国民党特务组织的罪行。

"文化大革命"后，洪扬生提出申诉。中共中央组织部接其申诉信后指示：考虑洪扬生在大革命时期是中央交通负责人，知道 1927 年至 1934年中央特别是上海交通关系许多事情。鉴于他 80 岁了，又对党的历史了解一些情况，是否可以每月发七八十元生活费，让他把了解的情况如实写出来，这样对我们保存党史材料还是很有必要。

中组部的指示下达后，上海市公安局于 1978 年 12 月 8 日撤销了对洪扬生的处理决定，摘掉其"反革命分子"帽子，给予公民权。同时，中共上海市委组织部建议民政部门每月给他发放生活费 80 元。自此，洪扬生重返社会，有了正常的生活。

这是一个来之不易的结果，但洪扬生并不满意，或夸大其词，或无中生有，说自己当初叛变投降当国民党特务是奉"项英、李一氓指示和给予任务"，是"利用敌人弱点打入内部进行反间工作，是白衣红心"，等等。他还把中央特科牺牲烈士和其他同志的功绩往自己身上安，想以此为资本进一步改善待遇、恢复党籍。

考虑到洪扬生早年所作的贡献，在中央特科幸存者李强、李一氓、黄慕兰的协调下，洪扬生的生活待遇得到很大改善。当洪扬生得知李强就是当年在顾顺章家见到的"曾少爷"，是曾与自己"同级"的中央特科无线电通讯科科长时，他万分震惊，继而狂喜，以为有了老熟人，就可帮自己脱罪了。

然而洪扬生失望了。

生活待遇可以改善，唯独恢复党籍这一条，李强明确表示，洪扬生是叛徒，不能恢复党籍。持同样意见的还有李维汉和李一氓。之后，中共上海市委组织部告知洪扬生，党籍不能恢复。但是为了抢救党史资料，市委组织部委派两位记者专访了洪扬生，将他所知的史料详细记录并上报了有关部门。

从此，洪扬生再也不敢信口开河，他只能本分做人了。

还有一个例子颇耐人寻味。

顾顺章有一个小舅子叫张长庚，1919 年出生。顾顺章叛变后因与戴笠来往而引起陈立夫、徐恩曾忌恨，不得不辞职赋闲在家（南京安品街71 号）。那时的顾顺章百无聊赖，常将张长庚作为倾诉对象，给他讲述中央特科的那些人、那些事。

张长庚自幼聪明伶俐，顾顺章讲的故事，加上张长庚本人的耳闻目睹，以及他还阅读过顾顺章叛变后所著《特务工作的理论与实际》《我参加共产党的经过》（书名可能有出入——笔者注）等书籍，使张长庚对顾顺章的人脉关系相当熟稔。

1980 年，62 岁的张长庚被上海有关部门找来回忆中央特科史。据他回忆，顾家原先住在善钟路的"东洋"房子里，后来迁至威海卫路802号。迁居后来访的有中央特科的陈赓、洪扬生、郑家康、邹志淑、蔡飞、谭忠余、陈莲生、王世德、阿四等人。有时，向忠发、龚饮冰、周恩来、邓颖超亦来顾家谈工作。

张长庚还说，家里"有一怪客叫曾培洪的，与顾顺章属私交，此人与革命毫不相干，家资巨富，大学生。他对于顾顺章家并非无所知，但不相妨碍"。

以张长庚的特殊经历，无须编造"怪客"情节。可以断定，顾顺章未对他讲过"曾培洪"的真实身份，如同未向洪扬生讲明一样。其中原委，恐怕顾顺章在进入中央特科初期，贯彻保密纪律的态度是认真的，只是后来被纠缠于私欲膨胀的旋涡中不能自拔，最后发展到彻底背叛革命。还有一点也很重要，顾顺章非常忌惮中央特科。以他曾亲自策划的一系列暗杀行动而言，他深知共产国际和中共镇压叛徒的决心和手段是不容置疑的。

三是周恩来的率先垂范对整个隐蔽战线产生了深远影响。

周恩来是中央特科各项规定的提出者和带头执行者。他对自己的住处严格保密，知道其真实情况的人不超过两三个。租来房子住半月、一个月就搬走，每次搬家都要换名字。他不但昼伏夜出勤奋工作，神出鬼没出入于街巷弄堂，还耐得住"苦行僧"般的寂寞，从不去娱乐场所消遣，连电影院都不去，也不随意串门访友。他处事谨慎，一旦发现异常动向，不等情况明了即自觉避险。

周恩来树立了一座行为高峰。他在残酷的对敌斗争中所表现出来的顽强意志，勇于克服困难的韧性和智慧，受了天大委屈也从不叫苦的强大的心理承受能力，等等，这些都深刻影响了李强。

据李强回忆，1928年某夜，他曾在上海静安寺乘坐公共汽车时发现车上只有一个人，就是周恩来。李强和周恩来都谨遵纪律没打招呼。为了保护周恩来，也为了保护自己，李强不动声色在下一站下车，然后迅速离开①。

---

① 参见1985年以来李强的多次谈话，张瑞玲记录，薛幸福整理誊写。

不光是李强，在整个中央特科都形成了一种氛围：一旦有人被捕，不管是否叛变，有关人员便立即转移。尤其难能可贵的是，工作人员能严守秘密，坚持不向包括家人在内的任何人透露。顾顺章叛变后中央特科改变了顾熟知的一些工作方法，但周恩来建立起来的一整套保密制度仍长期得到执行，并被证明行之有效。这方面的例子比比皆是。

前文所提的陈养山是在中央特科工作时间最长的人。自 1928 年初由陈赓调进特科，专门联系鲍君甫以来，他断绝了一切社会关系，专心维护这一特殊渠道。顾顺章叛变后，陈养山因未暴露身份而继续留在改组后的中央特科。直至 1936 年陈养山到延安调入中央社会部后才知，他跟陈赓一起工作多年的单位叫"中央特科"。更有甚者，有的人是在新中国成立后，甚至"文化大革命"后，才知道自己是长期在为中央特科效力。

1991 年 2 月，陈养山去世，享年 85 岁。第二年，李强为其题词："隐蔽战线的英豪，忠诚廉洁的公仆"。

还有一位共产党员，我们应当记住他的名字，他就是曾任中共中央军委秘书的李得钊（李德钊、李德炤）[1]。

1934 年 6 月 26 日晚，李得钊（时任中共上海中央执行局秘书。有资料称是组织部部长）与中共中央候补委员、中共上海中央执行局书记李竹声，中共上海中央执行局会计兼共产国际代表接头处主任秦曼云，上海总工会党团书记袁家庸和中共江苏省委代理书记赵立人等人一同被捕。李竹声、秦曼云、袁家庸、赵立人很快就叛变了，李竹声供出李得钊在中央特科工作[2]。国民党特务对李得钊施以酷刑，企图撬开他的嘴巴。面对威逼利诱毒刑拷打，李得钊严守党的秘密，最终在无任何证据的情况下被判处 15 年有期徒刑，于 1935 年 8 月转押南京中央军人监狱。该"模范监狱"以非人待遇折磨他，给他服用大量金鸡纳霜。1936 年 9 月，李得钊中毒身亡，时年 30 岁。

---

[1]　王健英：《中共中央机关历史演变考实（1921—1949）》，中共党史出版社 2005 年版，第 156、210 页。

[2]　原件复印件收藏于南京雨花台烈士陵园管理局。

新中国成立后，1950 年初，中共中央组织部干部处副处长帅孟奇写信向李得钊之妻周惠年（时任中共中央书记处政治秘书室秘书）了解李得钊烈士的情况。由于李得钊生前未向周惠年说过自己身居要职所做的具体工作，周惠年不无遗憾地复信说："李德昭同志的历史，我知道的很少，周副主席、康生同志和吴铁铮（德峰）同志都比我更清楚。"①

同样严守党的秘密的，还有中央特科行动科"红队"行动组副组长，响当当的硬汉子李士英。

1932 年 5 月，李士英奉命带领"红队"队员李则才、刘国宝和情报科袁立夫（负责指认目标）镇压叛徒曹清澄。曹清澄原在上海总工会工作，叛变后担任国民党上海警察局督察员和情报组长，积极捕拿共产党人。由于袁立夫错认目标，刘国宝误将一名体态、相貌与曹清澄高度相似的男子击倒，引来巡捕围堵。李士英等迅速撤退，途中遇上真正的叛徒，李士英不顾情势万分危急，奋力将曹清澄击毙，随即被捕。

李士英一口咬定自己替人打架报仇混饭吃，并无政治目的。巡捕房对他动了大刑，致使他多次昏死过去，但他仍坚不吐实。1933 年 1 月，李士英、刘国宝被判处死刑，李则才有期徒刑 19 年。李士英在狱中党组织的秘密支持下坚持上诉。1935 年 2 月，法院重审维持原判。李士英再诉，终被改判无期徒刑，李则才、刘国宝分别改判 12 年、10 年，转押北新泾监狱。

1937 年 8 月 12 日，日本飞机悍然轰炸上海，市区大量房屋、工厂、学校被炸成废墟。北新泾监狱遭轰炸后，囚犯们群情激愤纷纷请战。次日，淞沪会战打响。伤痕累累的李士英随"戴罪立功"的死囚"敢死队"开赴吴淞口，为国民党江苏省保安第五团挑运炮弹、派发军服，拼死抗击日军。11 月 5 日，日军以优势兵力在金山卫登陆，以飞机、大炮密集轰炸中国守军阵地，致使坚守数月的中国守军溃败。李士英趁乱逃跑，历尽千辛万苦到达延安。

坚贞不屈严守秘密的还有 1934 年被捕的中央特科行动科"红队"队

---

① 原件收藏于中央档案馆。

长邝惠安，队员赵轩、孟华庭。三人受尽酷刑坚贞不屈，于1935年4月被绞杀于南京国民党宪兵司令部。

李得钊等人在中央特科工作时与李强并无交集，但他们和李强一样，以"杀了我一个，自有后来人"的英雄气概和"为有牺牲多壮志，敢教日月换新天"的壮志豪情，扬起了一面书写着无悔忠诚的旗帜，以个人生命护佑着共产党隐蔽战线的生命线，践行着"保守秘密，永不叛党"的庄严承诺。

中央特科长期战斗在国民党特务穷凶极恶捕杀共产党人的残酷环境里，尽管出了顾顺章这样的大叛徒，还有一些其他背叛革命的人，但以幸存者李强、陈赓、李士英、张沈川、陈养山和英勇牺牲的陈寿昌、李得钊、邝惠安等人为代表，仍然形成了中央特科这一红色堡垒的中坚力量。他们是真正的特科人。正是由于这个群体的存在，共产党的秘密才能在国民党特务眼中成为解不开的谜。

巅峰之后是低谷。受到王明"左"倾错误路线的影响，中央特科后期的工作方向发生严重偏差，不仅镇压党内叛徒，还频频打击公开的敌特头目。由于树敌面大，造成了日益困难的处境。同时，顾顺章叛变后也给国民党特务机关带去了共产党秘密工作经验。国民党特务机关仿照共产党"打进去、拉出来"的办法来对付共产党，致使中共上海中央执行局等一大批机关在1934年至1935年屡遭严重破坏，中央特科遭受较大损失。

1935年9月，根据共产国际的指示，中共驻共产国际代表团要求中共中央不再向上海调干部，不准在上海发展党员和开会，不准将保存下来的中央特科代替中共上海中央局的工作；大家自找职业、各奔前程，分散保存力量。

按照共产国际的要求，中央特科停止了活动。但是，党的保卫工作、情报工作和惩处叛徒奸细等任务，仍然作为党的隐蔽战线以及各级白区党组织的重要斗争内容，从未停止。

由于历史使命已经终结，一批在国统区搞情报工作的人陆续返回"娘家"。他们从未想到，对"卧底"回归的秘密工作者进行长期"考察"是国际情报界的通行做法。加上当时中共面临的环境异常复杂，大多数"娘家人"在与秘密工作者相处时总会产生隔膜，加上全面抗战爆发后，延安等根据地混入了一些国民党特务及奸细，这些都严重影响了对秘密工作者的信任。

全面抗战爆发后，王世英来到延安，住在招待所里无人理会，被考察半年多。1939 年春，与中央失联后仍坚持斗争的徐强从上海到延安，被诬为"特务"而坐牢。1945 年中国共产党在延安召开第七次全国代表大会期间，康生召集原中央特科人员开"上海情报工作检讨会"[①]，就连军委特科、中央特科老班底的李强和在中央特科工作时间最长的陈养山，都未被通知参会。

为了还原历史的真相（一）

中华人民共和国成立后，周恩来多次提出全面总结中央特科工作，厘清中共隐蔽战线的复杂历史。遗憾的是，不仅总结工作未启动，一些优秀的秘密工作者还长期遭受无妄之灾。到"文化大革命"结束时，已有部分隐蔽战线老同志逝去，带走了无数秘密，健在的一些老同志有的尚未"解放"，有的人蒙冤已久，却连找哪个部门申诉都不知道。诸如此类的问题使一向不争不抢的李强心急如焚。

1979 年冬，李强同几位"老地工"在国务院第一招待所谈起中央特科史，一致认为当前有几个问题很严重，必须引起高度重视。

一是由于中央特科和地下情报工作本身的特殊性和保密性，不仅长期不为外界所知，就连亲历者本人也只知自己所接触的中央特科部分史实，不了解全局。

二是中国文学、戏剧和影视等作品在再现共产党隐蔽战线的既往样貌时，往往显得轻飘与肤浅，不仅缺乏基本常识，甚至屡屡歪曲和丑化历史真相，使大量年轻人误以为共产党的地下工作就是福尔摩斯＋跳舞厅、夜总会＋高档公寓。真是后患无穷！

---

① 参见 1981 年 5 月 15 日徐强《关于中央特科的一些情况》。

李强愈发感到必须行动起来，而且要尽快行动！

1980年3月，李强给中共中央组织部部长宋任穷写了一封与张沈川有关的信。张沈川曾在"文化大革命"中蒙冤，"文化大革命"后的工作、生活都遇到很多困难。李强恳请组织上帮这位经过考验的特科老同志妥善安排工作并照顾好他的生活。信的内容如下：

任穷同志：

我党于1928年起在中央特科建立了无线电通信。张沈川同志是第一个被派去学习收发报的报务员。后来，张又训练了曾三同志（现在中央办公厅）、伍云甫同志（已去世）、王子纲同志（现任邮电部长）等，为我党的电信工作培养了技术干部，使党的电信工作开展了起来。张沈川同志在训练干部时，还介绍了钱壮飞、李克农二位同志到中央特科工作，他们在特科的工作创造了许多奇迹。张沈川同志于1930年12月在无线电训练班与学员们一起被捕，1936年经过营救后被释放。之后，张沈川同志又与党组织恢复了关系。1949年解放后张任最高人民检察院检察长（应为厅长——笔者注），以后又调到湖南省哲学社会科学研究所任副所长至现在。

张沈川同志已八十一岁，在长沙仅有一个孙子，又无多余时间照顾，有两个女儿在北京，张沈川同志生活上确实有许多不便之处。我曾和曾三同志谈过此事，建议把张沈川同志调来北京，给一政协常委名誉职务并分配一房子，使其两个女儿可以好好照顾老人。

我想，对这样一位经过考验的特科的老同志给予妥善安排和照顾，会在老干部中和后辈中带来好的影响的。

以上意见请你考虑决定，为盼。

此致

敬礼

李强

一九八〇年三月×日（此处字迹不清——笔者注）

1980 年 6 月，即李强的信发出三个月后，张沈川被调回北京与家人团聚。看到历尽艰辛的老战友终于过上了舒心的日子，李强感到欣慰，但他丝毫不敢松口气，因为要"抢救"的不仅仅是某个人，而是整部历史。从那时起，李强就反复向中共中央领导和有关部门建议，必须"抢救式"总结中央特科工作，不能再推迟下去，再不搞就要来不及了！

1981 年 8 月，李强在中共中央党史资料征集委员工作会议上作专题讲话，再次呼吁以"抢救式"总结中央特科工作。他的讲话对在全国范围内推动党史资料征集工作发挥了重要作用。会议决定，以"二十八个半布尔什维克"和"中央特科"为主题分别召开座谈会。

同年 11 月，"'中央特科'党史专题座谈会"在北京召开，以便通过老同志集体回忆、相互印证，达到核准史实、全面总结、拨乱反正的目的。作为座谈会的实际推动者，李强不顾年事已高，多次与中央党史资料征集委员会等部门协调，承担了大量准备工作。

此次会议的主角都是当年在隐蔽战线工作的老同志，除李强外，还邀请了徐强、李云、吴成方、何复基、石光、裘惠英、苏刚达、陈养山、李士英、曾三、方仲儒、张沈川、刘鼎、涂作潮、吴克坚、陈坦、王子纲、柯麟、吴竞、叶人龙、邓国君、毛齐华、朱子良、李一氓、周惠年、沈安娜等参加。他们都有隐姓埋名的经历，有些人曾在一起共事，几十年未曾谋面；有些人是同一条情报渠道的上、下线，彼此却不相识。"文化大革命"期间，他们普遍受到冲击。此次相聚，大家激动不已，压抑已久的情感瞬间爆发。

座谈会的第一次大会由中共中央党史资料征集委员会主任冯文彬说明召开座谈会的目的意义，李强介绍会议筹备经过，有关领导概要回顾了中共情报保卫工作的历程，陈养山、李士英介绍中央特科的有关情况。之后，与会代表根据各自经历分成电台通讯组和情报掩护组进行座谈，以便把一些重要的史实逐项确定下来。

电台通讯组人较多，当时健在的参与筹建上海党中央电台的 11 人中，除毛齐华因病请假外，其余的人都到会了。李强主持座谈并作长篇发言。他凭借惊人的记忆力，梳理了共产党创建无线电通信事业的过程，并表示会后要整理材料，把来龙去脉都写清楚。

李强还参加了由陈养山主持的情报掩护组的座谈。在座谈会上，陈养山、曾三和沈安娜作了较为系统的发言。周惠年专题回忆了向忠发被捕后，她和丈夫谭忠余掩护周恩来的经过。

当老同志们忆及 1929 年中央特科杀白鑫的情况时，李强说，四川有一篇文章，有书也寄来了，说旷继勋到上海参加特科，杀白鑫是周恩来给他的任务，他负责去杀的，还说黄金荣在澡堂子里洗澡时，他去杀黄金荣，一枪打去，把澡盆水都染红了。

李强斩钉截铁地说：没有这回事！杀白鑫是但忠余（即谭忠余——笔者注）他们搞的。

作为亲历者，李强一锤定音。

1981 年 11 月 8 日，陈云在北京人民大会堂接见了"'中央特科'党史专题座谈会"的全体代表。陈云指出："特科是周恩来同志直接领导下的党的战斗堡垒。特科是一个有战斗力的白区党的地下组织。特科出过若干有名的或者党内大多数人不知道的有功绩的同志。比如谭仲玉同志（即谭忠余——笔者注），牺牲得很早啊！很多人不知道他的名字。"[1]

陈云还说，虽然中央特科也出过大叛徒顾顺章，但这件事并不损害特科作为党的一个"有战斗力的组织"。陈云对中央特科工作做了充分肯定，赞扬座谈会形式很好。他的讲话言简意赅，意义深远。老同志们听了热泪盈眶，也放下了多年来压在心里的包袱。

这次座谈会不仅是"文化大革命"后共产党情报保卫系统拨乱反正的座谈会，也是中华人民共和国成立以来唯一一次有众多亲历者参加的高规格座谈会。20 多名老同志不顾年老体弱，甚至抱病前来参会，本着尊重历史的态度，就中央特科的性质任务、发展历程、重大事件、历史地位以及经验教训等问题进行集中回忆，逐一甄别，为还原真相提供了可靠的证据。如今，当年参会的老同志都已故去，但他们人生的最后

---

[1]　参见中共江苏省委党史工作办公室编：《李士英画传》，中央文献出版社 2011 年版，第 17 页。

亮相在共产党隐蔽战线斗争史上留下了一个粗重的惊叹号，令我们肃然起敬。

1981 年 11 月，陈云（右一）会见当年特科工作人员。左起：刘鼎、李一氓、陈养山、李强。

北京的座谈会只是开了个头。会后，中共中央党史资料征集委员会发出通知，要求有关部门组织了解情况的人员撰写回忆录或提供资料、线索，将隐蔽战线的一些重要史实搞清楚。

此时的李强已担任中共中央顾问委员会委员和国务院顾问。他脱离了繁重的日常工作，将全部精力用于搞清楚一些重大事件的来龙去脉和具体细节。李强四处奔走搜集资料，还先后给聂荣臻、徐以新、张沈川、陈养山、李维汉、李文宜、陆定一等人写信或当面回忆、共同印证军委特科和中央特科的史实。用他自己的话来讲，就是一定要把"老的地方"都找出来。

李强实事求是、严肃认真地还原了历史真相。

作为 1926 年奉罗亦农之命为上海工人武装起义研制炸药、手榴弹的真正主角，李强批驳了洪扬生"经过医院买炸药"的荒唐说法。李强在回忆当年到矿山买炸药的情况时说：

洪扬生乱说一套嘛，什么都乱说，他说经过同德医院买炸药，医院怎么买炸药？医院不可能卖炸药。同德医院有一个医生叫沈医生，确实是如此，我们经常到他那里去的，他不是共产党员。我们买炸药是矿工里面买的，矿里边才有炸药可以偷出来……所以这种资料很多靠不住[1]。

为了搞清楚中共中央军委在武汉的历史，李强找到徐以新，两人同聂荣臻一起就各自亲历的中央军委的情况相互印证，李强还亲自去武汉进行实地勘察。三位革命老人经过执着努力，终于梳理清楚中央军委在武汉工作期间的机构设置、人员组成和工作地址等基本情况，对于中共中央在武汉的斗争史提供了重要佐证。

一位作者将 1927 年军委特科在武汉处置英国间谍的行动张冠李戴地安在李强身上。李强看到此文后，如实说明处置英国间谍的是"董胖子"，而他本人是在英国间谍被处置后才到武汉参加中央军委特务科工作的。他说：

我是在特务科杀尤金·皮克和一个英国情报人员之后到武汉参加特务科工作的。潘芳同志曾经写过一段文字，说英国人是我杀的，这不符合事实。事实上是在特务科杀了英国人之后我才去的特务科，我没有参与此事。英国人是与苏联同志一起乘船在江面游览时被董胖子用刀杀死的[2]。

顾顺章的小舅子张长庚曾在 1980 年回忆道，1931 年中央特科的王世德被捕后招供说，巡捕房派杨福林架走了顾顺章的表妹。

有人以为这个"杨福林"就是中央特科的杨福林。针对这一误解，李强反复澄清事实，他说：当时有两个杨福林，同名同姓。一个是国民党的杨福林，是徐恩曾派去与巡捕房联手监视顾顺章的；还有一个共产党的杨福林，是"我们的同志"。

---

[1] 参见 1981 年 1 月 17 日李强《谈白区斗争》。
[2] 参见 1981 年 1 月 17 日李强《谈白区斗争》。

李强（左）81岁生日时与杨福林在一起

　　李强说的杨福林是位老资格共产党员。杨福林十几岁时就加入了黄兴卫队，练得一身好武艺。上海工人武装起义时，杨福林担任周恩来的保镖，后来是中央特科行动科"红队"的神枪手。1928年4月，杨福林不幸被捕，被巡捕房上了大刑，但他咬紧牙关坚守党的秘密。顾顺章的表妹被巡捕房抓走时，共产党的杨福林当时正被关在监狱里，而且一关就是15年，直到1941年才被释放。新中国成立后，杨福林曾任上海市普陀区副区长[①]。

　　罗亦农的被捕牺牲是中共党史上的重要事件，其遗体在白色恐怖下的安葬过程辗转曲折十分艰难。李强作为亲历者，曾奉命将罗亦农棺木从安徽会馆迁葬于江湾公墓。

　　1980年前后，洪扬生四处宣传，说罗亦农牺牲后是他葬的。洪扬生所言究竟是真是假？为进一步了解详情，李强亲自给罗亦农之妻李文宜写信询问详情。

　　1980年7月4日李文宜给李强复信。她愤怒控诉了国民党反动派的无比残暴，叙述了党组织在白色恐怖下多次安葬罗亦农遗体的过程：第一

---

① 　参见1981年1月17日李强《谈白区斗争》。

次是 1928 年 4 月 21 日，党组织派人以"善堂"名义，冒着风险，在刽子手行刑当晚将罗亦农遗体就近安葬。第二次是次日晨，顾顺章向李文宜告知了具体的行刑处地点后，李文宜立即赶去寻尸。几天后，她和党组织派去的同志在瞿秋白之妻杨之华安排下挖尸入殓，将棺木送至安徽会馆。第三次是李强奉中央之命，于 1930 年初春将罗亦农棺木从安徽会馆迁葬江湾公墓，并立碑刻字。

李强反复阅读李文宜的复信，经过一一梳理，发现洪扬生所言与李文宜信中所述有诸多不同。

从地点上看，洪扬生含含糊糊地说他把罗亦农遗体葬在江湾荒郊，李文宜的信中却说自己永远不会忘记罗亦农的遗体所在"并非江湾荒郊处"，而是在龙华"文治大学"附近。那天，她根据顾顺章的指点，在龙华一条马路上方标有"文治大学"方形铁牌下的电线杆上看到淞沪警备司令部钱大钧具名枪决罗亦农的布告，顺路前行不远，在马路右边凹进去的一块草地上有桌面大一摊鲜血，旁边有一个纸标，上写"要犯共匪罗亦农"字样。李文宜悲痛的哭声引来不少路人，其中有目睹者告诉她，行刑是"头一天下午二时"，被杀的那个人"临刑前大声喊叫什么'万岁'"。

从是否"立碑"上看，洪扬生说，他给罗亦农立了石碑，还在碑上刻了"龚四维之墓"字样。而据李文宜所述，从行刑处前走不远，在一块土地上矗立着一堆黄土新坟，坟头上栽了一把青草，在阴雨绵绵中"没有看到任何标志"，以致她当时不能肯定是否罗亦农的坟冢。李文宜在信中写道："但说同时树了碑，上刻'龚四维君之墓'（原文如此——笔者注）则不是事实。因为一、当时我没有看见该碑，二、石碑不可能在几小时之内刻好。"

从安葬细节上看，洪扬生一丁点儿都说不上来，李文宜则详述了她在杨之华安排和诸人帮助下将罗亦农遗体挖出来时，见罗亦农身上和腿部被粗绳捆缚，右腿内屈，面部完全变形，头部脑浆横溢，身旁还有李文宜送给他的手帕、松紧带以及毛背心等遗物，"完全证明是亦农的遗体无疑"。

距离李强将罗亦农棺木在江湾公墓落葬过去了九年。即 1939 年，日军为建造远东最大军用机场，作为轰炸中国腹地的起飞之地，曾在上海殿行一带杀戮居民，焚毁古镇，强行圈地 7000 亩，致使公墓里无数棺木散落，罗亦农英骨遗失。这是李强和李文宜心中抹不去的痛。这笔账，必须永远记在国民党反动派和日本侵略者头上！

李文宜信中提供了大量信息，既有新婚仅三个月的妻子为夫收尸的无尽悲痛，也有周恩来安排她紧急转移和多次部署安葬罗亦农遗体事宜的细致入微，还有李强为烈士迁葬、立碑，使烈士入土为安等细节。此间种种，无不彰显了罗亦农在面对死亡时的大义凛然，展示了共产党人在大屠杀后掩埋烈士遗体，不怕牺牲、继续战斗的顽强意志。共产党人以"青山处处埋忠骨"之豪情立身处世，一代代共产党员在筚路蓝缕前赴后继的道路上，将永远敬仰罗亦农、缅怀罗亦农！

李文宜之信使李强更加明确地判定，洪扬生所言不是事实。洪扬生以为死无对证，就可在光天化日之下信口开河了。

鉴于现实中往往是以讹传讹"坚如磐石"，李强决心澄清事实，以正视听，还烈士落葬史实的真相。

1982 年 1 月 15—17 日，李强在两次座谈会和一次报告中说明，将罗亦农的棺木寄存在安徽会馆是另有其人，之后是李强将棺木从安徽会馆迁至江湾公墓，并将苏兆征、张锡瑗的遗体也安葬在那里。他还原了买地安葬、树碑勒铭、磕头烧纸等场景，列举了在场人员的姓名，以及上海解放后他去寻棺的情况，有力地驳斥了洪扬生在这个问题上胡编乱造，甚至偷梁换柱的行为。

1982 年 3 月 9 日，针对《党史资料丛刊》1981 年第 3 辑刊登的《罗亦农同志被捕、牺牲前后的一些情况》一文中有两处与事实有出入的问题，李强在该刊 1982 年第 2 辑上发表文章，讲明了安葬罗亦农遗体的具体情况。

1991 年 7 月 28 日，李强在口述自传时，以《关于埋葬烈士事》为题再忆安葬细节。他说：

1. 罗亦农烈士被杀在龙华司令部附近的空地上。有若干居民注意观察，通知我们。我们（指党组织派人——笔者注）夜里运去棺木，带了衣服，由其妻子同去将尸体挖出穿上衣服，装入棺材运到了安徽会馆寄存。在棺材外用红漆写毕觉先生之柩。这是其妻李文宜同志亲自办的。还有苏兆征同志病死在上海，棺材上漆姚维常先生之灵柩。我到江湾公墓买了二穴的地，刻了一块石碑，他二人名字拼刻在碑上，下款写我的号曾幼范敬葬。在1931年6月，我到了莫斯科，在黄平同志处见到苏兆征的妻子，告诉她葬在何处，用什么名字。上海解放，我即去找管公墓的地方。他们本子上写得很清楚，我即报告了军管会。

2. 葬小平同志的妻子张锡瑗同志：

1929年小平同志的妻子张锡瑗同志病故于上海，是经过特科办理葬入上海的公墓。我于1930年春在香港装电台结束后回到上海。在上海江湾的公墓买一穴地即安排下葬。邓颖超同志和她的妈妈也来参加，还有张锡瑗的妹妹张小妹（徐彬同志夫人）（此处是指中央统战部原副部长徐冰的妻子张晓梅——笔者注）也来了。我们一共四人，带了一点菜和鲜花等物，行礼如仪。安葬完毕后我们四人吃了饭即回家了。在上海解放时，我到上海接收广播台和广播器材厂，到管公墓的地方，我告诉他们以后会来接收改葬。"文革"后，我将一切交代给邓（小平）的秘书。后来上海公墓来要她（指张锡瑗——笔者注）的生平等，我即转告王瑞林同志办理。

1994年，李强在中共中央党史研究室编辑的《中共党史资料》第49辑上发表《我的革命历程》一文，再次说明了安葬罗亦农、苏兆征、张锡瑗遗体的情况。两年后，李强溘然长逝。

此前，李强曾在1981年4月1日给李维汉回信说明了苏兆征生病送医以及安葬的情况，当时，苏兆征的子女都不知道父亲的骨灰还在上海保存。李强在信中说：

维汉同志：

你要知道的苏兆征同志的忌辰是一九二九年二月二十五日（见一九五九年《中国工人》第四期龚饮冰写的文章）。据他的女儿讲：苏兆征同志一九二八年在苏联，二九年初回到上海，因其夫人不懂普通话，更不懂上海话，耽误了苏兆征所患盲肠炎的医治，后来因病情恶化痛不能忍，才被送往医院急救。但因医治过迟，终于亡故。

苏兆征同志的下葬时间与罗亦农、张希远（即张锡瑗——笔者注）同志同时。碑文上款刻有姚维常（即苏兆征）、毕觉（即罗亦农），下款刻有我的名字曾幼范。

上海解放后，我即去了上海，得知该公墓已改建成飞机场，我当即去找管公墓的人。在那找到了底本，并了解到公墓已迁至江湾的西部。我在江湾西部找到了棺材，但只有苏兆征和邓小平同志前妻张锡瑗两具，而罗亦农的已不知下落……去年夏天我去上海收集历史材料时得悉（苏兆征）骨灰保存在上海一个地方。

苏兆征的女儿苏丽婉现在我部代管的国际贸易促进会工作，其子苏河清在新闻电影制片厂当摄影师。你如果需要的话，可找他们谈话。另有资料可查《解放军画报》一九七八年第六期、《香港大公报》一九六六年二月一日和五日的第十版，有路易斯·斯特朗写的文章。一九七七年十一月八日《解放军报》也有文章。一九八〇年第九期的《历史教学》有卢权写的文章。

至于苏的骨灰问题，其子女都不知道，在上海保存着。我已告上海社会科学院历史研究所的陆志仁所长，请他将骨灰保存情况调查后告我。

以上仅供你参考。祝

健康！

李强

一九八一年四月一日

尽管年代久远，但李强仍本着对历史高度负责的态度，通过深入调查、反复回忆，终于廓清了罗亦农、苏兆征、张锡瑗三人灵柩安葬的真相。

褪去迷障清朗天下，盛世今朝又见青山。若烈士泉下有知，当以阖目。

为了还原历史的真相(二)

拂去岁月尘埃,还原历史真迹,是一场对党和人民高度负责而不可含糊的战斗,因其必有思维僵化与实事求是的激烈交锋,还不免掺杂着个人私欲的无理纠缠,甚至被波谲云诡的暗流所干扰。

北京的专题座谈会召开后,李强多次到武汉、上海等地寻找中共隐蔽战线勇士们的足迹,还利用一切机会呼吁更多的亲历者通过搜集史料和回忆当年,一起来还原历史的真相。

1982年,李强、陆定一、冯文彬(左起)在去参加华东七省市党史资料征集会的火车上

1982年初,中共上海市委党史资料征集委员会等有关部门在上海连续召开座谈会,其中有两次是邀请隐蔽战线老干部回忆新中国成立前中共在上海的情报工作史,还有一次是邀请老工人回忆上海工人三次武装起义的情况。李强亲赴上海参加座谈会并多次发言。他的讲话内容翔实、立场鲜明,对厘清历史产生了重要影响。

▶匕首之刃
——李强传

　　1982 年 1 月 15 日至 17 日，已是临近春节之际，李强风尘仆仆赶到上海参加"上海解放前地下情报工作座谈会"，向老同志们强调搜集党史资料的重要性和紧迫性。他认为，在中国共产党的整个党史中，中央特科、地下情报和地下电台的历史是一个专题，是党史的重要组成部分。由于当时中共中央领导机关就在上海，所以那个时期共产党的情报工作发生在上海的就占了百分之五十以上。所以一定要抓紧时间搜集党史资料，现在抓已经迟了，再不抓紧更成问题，因为随着时间的流逝，亲历者会越来越少。李强深情地说：

　　现在和我一起参加地下无线电台工作的同志，很少了。年龄最小的已有七十岁。再过几年，这批人会更少。武汉时期中央军委的工作人员，现在只剩下聂荣臻、徐以新和我三个人。据说南昌起义前、大革命时期参加革命的同志有五六百人，但这个数字每年都在减少。搜集党史资料的工作，早就该搞了，但一个运动接着一个运动，干扰太多。现在，时间再也不等人。所以，第一要抓紧①。

　　李强以武汉时期的中央军委和军委特科为"引子"，真切地希望与会的老同志们都来写党史资料。他说：

　　聂老总当时是军委参谋长，他现在记忆力还相当好，大革命时三次暴动前后时期的情况都记得很清楚。我当时是特务股股长，负责红队；徐以新在秘书处。所以要抓紧时间，要"抢救"，当然正式说法不一定叫"抢救"……我现在比较"自由"一些了，可以有些时间搞党史资料征集工作，但我现在记得的还未写出的事仍有不少。今天同大家通通气，希望大家都来写材料②。

①　参见 1982 年 1 月 15 日、16 日李强发言记录。
②　参见 1982 年 1 月 15 日、16 日李强发言记录。

关于搜集党史资料的范围，李强明确提出，中央特科是 1935 年
9 月结束的，地下电台工作 1932 年以后归中央管，但那时还有中央
特科。1935 年 9 月以后，不管组织系统叫不叫中央特科，共产党地下
情报工作、地下电台工作的基础都还在。因此，这个时间段都属搜集资
料的范围。只要是这个方面的工作，不论叫不叫特科这个名称，都要统
一搞①。

李强一生将严守党的秘密作为安身立命之本，所以在座谈会上也依
然重点强调搜集隐蔽战线党史资料仍应注重保密性，不宜公开的内容可
在内部资料上刊登或存档备案，这是对历史负责的态度，也是对党史的
贡献。他以自己"上过当"的教训为例，强烈批评有些与地下工作毫无
关系的"文化人"，为牟取利益而不负责任地公开了应当保密的内容。他
指出：

中央特科和地下情报工作、地下电台工作的历史资料中有许多是应当保
密的，不能公布的，现在却公开发表出来了……有的还到香港去出版，去卖
港币，真是"外汇万能"、"港币万岁"。写这类文章的，有的是文化人。他
和地下情报工作根本无关，但他要猎奇，到处搜集材料。我们有的老干部
热情接待，上当了。我也是上过当的②。

李强尖锐地批评某作者以"文艺可以加工"为由，热衷于描写地下工
作细节，其作品存在丑化周恩来以及张冠李戴等问题，具体来说就是：

第一，将周恩来形容成为一个油滑的古董商人，丑化了周总理的
形象。第二，文中提到一个同志戴了手铐上茅房自己开了手铐逃掉了。作
者来问我，自己开手铐可能吗？我说是可能的，一九二八年中央特科训练
班就有这一训练项目。我还讲了开手铐的具体办法。结果他把细节都写上

---

① 参见 1982 年 1 月 15 日、16 日李强发言记录。
② 参见 1982 年 1 月 15 日李强发言记录。

去了。第三，文中提到，巨籁达路四四八号是党中央的一个秘密机关，其实这是顾顺章的住宅。这第二、第三个材料是我向作者提供的。但当我提出发表的文章对这二点写得不对，不应该写时，作者就强调"文艺加工应当允许"①。

李强还尖锐地批评该作者在报上发表的文章也是"神乎其神"，是根据另一个作者搜集的中央特科的资料写的，就那么一点材料，换了几句话又是一篇文章。李强强烈抨击说，这就是炒"回锅肉"、做"文抄公"。有些文化人之所以对地下情报工作感兴趣，其根源一是猎奇，表示自己知道得多，一是有物质刺激，好拿稿费②。

在李强看来，写史有一条不可逾越的底线，就是实事求是。他强调必须以事实为依据，坚决反对胡编乱造。他以洪扬生夸大其词、歪曲捏造安葬罗亦农的事情为例，要求老同志们一定写亲历的事情，所写的事情一定要落实，如果不是自己参加的，是听说的，也要写，因为听说的东西中有许多珍贵材料，可以提供线索，但要讲清楚是听谁说的。

李强说，记忆错误是免不了的，他本人也常弄错。比如1931年从上海到天津坐的是轮船，却讲成了"坐火车"。年纪大了，时隔久远，难免把日期、地点、人名等记错或说错，但这和有意捏造不一样。所以，实在弄不清楚的地方大家可以互相问一问、对一对。总之，要坦率，要实在，要自己动手写，不一定找"文化人"。

李强特别强调写史不能当作"文艺作品"来写。钱壮飞的事迹被写成剧本，准备拍成电影时，李强曾找来刘鼎、陈养山、张沈川一起座谈，对剧本提了不少意见，让去修改。李强说：

文艺作品不好弄。如一方面讲地下斗争生活如何艰苦，但文艺作品中出现的房间布置都是阔绰得很。《知音》这部影片中出现了跳舞厅的场面，

---

① 参见1982年1月15日李强发言记录。
② 参见1982年1月15日李强发言记录。

而且还穿了西装。这不可能。上海是在一九二九、一九三〇年时才有跳舞（厅）的①。

李强以伍云甫在亭子间里学无线电技术为例，说明了当时地下工作者的生活完全不像现在有些电影、电视剧里所写的那样奢华，反而是非常的清苦。李强说：

那时，亭子间的房钱要二元钱一个月。伍云甫曾经写过，他到上海后没有钱。住在人家那里。过中秋节时，只好到街上跑一圈，买个大饼吃，回来说是过了节了②。

李强直言不讳地批评某作者在描写陈赓时"有点戏剧化"，李强说：

陈赓是二科科长，负责（中央特科）一部分工作，打叛徒主要是三科的人干的。三科科长是谭忠余，谭走后是李士英。那天进去打的是三科的人（指红队杀白鑫——笔者注），都说成是陈赓指挥，这不好。而且没有进去这么多人，只有三四个人，还有些人在外面掩护。李士英说他那天就在马路上，准备万一遇到问题时可以掩护③。

李强语重心长地对与会老同志说："你们健在的时间要多些，希望大家抓紧写，写好的材料由上海市委党史资料征集委员会负责搜集。"他强调写史一要抢时间，二要落实，三是希望有专人来找旧报纸，四是不能张冠李戴，五是注意保密，有些资料不能发表。

李强的讲话实际上是共产党隐蔽战线史料搜集工作的动员令，也是坚持拨乱反正、实事求是的动员令。由于他的积极呼吁，众多亲历者在座谈会上就开始回忆和核对史实，使上海的座谈会成为隐蔽战线幸存者解放

---

① 参见 1982 年 1 月 15 日李强发言记录。
② 参见 1982 年 1 月 16 日李强发言记录。
③ 参见 1982 年 1 月 16 日李强发言记录。

思想、实事求是的重要会议。

新中国成立前，每个特科人心中都有一个中央特科。现在有了座谈会这个共同的平台，人们首次有了集体核实和披露真相的机会。

劫后余生的人们聚在一起开口说话，各自将自己看到、听到和亲历的局部汇集起来，将珍贵的历史碎片拼连成整体，使今天的人们对中央特科有了全面的认识——包括认识它的起点与终结、辉煌与惨痛；认识到它是情报工作一般规律与中国革命实际相结合的产物，具有强烈的早期中国革命特点；既不同于苏联斯大林时期的秘密工作，也不同于后来克格勃的工作，更不同于老牌资本主义国家的情报工作；等等。这些新的认识对于建立中央特科史料库，补充和完善中共情报全史，乃至于为防止歪曲和虚无历史，都创造了最起码的条件。

新中国成立后，李强曾多次看望革命烈士的遗孀，如罗亦农夫人李文宜，李硕勋夫人赵君陶等，并长期给予她们生活照顾。现在，他又以座谈会为平台大声呼吁，为尚未平反的老同志解除政治困境，解决生活困难。

李强的呼吁引来众多与会人员的感慨，有的老同志激动地说，中央特科和上海地下情报史必须调查清楚，有许多人因搞不清所谓“历史问题”，搞不清谁跟谁联系，直到现在也没“解放”，李强这次来上海若能做好这件事，就是“永垂不朽”了。

话音刚落，座谈会的会场上响起了难得的笑声。这是含泪的笑，也是饱含着对李强的赞许和信任的笑。李强百感交集。

最后，李强说：“我是受中央党史资料征集委员会的委托，来发动一下。”这是点睛之处，他是在告诉与会人员，忆史、写史是共产党员的历史担当。

在座谈会上，李强为“文化大革命”中蒙冤而死，已不能说话的老大哥蔡叔厚仗义执言，表示决心解决隐蔽战线同志们的“文化大革命”遗留问题。李强说：

有的审查案件的人为了表示自己正确，对错误的结论也不肯改，也有的人已经被冤枉死了，自己不能说，也没人替他说，这种情况也不少。蔡叔厚的问题现在究竟怎样了？我觉得应当替他说说话。……应当考虑追认他是党员。现在应当一个个解决了。我们这些人还在的时候，不给他解决这个问题，我们是对不起他的。……①

50年多前的1931年6月，李强在蔡叔厚掩护下离开上海抵达苏联莫斯科。后来，蔡叔厚之妻娄曼文也到达莫斯科，是李强去共产国际总部接回了她。全面抗战爆发后，娄曼文回国。抗战胜利不久即病逝。在座谈会上，李强再次为逝去的人证明历史。他说：

蔡叔厚的爱人是娄曼文，她后来经日本到苏联去，当时到苏联去都不带介绍信，她到了共产国际后，是我去认她的。她从苏联回来就到了延安，曾到军工局来看过我。抗战刚胜利时，行军到大同附近病故②。

全面抗战爆发后，蔡叔厚曾多次向中共中央有关部门提出恢复党籍的问题，但因种种原因，直至新中国成立后也未得回复。"文化大革命"期间，蔡叔厚被污蔑为"特嫌"，遭受抄家审讯和长期关押，于1971年5月6日含冤去世。

尽管无人给李强下令，但他在座谈会上自觉地代表共产党向蒙冤致死的蔡叔厚道歉，会后又多方奔走呼吁为蔡叔厚平反，向中共中央写信反映情况，等等。在李强等人的积极推动下，中共上海市委对蔡叔厚的历史作了全面调查，彻底推翻了"四人帮"爪牙强加于蔡叔厚的一切污蔑不实之词，给予彻底平反。1983年3月19日，中共中央组织部批准恢复蔡叔厚的党籍。

1984年2月11日，李强在《人民日报》发表长文《忆蔡叔厚同志》，高度评价蔡叔厚不畏艰难、不怕牺牲的斗争精神，机智勇敢、深入敌阵的历史功绩以及保守秘密、忍辱负重、坚贞不渝的高贵品格。这页沉重的历

---

① 参见1982年1月16日李强发言记录。
② 参见1982年1月16日李强发言记录。

史之错终于翻篇。

　　除了为中共第一个无线电报务员张沈川呼吁，为蒙冤致死的无名英雄蔡叔厚平反昭雪，李强还帮助过很多处于困境中的幸存者，比如涂作潮等人都是在最困难的时候因李强的奔走呼吁而获平反昭雪。李强的所作所为体现了共产党人的责任担当，受到隐蔽战线老同志的普遍好评。

　　1982 年 3 月 5 日，77 岁的李强在上海东湖宾馆约见了 82 岁的郑超麟。郑超麟这才知道，半个多世纪前自己作为记者正常履职回复读者的一个小举措，会在一个叫"曾培洪"的年轻国民党员心中引起巨大反响，促使他更多地了解了共产主义，最终走上革命道路。

　　李强对郑超麟说："现在正是需要写历史的时候，我现在不当部长了，这次到上海来，就是写党的政治保卫工作的历史，也就是中央特科的历史。"郑超麟说："我希望你把这些有价值的材料写下来。你一生的经历并不平常。干特科工作的死亡率高。你能健在，要写下来。"

　　李强与郑超麟围绕五卅运动，上海工人三次武装起义，武汉时期的中共中央、中央军委和军委特科，上海时期的中央特科以及中共江苏省委陈延年、陈乔年、赵世炎等几任领导的被捕问题等，进行了交流，梳理并廓清了一些重大事件的来龙去脉。

　　李强对郑超麟执学生礼。对李强而言，不仅仅是感谢当年给他复信的《向导》的这位编辑，更重要的是，《向导》所刊登和宣传的，是以陈独秀、毛泽东等人为代表的革命先驱们撰写的世纪巨著，《向导》指引他在人生的紧要关头选择了正确的方向。

　　1982 年 6 月，中共江苏省委党史资料征集委员会致函李强指出：江苏党的历史源远流长，组织机构及隶属关系迭经变更，情况比较复杂。特别是 1934—1942 年间，由于当时历史条件的限制，保存下来的文献资料和历史档案极少，加之能够为这段时期的革命斗争提供第一手资史料的老同志越来越少，给整理研究江苏革命斗争史带来了一定的困难。信函还附上了以江苏省档案馆资料为基础，参照其他有关文献与资料初步整理出的《建国前江苏省委负责人的更迭情况（初稿）》。中共江苏省委党史资料征集委员会诚恳地希望李强进行核实、补充和修订①。

实际上李强于1931年离开上海前往苏联，1937年回到延安。他的经历与该函中特定时间段的党史，特别是隐蔽战线工作史交集不多。但李强不仅认真复函对方，还将"核实、补充和修订"中共江苏省委党史资料纳入自己对中央特科史的搜集安排计划。他自觉还原历史真相的干劲更足了。

1982年11月，李强再次到上海寻访旧人旧事时，通过地下工作者陶锡根之子陶延东，辗转找到老共产党员杭伟之（杭鸿初）。

杭伟之是参加过上海工人第三次武装起义的工人纠察队员，四一二反革命政变后担任中共江苏省委通讯员。中共江苏省委遭破坏和省委书记陈延年被捕时杭伟之就在现场，他侥幸逃脱后立即给周恩来送信。周恩来叫他火速到苏州河南岸租房子住。次日，这个新租的房子就成为周恩来、罗亦农等人紧急隐蔽和坚持斗争的新联络点。

陈延年被国民党特务杀害后，又是杭伟之为其收殓遗体，将棺木寄放在一处庙中，准备送回家乡安葬。但不久杭伟之也被捕了，被判无期徒刑，直至1945年出狱，所以陈延年的棺木安葬情况他也不知晓②。

通过此次对杭伟之的约见采访，李强弄清了陈延年因叛徒出卖被捕牺牲的情况。鉴于杭伟之对中共中央、中央特科和中共江苏省委的办公地点非常熟悉，李强就邀他一起去弄堂小巷实地考察，从而确定了几处重要的工作遗址。

当时的杭伟之也面临着"文化大革命"后"落实政策"的问题。李强临回北京前叮嘱陶延东抓紧为杭伟之写申诉信，交给他转有关部门办理。后来，陶延东专程跑到北京，亲手将杭伟之的申诉信在中南海北门交给李强的秘书刘渝。待陶延东回到上海时，有关部门的指示已下达，杭伟之"落实政策"的问题已经解决。李强对隐蔽战线幸存者的遭遇之同情，帮助他们办理历史遗留问题的速度之快，着实令人钦佩！

---

① 参见1982年6月中共江苏省委党史资料征集委员会、江苏省革命斗争史编纂委员会致李强的函。

② 参见1982年11月11日李强《访问杭伟之同志记录》。

　　李强还在上海约见了五卅运动期间上海学联积极分子、原上海亚东医科大学学生会主席、报告科科长俞昌时，原东亚同文书院学生代表高尔松的弟弟高尔柏等人，共同回忆并搜集了不少青年运动史料。他还热情帮助中央团校青运史研究室找到了自己的老同学、年近八旬的张超。1925年五卅运动期间，张超是全国学联主席李硕勋的助手，参加了许多重要的斗争和活动，是这段历史的亲历者。

　　在李强的协调下，中央团校派出两名工作人员专程采访了张超，记录整理了大量宝贵资料，真实地再现了五卅运动期间上海学生的斗争情况，对中共党史、共青团史、五卅运动史提供了重要的史实资料。

　　李强还会见了顾顺章的遗孀张永琴（原名张萍）和女儿顾利群。这本是李强寻访中央特科旧人旧事的题中之义，但在李强去世11年后的2007年，这件事情却出人意料地节外生枝了。

　　凤凰卫视的有关编辑人员误认为从李强会见张永琴、顾利群的旧闻中可以嗅到有关部门或为顾顺章"平反"的"动态性新闻"，随即在未核实、未报告的情况下擅自制作播出了一期专访张永琴和顾利群的节目。在该节目中，张永琴和顾利群大摆顾顺章的功绩，试图"洗白"其叛变革命的严重历史罪行。

　　该访谈节目播出后立即受到李强家人、陈赓家人以及国家有关部门负责人的强烈批评，使凤凰卫视领导层深为震惊，不得不采取紧急措施予以纠正。很快，该节目被停播。

　　李强的儿子李小强在谈起此事时说，李强是个很有原则的人，绝不会随意搞"一风吹"的乱平反。有一个例子很能说明问题。

　　1985年春天，李强的堂侄曾雍荪专程来到北京李强家中，述说自己虽在四一二反革命政变时被国民党逮捕，但未出卖任何人，被营救出狱后亦未担任任何伪职，从前教书，出来还教书，希望能够恢复党籍。他认为自己在曾氏家族中与李强关系最近，李强既是亲戚，又是"大官"，他若出面给省委组织部打招呼只是举手之劳，但对自己而言，是盖棺论定时能否覆盖党旗的大事。

　　李强听罢曾雍荪的话叹了口气，从抽屉里拿出此前曾雍荪寄来的信。

他对信中不实之处已用钢笔做了记号，还一一写下了批注。

曾雍荪说："一九二六年顾顺章出国去莫斯科参加会议，他把怀孕的老婆张杏华交我安排去白克路同德医院分娩，由我送去由我领出院……"李强批注："顾顺章在（一九）二六年九月去海参崴住了一个半月就回到上海的，我不能证明（曾雍荪）帮助张杏华生孩子。"

曾雍荪说："李强住在上海愚园路愚园邨时搞无线电台收发报机工作，后来搬到福熙路明德里（今延安路石门路西首），和顾顺章住在一起，我住在该处一个时期。"李强批注："没有的事"，"我1927年10月回上海后在明德里住了一个月，既没有与顾顺章一起住，更没有曾雍荪来住过。后来，搬到南洋桥、民厚里、德顺里86号（今4号），再后来搬入德顺里84号，曾雍荪也从未在这里住过。"

曾雍荪说，李强为瑞金苏维埃政府组装的无线电收发报机做好后，是由曾雍荪"护送到十六铺长江轮（船）码头转出"。李强批注："绝没有的事。"

曾雍荪说："因顾顺章在汉口演魔术中被捕叛变，李强等急需离开上海去苏联，缺少经费，我曾协助筹集。"李强批注："我离上海去苏联，当时曾雍荪不知道。既没有代送沈菊芳和借钱的事，我全用党的钱做路费的，搬回常熟的运费是我自己的钱……

李强诚恳地对曾雍荪说，贤侄啊，历史自有本来面目，不是随便讲讲就可以改变的。我知道，能否恢复党籍对你的政治生命很重要，对实际生活也会产生影响。但恢复党籍有标准，脱党的人不能随便恢复政治名分，这是党的组织原则。你参加过大革命，见证过这段历史。我们牺牲了多少人！想想他们，你一定就能想宽了。我们虽是叔侄，但你不能因为这层关系就要求组织上给你什么，我也不能因为你是我侄子就不讲原则。至于生活上的困难，我来帮你，这是亲情。我们一言为定好吧！

正如李强所言，他始终没为曾雍荪打过招呼，但在生活上时时接济他。曾雍荪从北京回到常熟后，心态变得恬淡平和，也再未找人为自己说情。1994年，曾雍荪去世。两年后，李强过世。琴川河畔的小屋见证了叔侄俩的革命青春。70多年后，两人的人生又都在虞山的怀抱中落幕。

1984年，第一部反映中共常熟党史的《常熟人民革命斗争史》完成了重要章节初稿的编撰。李强得悉后给负责撰稿的常熟革命文史征集办公室寄去亲笔书写的书名题签，再次强调一定要立准史料，要调查得清楚又清楚，一般要有两个人的证明才能成立。没有两个人的证明怎么办？就应在旁边注明"这一段只有我知道"。

李强一丝不苟的治史精神值得今天的人们认真学习。

讲到为史正名，就不得不再次提及陆定一。

陆定一与李强结缘于五卅运动。当时，陆定一是上海南洋大学学生代表，李强是上海南洋路矿学校学生、上海学联代表。两人常去上海大学听瞿秋白等人的演讲，都积极参加了五卅运动，也都在那个时期加入共青团、共产党。20 世纪 80 年代，李强与陆定一就许多重要史实进行过核实。1988 年，陆定一给李强写了一封信，内容如下：

李强同志：

夏采喜，你熟悉么？他本名夏清祺，在交通大学，比我低一个年级。功课极好，常考第一名。1926 年夏被开除，因此未毕业。后来做党的地下工作。1933 年，他是特科的负责人。以后，据康生告我，他被派到苏联学习，死于苏联"肃反"。显然是冤枉的。但他的许多事情。我不知道。据说他有一女，在上海。

你能（或者组织别人）为他写一个传，或者发表，或者交给"中共党史研究室革命烈士传编辑委员会"（地址：北京平安里三号），那我就非常感谢您了。专此敬祝

健安

陆定一
1988.4.9 北京医院

信中所提"夏采喜"即夏采曦，1932 年进入中央特科，曾与潘汉年等人一起担任中央特科负责人。1933 年被捕，他侥幸逃脱后进入中央苏区。1934 年参加长征。1935 年，在长征途中奉命前往苏联学习。据说后来死于苏共的"大清洗"。

由于种种原因，夏采曦的史料一直被"雪藏"，这使 82 岁的陆定一寝食难安，在病中仍念念不忘，就把为夏采曦正名的任务交给了李强。陆定一的信里流露出焦灼、无奈的心情，也展现着共产党人的执着。实际上李强与夏采曦并非同一时期在中央特科工作，也不认识他。但李强还是将陆定一的信转交给他认为会和自己一样对历史负责的有关部门。遗憾的是直到李强去世，他也没得到回音。

　　李强与中共隐蔽战线其他共产党员的家庭背景、教育环境、成长经历并不完全相同。但在周恩来的领导下，他和他们一样逐步领悟到隐蔽战线斗争的真正含义，在恶劣环境中接受了对心理素质及抗恶劣环境能力的最严峻考验。

　　2017 年，唯一健在的中共隐蔽战线老战士、百岁老人姚子健曾感慨地说："那时候入党，危险啊！"当时的斗争环境确实太残酷。极高的淘汰率犹如大浪淘沙，只有最坚定的人才能坚持到最后。

　　在最坚定的特科人中，有不少是知识分子，如李强、陈赓、张沈川、李克农、钱壮飞、胡底、陈养山、潘汉年、李得钊、刘鼎等。他们以知识分子特有的理性，在复杂凶险的社会环境中领悟人类发展运行规律，自觉放弃优渥生活，建立了深刻的历史自觉。

　　在最坚定的特科人中，也有相当一部分是工人出身，如张浩、李剑如、谭忠余、陈寿昌、毛齐华、李士英、杨福林、邝惠安及其部下等等。他们拼着性命战斗，始终在最危险的时刻，冲向最危险的地方，完成最危险的任务。

　　不管是什么阶级出身，也不管在怎样艰难的时刻，真正的特科人坚守初心，义无反顾追随共产党，无怨无悔服从共产党。他们不为官，不为财，却以纯粹的情感、无与伦比的意志和炼石成金的智慧，像一把把锋利的匕首刺向敌人的心脏。

　　剑自丹心来。忠诚是它的风骨，信念是它的魂魄，特科人在血与火的打磨与淬炼下，将自己锻造成共产党人的匕首之刃，成为共产党隐蔽战线的精英，成为中华民族的榜样。

第六章　在科学的旗帜下

红色热土

根据中共中央安排，李强于 1931 年 4 月底自上海启程前往苏联。共产国际提供了一笔经费，要求他秘密抵达天津，在那里等候"黄皮本"（护照）。在离开上海前，机警的李强先到码头进行了一番侦察。

当时的长江口外停泊了许多外国军舰，那些猎猎飘扬的洋舰旗要多刺眼就有多刺眼，此起彼伏的鸣笛声要多刺耳就有多刺耳。马路上，疾驰而过的洋牌汽车里坐着大腹便便的外国显贵，踏板上站着的是一袭黑衣、束腰扎裤脚，依仗洋人耀武扬威的华人保镖。车轮溅起的泥水扑向匆匆赶路的中国人。

这一切深深刺痛了李强。他感慨自己将从任人欺凌的祖国奔向世界上第一个社会主义国家的首都，从内心深处发出了坚定的誓言："祖国，我一定会回来的！"

几天后，李强坐着一辆豪车来到码头。此刻，他是"曾宗达"，买的是头等舱船票，加上穿西服、戴礼帽，鼻梁上架着金丝眼镜，连手指甲都保养得特别精致的那副模样，活脱脱一个江南阔少的本色出演。他未受到任何盘查，径直登上了一艘英国轮船。

船出吴淞口北上，浩瀚的大海时而平静，时而掀起海浪。李强有时在甲板上晒太阳，有时倚栏观海，看似饶有兴趣，实则绷紧了神经。他是在观察周围环境，并反复默诵蔡叔厚告诉他的联系办法。

临行前，李强悄悄去了绍敦电机公司马路对面的一条弄堂，在一间石库门底楼的门上轻敲了几下。蔡叔厚将门打开一条缝，一把将李强拉了进去，又侧耳听听门外确无异常，才松开他的手。

顾顺章叛变后，蔡叔厚奉命立即隐蔽，此后就一直住在这里。仿佛是隔了一个世纪未见，现在李强与蔡叔厚四目相对，好一阵都没说话。李强刚要开口，蔡叔厚就低声说，不用说了，我都知道了。他轻声叮嘱李强，前往莫斯科路途遥远，要在天津转哈尔滨，目前天津情况很危险，一定要多加小心！

看李强神色凝重，蔡叔厚说，我在天津有一些亲戚，我就是在那里出生的。说罢从一个小本子上扯下一张纸，疾笔写了一行字递给李强，要李强到天津后照着纸条上的地址与他的亲戚联系。李强默念一遍记住了地址，将纸条递还蔡叔厚，看着他烧掉。

蔡叔厚问李强到了哈尔滨打算怎么办，李强想了想说，准备去找在哈尔滨海关供职的小学同学周奎。蔡叔厚意味深长地笑了笑没说话，向李强伸出双手。李强知道该走了，低头不语。蔡叔厚的眼眶也湿润了，他仰着头使劲眨了眨眼睛。两人依依惜别，都不知道何时才能再见面……

英国轮船的汽笛声将李强拉回现实，他收回思绪抬头远望，远处隐约已显现出一条浅浅的海岸线——塘沽到了。下船登岸，再登船，次日上午抵天津。码头上布满了荷枪实弹的国民党军警，被笼罩在一片肃杀的气氛之中。后来李强才知道，半个多月前，中共顺直省委书记徐兰芝被捕叛变，省委、省委军委、共青团省委都被破坏了，连继任省委书记陈原道也被捕了，顺直省委被迫迁到北平。可就在几天前，刚成立的顺直省委再次被破坏，前前后后被捕的同志已达数十人！

李强不敢停留，叫了一辆黄包车直奔劝业场，融入了熙熙攘攘的人群。他双手拎着些七七八八的文玩土货、大小纸包出了劝业场。又叫了一辆黄包车，按照他最擅长的"脱梢"之术继续转街，直到天擦黑了才在组织上事先指定的一家旅馆住下。李强立即照蔡叔厚纸条上的地址给他的亲戚寄出了信。蔡叔厚的亲戚是天津纱厂的一个工程师，在当地有不少关系，由于当时中德贸易关系密切，他与德国驻天津领事馆的联系也较多。李强在旅馆里与这位匆匆赶来的工程师见了面，接下来就是闭门不出的漫长等待。

　　一天深夜，李强听见门外有不易察觉的窸窸窣窣的声音，赶紧起身下床，见门缝下塞进来一个信封。他轻开房门环顾四周，整条走廊静悄悄的空无一人。李强迅速关门打开信封，里面就是他等待多日的那本护照。20世纪二三十年代的共产国际设有专门机关制作前往世界各国的护照，其逼真程度足可以假乱真。李强在天津就是等共产国际通过秘密渠道将赶制好的护照带来。这本护照上标明，持照人是"张振声"，职业为"经商"。

　　在蔡叔厚亲戚的帮助下，李强顺利办理签证，并购买了前往德国柏林的火车票。由于当时中苏关系紧张，李强不仅无法直接办理签证去苏联，还有可能在办理过程中引起敌人注意，因此，共产国际为李强设计了一条路线，即从哈尔滨乘坐国际列车前往柏林，中途在莫斯科下车。这条铁路因票价昂贵，购票手续烦琐以及中国境内盘查严苛，所以鲜有中国人问津。但越是"灯下黑"的地方越安全，火车进入苏联境内后完全处于苏共控制之下，剩下的事就靠"张振声"随机应变了。

　　1931年6月13日，李强从天津启程，两天后到达哈尔滨。

　　哈尔滨，20世纪二三十年代远东最大的鸦片走私中心。无数中国人、朝鲜人被鸦片贩子组织起来在滨海地区的乌苏里原始森林中种植罂粟、制造鸦片初级品。鸦片通常被藏在火车的车头、餐车或车厢里，经中东铁路由苏联运到中国哈尔滨。为了获得通行便利，鸦片贩子预付给海关官员、铁路员工、警察一笔数额不菲的"放行费"，使其乐于将鸦片运抵哈尔滨进行"分驳"，然后继续南下。到了目的地，鸦片便可成倍加价出售。

　　哈尔滨的交通枢纽地位还引来帝国主义列强的间谍在此角力，将矛头指向红色苏联。针锋相对的是，苏联始终在这场旷日持久的情报战中占据着主角地位，其情报首脑机关就设在苏联驻哈尔滨领事馆内，并同中共哈尔滨党组织保持密切联系。

　　李强经多年地下工作的磨砺，自然不会贸然与当地党组织和任何情报机关发生联系。他下了火车直奔苏联领事馆办理签证，接着就去找周奎。九年前，因一篇抨击封建礼教的作文被杭州宗文中学除名，正值李强万分沮丧时，是周奎举荐他去上海南洋路矿学校读书。李强未完成学业就走上了职业革命者的道路，周奎毕业后在哈尔滨海关谋了份差事，天南地北的两个同学只在春节回乡时偶有往来。

此次相见，周奎仍是那副古道热肠。别看李强已改头换面叫"张振声"，他却一个字也不打听，只是给满洲里海关打了招呼，并在李强的行李箱上画了一个粉笔圈符号。

火车鸣笛，徐徐启动，直到驶离哈尔滨很远，李强才略微松了一口气。周奎没来送李强，但李强知道，他肯定在远处注视着自己。火车顶着黑暗前行，黑丝绒般的天幕上却是一片星光闪烁。本就不多的旅客都进入了梦乡，列车通道里无人走动，只有车轮碾压轨道发出的有节奏的响声。

春末的北方之夜乍暖还寒。李强靠在卧铺上，下意识地将毛毯向上拉了拉。在同祖国深情告别之际，他愈发想念与同志们并肩战斗的岁月，也想起家人。经历过紧急状态下的隐蔽与"静默"，他的心境已相当平静，只是母亲和妻儿仍让他牵肠挂肚。避祸莫斯科实属迫不得已，但学习新知识却是他孜孜不倦的追求。然而一旦真的远离亲人了，时代的呼唤与亲情的牵绊还是翻来覆去地敲打心房。李强一遍遍重复着在吴淞口面对大海发出的誓言为自己打气，心情有了些许起伏，就像车窗外不断闪过的黑黝黝的山影。

火车疾驰一昼夜到了满洲里，李强顺利通关。出满洲里往北几百米，有一座小小的界碑隔开了中国与苏联。正值经济危机席卷全球之时，界碑那面却一枝独秀地显示着社会主义的优越性。李强见证了苏联经济的蓬勃发展和人民生活水平的迅速提高，其旅途体验比此前赴莫斯科的中国留学生好得太多！

比如，铁路运输条件已大为改善，燃料充足，车速加快。沿途车站不再是堆积如山的木柴，但仍充满清新甘甜的气息。再有，每到一站，站台上都有身着俄罗斯民族服装的青年弹奏欢快的舞曲，老妇人兜售煮鸡蛋和酸黄瓜。从穿着打扮、表情和肤色来看，他们的生活已明显改观。

李强在赤塔换乘另一趟列车再次启程，车厢在车轮的响声中晃动，窗外是郁郁葱葱的森林和沃野。驶过贝加尔湖时是绕着南岸行进，深不可测的黑色水面上，层层涟漪像银色的线条争先恐后向岸边涌来。远处的湖水变成宝石般的蓝色，让人陷入无边的遐想。

穿过一个个隧洞和一片片翠绿，火车到达伊尔库茨克。这里会合了从满洲里和海参崴分别发来的列车，站台上可买到闻名世界的贝加尔湖鱼干，咀嚼时齿颊留香，也留住了好心情。当车轮披着春色前行到伏尔加河的上游时，李强隐约看到了莫斯科工厂的烟囱。

火车终于到达雅罗斯拉夫尔车站。李强提箱子下车，深深呼吸了一口新鲜空气。环境虽陌生，却给人以难得的安宁，他这才恍然大悟，原来周奎在他行李箱上画的记号一直在暗中起着护身符作用。这个神出鬼没的周奎，看似漫不经心，却总在最需要时出现。还有深藏不露的老大哥蔡叔厚，尽管李强与他很熟，但并不了解他的身世，他在紧急避险期间为帮助自己而显示的种种"预感"与"神通"，也使李强感到惊奇。

这都不是虚拟情节，而是真实的境遇。难道，周奎与蔡叔厚是另一条战线上的同志？李强被自己的想法震惊了，不过他很快收拾感慨，抖擞精神，叫来一辆马车，直奔共产国际驻莫斯科总部。

共产国际自1919年设立后，就一直在国际共运中扮演着"世界党"领导者的角色，其职能是"加强各国共产党在意识形态、政治上、组织上的威力，把它们变成能够对革命运动施加决定性影响和对夺取政权的革命斗争进行领导的群众性组织"，并按照苏俄布尔什维克党的模式改造和巩固各国共产党的领导地位。共产国际的国际联络局建有庞大的秘密运作系统，以保持与各国共产党的联络，并在共产国际总部气势宏伟的办公楼里设专门机构接待中国同志。

李强把护照和车票交给共产国际接待人员。他被告知，在莫斯科，他是"工程师"张振声。又被询问在莫斯科认识谁。李强答：李立三。

很快，李立三就来了。李强喜出望外。李强在上海担任共青团曹家渡部委书记时曾多次邀请李立三给青年干部讲课。那时的李立三是何等意气风发！每当他走进课堂，都会在年轻的听众里引起一阵骚动。每当下课，他都被热烈的掌声送到教室门口，又被经久不息的掌声拽住。于是李立三走回来对着听者认真而谦恭地鞠一躬，再出去。后来，只要忆起五卅运动，李强就会想到这位身材颀长、密发蓬松、双眼炯炯有神，极受人民爱戴的工运领袖。

李立三见到并肩战斗过的小兄弟很热情，把他接到共产国际宿舍柳克斯公寓，给了一些生活费，叮嘱说先住下，工作以后再说，就匆匆走了。看得出来，李立三情绪不高。后来李强才知，李立三四个月前就来到苏联，他因"左"倾冒险主义错误受到批评，共产国际对他已不再信任，他对自己以后的工作任务都不清楚，自然也很难再为李强做具体安排。

转眼到了 11 月初，王明也来到莫斯科。他已被中共中央任命为驻共产国际代表，并被共产国际执委会特批为共产国际执委会政治书记处成员。现在的王明底气十足，与在上海时如惊弓之鸟的那番情景已判若两人。

以李强的敏感，很快就觉察到周围同志对他有一种避之唯恐不及的态度。顾顺章叛变后，陈寿昌在通知李强紧急转移时曾告诉他，周恩来根据李强的特长，决定派他赴苏联学习深造[1]，叫他到苏联后要在莫斯科东方大学好好学习，将来回国效力。东方大学是当时苏联最高级别的党校，是专门培养苏俄东方民族和亚洲各国革命干部的新型政治学校。中共党员、共青团员凡是被派到苏联的，不管是

李强 1931 年在苏联

① 见薛幸福文稿《一枝一叶总关情——李强与周恩来的革命情谊》。

工人还是知识分子，都进入东方大学深造。可李强来莫斯科这么长时间了一直闲着，这是为什么？

就在心中的疑惑越积越多时，李强接通知到苏联人民邮电委员会下属的电台报到，具体工作是对尚未正式批准生产的仪器进行测试。尽管这是普通工人的工作，但李强干得很认真，因为总比闲待着强。只是，传到他耳朵里的风言风语更多了，同志们欲言又止地暗示他，之所以没让他进东方大学，是位高权重的王明从中阻挠。

"王明对我根本就不信任！"这是李强的第一感觉。心仪已久的东方大学对李强关上大门，使他有种强烈的挫折感。而党的高级领导对自己的不信任，则给他带来了锥心之痛。

就在1931年的1月1日，王明曾将他写的《为中共更加布尔塞维克化而斗争》小册子在中央机关散发，猛烈攻击中共中央领导。同日，罗章龙等人开会通过《全总党团决议》，要求停止中央政治局职权，声称"对于在党的历次错误中负有严重错误主要责任的周恩来、瞿秋白、李立三同志（均是不堪教育的与学习的）应执行铁的纪律，立即离开指导机关，照章予以组织上严厉的制裁"。

王明强力扩散高层分歧，罗章龙要"严厉制裁"周恩来、瞿秋白，不仅使瞿秋白、周恩来难以正常工作，还在基层党员中造成严重的思想混乱。然而在中共六届四中全会上，内外交困的周恩来在检讨对"立三路线"犯下的"调和主义"错误时，仍然苦口婆心强调党的团结统一。顾顺章叛变后，周恩来临危受命处置变局，主动承担责任，不顾个人安危坚持斗争。

这个弯子太大，让人很痛苦，但李强还是转过来了。他要求自己像周恩来那样克制自己、相忍为党，绝不能让内心的敏感毁了信念，更不能做对不起党和人民的事。既然到了电台，暂且安心工作，这不仅出于无奈，还出于理性。

自此，他将本名"曾培洪"改为"李强"，以示三军可夺帅，匹夫却不可夺志的强毅之气。

路漫漫其修远兮。李强全身心投入科学研究工作。

不久，李强被分配到苏联邮电人民委员会通信科学研究院工作。除了吃饭和每天三四个小时的睡眠，他把自己完全埋进了书本，任凭支离的树影随日升日落在明亮的窗户上移动，他的心境却澄澈而沉静。走在错综交叉错四通八达的大街小道上，仰视宏伟的教堂和高高刺向天空的尖顶，他感叹无量时空里人的生命渺小而短暂，决心将那些无稽之谈抛到脑后，专心致志争分夺秒学习新知识。

　　李强以其深厚的英文底子迅速进入专业领域的学习。他积极参加各种学术活动，别人在会议间隙喝咖啡，他抓紧时间与专家交流。李强的外语水平远超同时期的中国留学生。当时的中国留学生学知识是先英译俄、再俄译中，好比拐了两道弯，而李强可以直接从阅读外国学术论文中获益。他尤为重视英美国家学术界的优秀论文。读论文使他掌握了全球无线电理论和实践的发展情况，在论文目录中还可找到适合中国实际的题目进行再思考。

　　掌握一种外语已属不易，李强不仅精通英文，现在又学会了俄语，后来还学了德语。他对学习外语很有激情，这固然与天资有关，但最重要的是他始终被"学以致用"的目的所激励。他学外语的内生动力不是为了在异国生根，而是为了离开，有朝一日能够实现救国图强的理想。后来他回到延安，曾在军工局兵工厂放映苏联电影时充当了一把解说员，其"同声传译"的水平使不懂俄语、不知电影为何物的职工和陕北老乡欣赏了一部高水平苏联电影，也使他本人颇有成就感。

　　李强年纪轻轻就掌握数门外语，这使他终生受益。多年后他深有感触地说，年龄大了学外语困难一点，大概30岁到40岁的时候还可学好，但讲出来人家听不懂。我的孩子30多岁了，"文化大革命"前初中毕业，"文化大革命"后同我一样自学。年龄大了讲英文不容易，但不要紧，就这个样子也得学！此为后话。

　　这时的苏联，第一个五年计划已实施了三年。苏联人民以巨大的热情掀起社会主义劳动竞赛新高潮，"技术决定一切"的口号深入人心。苏联经济发展之快，令挣扎于经济危机中的资本主义国家瞠目结舌。在这样的大背景下，共产国际为了加强同各国共产党的联系，决定举办训练班，培养一批国际无线电技术人才。

1932 年，李强被调到共产国际交通部的一个秘密机关，那里刚成立了一个专为中共培养无线电技术人员的训练班。学员主要是东北抗联各支队年轻的游击队员，是杨靖宇的部下。他们常在中苏边境打游击，被敌人追得无路可走时就跑到苏联这边来了。训练班上还有一些学员分别来自英国、美国、德国、南斯拉夫、芬兰和捷克斯洛伐克。

李强担任教员，教授数学、物理和无线电基础理论等课程。他以莫斯科东方大学为鉴，下功夫研究如何开展教学。四年前东方大学的教材内容严重脱离中国革命实际，引起中国留学生的强烈不满。加上四一二反革命政变后校方始终回避对最紧迫的中国大革命失败教训进行探讨，曾有一百多名中国留学生列队前往共产国际总部请愿，使苏共和中共高层深感震惊。

李强认为，共产国际无线电训练班首要的问题是选择适当的教学语言。由于不同国籍的学员间无法交流，所以，不论用俄文还是中文讲课都须翻译，如同隔靴搔痒，不仅难以避免译者的个人感情倾向，还易导致内容走样，最好的办法是直接用英文讲授。于是，他抓紧复习英语口语，很快就可用流利的英文讲课了，可谓胜任愉快。

李强还认为，无线电训练班必须坚持理论与实际相结合，课程设置必须围绕"学以致用"展开。这不仅是方法问题，还涉及"方针"。鉴此，他在讲基础理论时，总是致力于提高学员的实际能力。就像当年在上海秘密开办无线电训练班那样，李强在共产国际无线电训练班教室里也安装了小型机器和工作台，让学员们自己动手加工无线电零件。这引起了学员们的极大兴趣，很快就能掌握无线电技术基本要领，两三个月便可学成回国。

"李强公式"

李强的为人处世和教学方法获得了各国学员的普遍好评，其中有个叫段子俊的中国学员尤对他有好感。据《历史天空的红色电波》一书作者张进考证，段子俊又名段玉明，1913 年出生，河南济源人，1936 年加入共产党。1932年被中共河南省委推荐到上海党中央任地下交通员，受党派遣入莫斯科列宁学院学习并转入共产国际交通部无线电学校学习无线电通信工程。

段子俊学习刻苦，三个月后语言就过关了。不久，他被调到共产国际的外围组织"国际革命战士救济会"工作，同时兼做翻译。或许是因为同在共产国际机关工作的缘故，王明对段子俊很热情。有一次，段子俊和李春田（据李强回忆，李春田绰号"老太爷"，是个农民党员——笔者注）到王明那里汇报工作，王明为表示信任，特意向他俩透露了一个"秘密"，说此前来到莫斯科的"张工程师"与顾顺章来往密切，是顾顺章的死党，对他不能信任，不能让他上东方大学，也不能让他回国，他回去是要叛变革命的。

当时段子俊、李春田很吃惊，因为两人都不认识"张工程师"，也不明白为什么王明会在他俩面前讲起他。后来段子俊再没见到王明，就把这些疑问埋在心里。进入共产国际无线电训练班后，段子俊、李春田才知授课的中国教员就是王明说的那个"张工程师"。段子俊就把王明说的话原原本本告诉了"张工程师"。

李强对王明的"逻辑"极为不满——与顾顺章有密切工作关系＝顾顺章死党＝叛变革命——如果以此划线，那么中央特科情报科的陈赓、无线电通讯科的张沈川、行动科的谭忠余等人都可划到顾顺章一边。那可是一批忠心为党的革命勇士啊，为了保卫中央领导的安全，他们能豁得出性命！

这是李强一生中最沮丧的日子。

当时，在莫斯科，李强被王明排斥是公开的秘密。无端受排挤的境遇令李强痛苦，甚至有种窒息的感觉。

李强很争气。他把自己从党内混沌中拎出来，以顽强的毅力在教学工作中磨砺自己、丰富自己，增加"学术气"。一再碰壁并未使李强消沉，他只是变得更加机警，更加慎言了。

祸福相依，有失有得。李强远离令人生厌的政治纷扰，却获得了专注于教学创新的机会。他"学以致用"的教学思想和教学实践取得了优异成果，得到共产国际的赞许。以后凡开设无线电训练班都请他授课，一教就是三年。

李强教了几批学生，最后一期于1934年毕业。李强结束教学，回到苏联邮电人民委员会通信科学研究院。通信科学研究院是苏联研制无线电设备的专门机构。李强对研制无线电并不陌生。他在上海研制过中共第一部收发报机，功率只有50瓦，后来又研制过250瓦的发报机。但在莫斯科，他从资料上看到日本能生产100千瓦电台，苏联人已生产出装有十几个电子管的500千瓦电台，中共电台与其不在一个量级上。当李强亲手触摸到苏联制造的一人多高的电子管时，暗下决心要造出世界上最好的电台！

李强在上海南洋路矿学校上学时学过测量学，从他知道人类赖以生存的地球是个球体之后，就引发出对平面测量和大地测量两种功能以及球面三角不同于平面三角的巨大兴趣；从他知道无线电必须通过定向天线的接续转发才能抵达目的地之后，更是引发出运用高等数学计算无线电轨迹和功率的巨大兴趣。现在，他终于可以心无旁骛搞科研了。

20世纪30年代的苏联，科学家受到广泛的尊重，享有重要的社会地位和良好的生活待遇，即使在经济最困难时期，政府给予科学家的物质保障也比普通百姓要优厚得多。比如，科学家每人每天可在"特供点"里买五个面包，外出讲课可获额外报酬，教授为撰写毕业论文的大学生做顾问每小时还可另外取酬20卢布，等等。

在科研方面，苏联的科研人员也有相当不错的保障环境，每人每年可获40美元用于购买外文图书，研究所安排专人帮助科研人员整理国外报纸杂志摘要，科研人员中的共产党员每周只开一小时"政治"会，不必承担其他"政治"任务，能够集中精力搞研究。

宽松的政治环境和良好的科研氛围造就了一大批卓有成就的苏联科学家。他们以辩证法和唯物论哲学作为研究自然科学的指导思想，以数量庞大的科研成果支撑起强大的工业基础、军事力量和惊人的经济发展速度。这些都给李强留下了深刻的印象。

苏联的邮电事业也在这个时期获得了长足发展，仅以1931年与1928年相比，信件、包裹、报纸和电报投递量的增长比例就分别达到115%、

135%、157% 和 197%，电话网覆盖面的增长速度为 66%，电报传输时间缩短 50%，邮电工作总体效率提高了 13%。

在莫斯科、顿巴斯、乌拉尔等城市里，所有的工业经营单位都已普及了电话。在偏远的西伯利亚农村，原本目不识丁的农民都能看《农民日报》，还学会了与其在红军中的儿子通信，从无线电收音机里收听新闻、农业知识讲座以及柴可夫斯基作曲的美妙音乐。

社会主义苏联的一派新气象对李强而言真是闻所未闻，使他大开眼界，为后来回国建设人民无线电通信和广播事业给予了基础性的启示。

1937 年，共产国际又安排一批来自中国和其他国家的学员接受无线电技术培训，李强回到共产国际无线电训练班继续授课。他搞了一部小机床，教学员制作零配件，既给训练班节约开支，又增强了学员的动手能力，他自己的车工活也做得更加娴熟。培训班附近有个木材加工厂，李强常在课余时间去那里学木匠活。训练班常放电影，李强一边帮放映员工作，一边学放映技术。李强成了一个名副其实的多面手。后来回到延安，他是陕甘宁边区的兼职放映员，放映机坏了，就在简陋车床上车出零件予以替换。除此之外，他的照相、冲洗等技能也在延安派上了用场。

李强在苏联通信科学研究院工作期间最大的成就是独立完成了《发信菱形天线》论文。

事业需要加上个人爱好，李强研究无线电天线具有不竭的动力。他发现通信科学研究院的阅览室里有很多科技书籍和刊物，其中仅英、美两国的无线电杂志就有六七种。他借来阅读，紧密跟踪最前沿的科技信息。

李强在一本英文杂志上注意到一篇关于美国科学家制造发信菱形天线的报道，立即抓住不放深入研究。当时尚无任何科学家发表论证菱形天线的文章。当李强看到美国科学家虽试制了菱形天线，但只有实验结果，没有理论分析，他兴致勃勃地想，那就让我这个中国人用数学分析的方法来解决这个世界性难题吧！

李强像一名不畏艰险的斗士，向深奥的数学王国发起了进攻。他"啃食"高深的数学概念，一边演算，一边进行理论分析，细心捕捉电子和电磁波集中时的痕迹与途径。运算、推导、分析，不知熬过多少不眠之夜，一天 24 小时，李强用上了"六分之七"。后来他曾回忆说：

　　我那时是拿出五分之六甚至六分之七的时间工作，也就是说连星期天也搭上，这就是六分之七。研究工作没有八小时工作概念，我工作起来经常忘记时间，一两天不睡觉 ①。

　　一年之后，李强完成了题为《发信菱形天线》的论文。他以大量计算公式肯定了行波不辐射与菱形天线的行波辐射并不矛盾，断定菱形天线的行波为"类行波"，不是真正的行波。他推导出各种发射耗阻、电力增益、行波衰减及辐射特性等基本公式，首次证实了水平发信菱形天线的方向特性和辐射耗阻的计算方法。因为这种天线有非谐振性（非周期性）的特点，所以能使用宽广的波带，包括日间和夜间的波长，无须经过调配手段。它还能供几部非整倍数波长发射机同时发射，经济上十分划算。

　　当时苏联的研究人员有个共同特点就是能看得懂英文版的论文，但不会发音。而李强会讲俄文，不会用俄文写论文，他是用全英文撰写自己的论文的。李强的组长是个乌克兰专家，他不会讲英文，但擅长英译俄。1935 年，这位乌克兰专家将李强的论文译成俄文发表，立刻在苏联无线电学界引起轰动。

　　苏联政府非常重视李强的科研成果，认为该论文从理论和实践上对推动科技应用发展发挥了重要作用。根据该公式，哪怕是一部小小的无线电台，只要有适当类型的天线使电波集中，就可从中国将电讯直接发射到美国。

　　李强的论文被作为专册正式出版，书名为《电学的分析天线》，还被作为通信科学研究院出版局的《天线之电气计算》汇刊第一篇公开刊登。李强本人被苏联邮电人民委员会通信科学研究院破格由工程师提拔为研究员。苏联政府以李强的名字命名其研究成果，称之为"李强公式"。李强成为当时苏联最著名的七位无线电专家之一，其名字被收入苏联百科词典。

　　新中国成立后，1951 年，李强的发信菱形天线理论及计算获颁"范旭东

――――――――――
① 参见 1985 年以来李强的多次谈话，张瑞玲记录，薛幸福整理誊写。

先生纪念荣誉奖章奖金"，华东电信出版社电信建设丛书《电信建设》第五专册发表了《发信菱形天线》中文版。

范旭东被誉为"中国重工业之父"，"范旭东先生纪念荣誉奖章奖金"是当时中国民族工业无可比拟的权威奖项，《电信建设》是当时中国最具权威的业界刊物之一。之所以将这么重要的奖项给予李强，不仅是因为发信菱形天线理论及计算公式补齐了国际菱形天线理论研究的重要短板，更重要的是，论文中的所有数据都在苏联邮电人民委员会通信科学研究院的长途及短途通信试验所里完成了试验，结果与理论研究相符。所以，在《发信菱形天线》正式出版的五个章节中，数学公式和图形就占 90% 以上的篇幅。

李强在该书的出版前言中写道："1935 年到今天已十五年了。十五年中，无线电技术飞跃猛进，但菱形天线与德律风根式天线成为今日远距离越洋短波通信的主要的、最有用的两种发射天线，其他形式的天线已逐渐淘汰。另外，今天虽则菱形天线应用如此广泛，但像本文一类的理论文章还是不多。所以，还有价值把它译出来发表，以供研究天线的同志们参考。"

李强有关电信的著作《发信菱形天线》

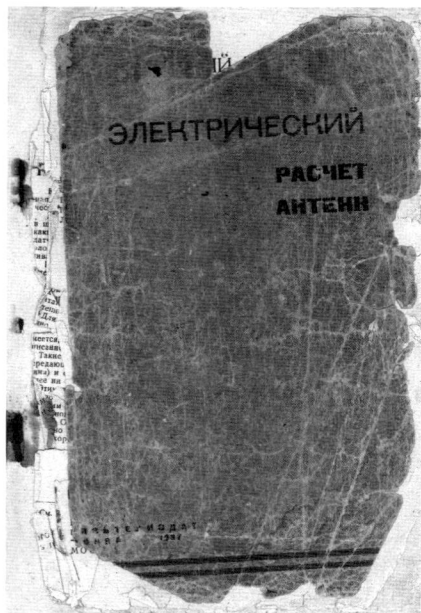

《天线之电器计算》俄文版封面

　　李强对发信菱形天线理论研究的重要突破，尤其是关于发信菱形天线与双极天线相比较所得的电子增益（即方向指数）以及天线衰减常数的定法（这些理论不论在苏联还是在别的国家，都还没有被专家论述过）的发明，使菱形天线在全球的使用获得了广阔的前景。李强因其重要的科研成果，在 1955 年 6 月召开的中国科学院学部大会被推选为技术科学部学部委员（1993 年后改称"院士"）并兼任中科院第一任电子研究所所长。

　　李强没有拿过西方国家的硕士、博士学位，却获得了苏联和中国的学术界最高荣誉称号，并成为新中国第一批学部委员和为数不多的院士部长，乃是真正的科学家。

　　实际上，与李强的名字相联系的有两个公式："李强公式"是以物理、数学的概念和符号为构成要素的自然科学公式。李强还倡导并践行了一个建立在理想信念基础之上的革命公式，这就是"尊重科学，讲究实际"的行为模式。

　　此刻，再来论及个人命运中祸福相依的辩证关系，人们又有了一个颇具说服力的案例。

　　科研成果是国运之镜。"李强公式"为苏联的科研水平做了注脚，也向人们传递了中国知识分子的人格理想和行为风范。自从进入上海南洋路矿学校读书，他就在心里深植下科学的种子。在大革命洪流中，国共两党曾派遣大批青年去苏俄学习，当时李强羡慕之极，却因工作需要没有走出国门。

　　在异国他乡的科海探秘中，李强心中的英雄主义情怀被再度激起。他凭借长期积淀的学习品质，在新领域创造新业绩，助力科学进步。在他看来，这与在隐蔽战线的斗争一样，也是一份责任。此刻，李强切身体会到周恩来让他到苏联学习的苦心以及周恩来对中华民族长远发展的深切关注，心里充满感激和敬佩。

　　苏联尊重知识分子的举国体制使李强深有感触。他回国后，只要有机会就强调尊重和信任知识分子的必要性。"文化大革命"后中国实行改革开放，李强以亲身经历为例，多次公开介绍苏联经验，认为苏联共产党知识分子政策不"左"，中国在使用技术人员的问题上也应反对"左"的那一套。退休后，李强仍旧强调尊重和信任知识分子、改善其工作生活条件，让他们更好地为"四化"建设服务。他曾说：

> 莫斯科不是白色恐怖下的上海，这里有和平的阳光，有宽大的资料室，有世界现代化的无线电技术；这些都是我在上海时梦寐以求的。在上海特科，为了安全，我经常需要变换身份，有时是工人，有时是学生，有时是生意人，而在莫斯科，我的身份很明确：是工程师和研究员，受到苏联人的尊敬[①]。

李强将自己能写出论文的一部分原因归功于当时苏联的知识分子政策。他说，苏联专门搞军火、搞重工业，人民生活并不太好，但对知识分子的待遇还是很优异的。我回国时还捐给他们好几百卢布，因为我一个月挣不少钱。苏联非常重视知识分子，给知识分子解决入党、工作条件和生活待遇问题，经济待遇相当高。我那个时候是最舒服的时候，才写得出论文。

李强对 20 世纪 80 年代中期中国知识分子待遇低、任务重，超负荷运转情况相当同情。他认为应该给科学家解决实际困难，让他去发展，用他的才。而真正专心于科学的人脑子里想的，工作是第一位，生活是第二位。生活不能没有，但光是把生活放在第一位，那这个科学家就不对了，他就不忠于科学了。

1984 年底，李强去江苏的苏南一带就落实知识分子政策进行调研。当时，苏南是落实知识分子政策比较好的地区，但仍然存在住房紧张、待遇偏低以及得不到充分信任等问题。李强在调研报告中呼吁："知识分子家里起码要有一间没有老人、小孩的房子供其学习、研究才好。"他认为这不是苛刻要求，但不易做到，一旦做到了，会在知识分子心中迸发出为苏南发展而奋力拼搏的热力。

---

① 参见紫丁：《李强传》，人民出版社 2004 年版，第 89 页。

1985 年 5 月，李强在听取湖北省科委副主任沙汉亭和湖北省科技干部局副局长张怀平汇报科技干部工作时，再次提及他所亲身感知的苏联政府给予知识分子的优厚待遇，他说：

我 1931—1937 年在苏联工作了六年半，待遇就比较高。当时苏联实行新经济政策，经济基础很薄弱。但他们对知识分子很尊重，在待遇上给予照顾，还规定科技人员在工作时间以外可以兼职，所得收入归己。一开始，我在苏联共产国际教无线电课，每天讲两小时课，两小时以外的，增加工资。如果上三个小时课，就多给半天工资。星期天不休息，发两倍的工资。那时，我一个月可拿两个多月的工资。到通信科学院工作后，还给创造了更多的条件，订了很多书、杂志和资料。新到的（研究员）由翻译人员先搞个摘要，如果你看不懂，还给翻译出来。当时，苏联一般居民住房比较差，但对科技人员很照顾。当了研究员的，家里都有一个工作间。由于苏联政府为科技人员创造了优越条件，科技人员热情很高，夜以继日地工作，使那时的技术进步很快①。

在李强看来，中华民族要自立于世界民族之林，没有知识分子不行，所以，自力更生培养科技人才是事关国家前途命运的大事；一定要给知识分子创造好的条件，只有他们一心一意扑在工作上，才能多出成果，出好成果，拿出有世界水平的东西来。

"坚持到底"

1937 年 7 月 7 日，中国全面抗战爆发。

抗日烽火四起，祖国处于危亡之中，远在莫斯科的李强忧心如焚。无论是课堂，还是实验室，他都待不下去，多次向上级请求回国参战，但均

① 《李强文存（1924—1994）》，李延明整理，中共常熟市委党史工作办公室 2002 年印，第 219 页。

未获批准。11月，在莫斯科治伤的中共中央政治局委员王稼祥接替王明担任中共驻共产国际代表，他一走马上任立即着手纠正因王明制造莫须有罪名酿成的一件件"冤案"。不久，李强被批准回国，可想而知李强的心情有多么激动。

离开祖国六年多，魂牵梦绕是故乡。每逢苏联节日，他都朝着祖国的方向默默倾诉。得知红军长征落脚陕北，他又是欢喜又是愁，想念着那些被派往根据地搞无线电的年轻学员们，他们是绝地重生了，还是在中途倒下了？

身边是和平，前方是战争。李强来不及同德国籍妻子道别就出发了，只带走了她亲手编织、作为他30岁生日礼物的一件毛衣。

在共产国际工作期间，李强与一位德国籍女同事相恋。但这段跨国婚姻仅维持了四五年就因战争而不得不结束。后来，李强再未得到有关她的任何消息。12年后，1949年，李强代表新中国赴莫斯科签订中苏通邮通电协议，曾打听过她的下落。得知她居住的地区已在战争中被夷为平地，李强黯然神伤，从此将与她有关的全部记忆都锁进了心底。

1937年12月，李强与共产国际最后一期无线电训练班学员张培成、武文波等十几人一同踏上回国之路。由于日本军队严密封锁了中国与苏联接壤的东北边境，并控制了漫长的中蒙边境，李强他们不得不耗时三个多月，绕远从阿拉木图进入中国新疆，再转赴陕北。正因中国全面抗战爆发后已初步形成第二次国共合作的氛围，李强和大批中共人员才能从苏联返回中国。李强曾详细回忆了这个艰难曲折的过程，他说：

我们是1937年12月12日乘火车离开莫斯科的，坐了五六天的火车，才到了阿拉木图，下车时已是半夜。我们在火车站吃了饭，还吃了当地产的大红苹果。阿拉木图本是"苹果城"的意思，这里产的苹果又大又甜、水分很多。在阿拉木图休息了几个小时后，我们继续乘车，又行驶七八个小时，晚上抵达苏联境内的撒拉奥瑞克，在这里换乘汽车，走了100多公里，才到达中苏边境的苏方边防站。下车后，护送我们的苏联同志就回去了。我们向前走不远，过了一条小河，到了我国国境，见到了我国的边防军。我们又坐上汽车走了三天，才到新疆首府迪化，即现在的乌鲁木齐市。正值隆冬，天气无比寒冷，由于汽车里的冷却水管在座位下面，所以汽车里还算暖和。我们在迪化要等飞机才能到达内地，在此住了一个多月，由当时的新疆督办盛世才接待我们。盛世才同我党的关系当时比较密切，1936 年到 1937 年初，中共中央派陈云等进疆做迎接西路军的准备工作。1937 年 5 月，李先念等率西路军余部进疆。此后盛世才与我党的接触日渐频繁。抗日战争爆发后，他表示赞同中共的统战政策，要求派更多的中共党员到新疆工作。为促进中苏友好合作，团结盛世才共同抗日，并确保抗战时重要交通线的畅通，1937 年我党与盛世才正式建立统战关系，在迪化设立了八路军驻新疆办事处，这时候的形势对于我们这些人还是有利的。1941 年后，盛世才疯狂反苏、反共，我党在新疆的领导人陈潭秋、毛泽民、林基路都被他秘密杀害，并株连了上千名无辜的同志及干部家属。盛世才在 40 年代至 1949 年一直投靠蒋介石，1949 年以后去了台湾，仍然大肆反共，1970 年病死于台湾①。

在乌鲁木齐滞留了一个多月，终于盼来一架苏联重型轰炸机。那是一种老式轰炸机，四台发动机、水冷式，机舱只能容七八个人，其他人都要钻进两侧机翼里面去。机翼高度有限，得坐下才能抬起头来。李强他们和十几个赶赴武汉的苏联军人坐在机翼里升上天空，震耳欲聋的引擎轰鸣和狂风呼啸被压进耳膜，眼睛上方就是被漆布蒙皮隔开的天空。李强回忆说：

起飞前要加灌热水，到了目的地又要把剩余的水放掉，不然飞机一结冰就别想再飞了。就这样，四个发动机也很不容易发动，一个发动机需要一个小时才能发动起来，因此，飞机从迪化飞到吐鲁番就用了一天，晚上又

① 参见 1985 年以来李强的多次谈话，张瑞玲记录，薛幸福整理誊写。

要放水，防止结冰。第二天飞到了新疆与甘肃交界的安西，到星星峡又停下来加了油。第三天飞到了甘肃肃州县。因为飞机的轮子坏了，又修了一天的轮子，第四天才飞到了兰州[1]。

越往东飞，战争氛围越浓。正值国共合作之际，李强见证了苏联援华的大批抗日武器源源不断地运往内地和前线。他回忆说：

一路上，我们和苏联人住在一起，接待我们的是国民党当局的接待站。当时是西安事变以后，国共第二次合作时期，实际上也只有在这个时候我们才能大批地从苏联回国。到兰州的第二天，苏联人与我们分开了，他们继续乘轰炸机去了武汉。我们十几个人租了几辆私人运物品的大卡车又出发了。我们每到一处都有接待站。当时苏联支援我们不少的武器弹药也都通过接待站运往内地和前线。这样，我们坐了两天的汽车才到达了陕西省的省会西安[2]。

在西安七贤庄八路军驻西安办事处，李强遇到前来接待他们的老熟人伍云甫和严朴。

伍云甫是李强和张沈川的学生，1930年在中央特科上海无线电训练班结业后奉命到中央苏区组建无线电台，此时任八路军西安办事处处长，负责统战和联络工作。严朴是江苏无锡人，1925年参加共产党，五卅运动期间与李强相识。严朴家里是大地主，1928年，他带领农民没收了自家的土地、财产，然后跑出去参加游击队。1934年，严朴参加长征，途中赴苏联学习，比李强稍早回国。

老友重逢，无比感慨。两天后，李强等人乘汽车去了延安。

1938年3月中旬的一天，延安王家坪。李强在一间窑洞外双脚并拢立正报告。李强在苏联时曾在布琼尼的骑兵部队当兵锻炼，现在回到国内，他的队列动作仍像以前一样做得一丝不苟。

窑洞里是中央军委参谋长兼军工局局长滕代远。他曾任中共驻共产国

---

① 参见1985年以来李强的多次谈话，张瑞玲记录，薛幸福整理誊写。
② 参见1985年以来李强的多次谈话，张瑞玲记录，薛幸福整理誊写。

际代表，比李强早回国两个月。他告诉李强，为适应抗日战争需要，中央军委重新组建了军事工业局，同时组建军委三局（无线电通讯局）。鉴于李强是工科大学生，早年搞过炸药、手榴弹和无线电，担任过中央特科无线电通讯科科长以及在菱形天线研究方面的成就，组织上决定让他和王诤担任军工局副局长，由他主持全面工作，同时任命李强为军委三局副局长，兼顾无线电建设事业的开展。

　　李强担心自己对国内解放区的情况不熟悉，恐难胜任。但滕代远从李强研制炸药、手榴弹开言，意即他的"军工"资历已有十几年了。滕代远长期在红军做政治思想工作，从这个角度说服李强，使李强感到自己不好再坚持"恐难胜任"。滕代远说，军工局肩负重任，要靠白手起家发展军工生产。

1940 年左右李强（右）在延安任军委三局副局长时与
王子纲（左）、王诤（中）在一起

　　李强举手敬礼，掷地有声地说："坚决完成任务！"这个军礼标志着像当初奉周恩来之命研制无线电收发报机那样，李强再次进入了一个全新领域，也标志着陕甘宁边区军工局在极其简陋条件下的全面启动。

　　陕甘宁边区没有汽车和可供汽车行驶的道路，军工局为李强配备了一匹大青马，后来添了一匹枣红马也给他用，还派来四川籍老红军侯子才担任马夫。老侯把两匹马侍弄得膘肥体壮，加上修剪整齐的鬃毛和马脖子上挂的编织新巧的红穗头和铜铃铛，帅极了。李强上中学时就会骑马，在布琼尼将军麾下骑术又有长进。晚年的他还给孩子们表演在苏联当骑兵时如何从上铺跳到地上，双脚插入裹脚布，以计秒速度踏进马靴。

现在，只要李强将左脚一踏上马镫，高大威武的大青马就像离弦的箭冲向前方。不必担心他被甩下来，因为人马一体，所有动作都一气呵成。每当李强拍拍大青马的脖子说："征马踏北风啊，伙计！"大青马就仰起头，把铃铛甩得叮咚响。枣红马温顺耐劳擅走山路颇通人性，每当李强抚摸它时，它就眨眨眼，轻叩着马蹄回应。李强常牵着两匹马"散步"，他看大青马和枣红马的眼神充满友情。

1940 年左右在延安军工局

李强跟同志们一样吃小米和黑豆饭、住土窑洞，只是他的军服是一水儿"苏联制造"，尤其是那套挺阔考究的呢制军装和那双擦得锃亮的马靴，使刚到延安的他与穿着五花八门土布军装的其他八路军干部显得

▶匕首之刃
————李强传

不一样。后来，他也是一身灰布军装了，从内到外都与高天厚土融为一体了。

在延安，李强心情愉快，彻底放下了长期压在心底的苦闷。仿佛是印证他的轻松心情，边区发展也如春风解冻，朝气蓬勃的气氛感染着每个人。然而，现实中的困难却与人们的愉悦心情形成巨大反差，摆在眼面前的就是军工局的家底实在太薄！

陕甘宁边区地瘠民贫资源缺乏，没有任何工业基础。唯一像样的柳树店兵工厂只有十几人，全部家当就是一部五马力柴油机带动的两部车床，一台由人力摇大轮子带动的立铣和一台钻床。在既少机器、原料，又少人才的情况下发展军事工业，困难重重。

1940 年 10 月，朱德总司令（左四）出席在延安王家坪召开的军工生产会议。参加会议的有李涛（左一）、叶剑英（左二）、叶季壮（左六）、李强（左七）

全面抗战爆发后，柳树店兵工厂在短时间内聚来了一个百十来人的年轻群体，他们是老红军、八路军战士以及从上海、山西、河南、四川等地来延安的技术工人、边区手工业工人和农民等等，平均年龄 23 岁左右，最小的只有 14 岁。人员拥挤，加上国民党飞机轰炸，很不利于柳树店兵工厂的隐蔽和安全生产。1938 年 4 月，中央军委将兵工厂迁到离延安 36 公里的安塞县茶坊镇。兵工厂的干部为延安军工画上的第一抹底色是长征精神，李强曾回忆说：

（老红军）张永励是兵工厂的政委，搬家时要过延河（修路），虽然已是阳春三月，河中的水仍然寒冷刺骨。工人们有点为难，张永励见此情景毫不犹豫脱下鞋子、挽起裤脚，第一个跳进水中。工人们都跟着跳下水，把路很快修好，圆满完成了搬家任务[①]。

新建的茶坊兵工厂建在大石洞里，洞顶安装天轴，洞口安装动力机、砂轮机和钻床，几个石窝充作管理用房和钳工房。在洞外修围墙围成院子，盖几间场房给红炉班、引擎班、铆工班和冶金班使用。茶坊兵工厂在石洞里一驻就是九年，奠定了中央军委在陕甘宁边区发展军事工业的基础。

军工局的隶属关系几经变化，先后隶属中央军委、总后勤部和陕甘宁晋绥联防军司令部，后来归边区政府管辖。但万变不离其宗，其宗旨始终聚焦于发展军工生产，保卫党中央，保卫边区。

敌后游击战对边区军工有着急迫的需求。1937 年 10 月 22 日，毛泽东、张国焘、萧劲光曾致电周恩来、朱德、彭德怀、任弼时，提出增设兵工厂的问题，指出："我们必须在一年内增加步枪一万支；主要方法是自己制造；请你们立即开始用一切方法在山西弄到一部造枪机器及若干造枪工人，准备在延长设立兵工厂造枪，并造土枪亦好……"[②]

1938 年 7 月，八路军第一二九师缴获了三部"新机器"，师长刘伯承致电中央拟送两部。毛泽东复电："兵工机器请速送延。"同年 10 月，

---

① 1985 年以来李强的多次谈话，张瑞玲记录，薛幸福整理誊写。
② 1944 年 5 月 25 日《陕甘宁边区工厂职工代表大会宣言》，原载 1944 年 7 月 30 日《解放日报》。

毛泽东在中共六届六中全会上指出："游击战争的军火接济是一个极重要的问题。一方面，大后方尽可能地接济他们；又一方面，每个游击战争根据地都必须尽量设法建立小的兵工厂，办到自制弹药、步枪、手榴弹等的程度使游击战争无军火缺乏之虞。"全会通过的政治决议案还提出，要"提高军事技术，建立必要的军火工厂，准备反攻实力"[1]。

巧妇难为无米之炊。尽管原上海利用五金厂厂长沈鸿从上海千辛万苦带来 11 部机器设备和一部分原材料，但远不能满足兵工厂自制"弹药、步枪、手榴弹"，达到"无军火缺乏之虞"的目的。李强决定亲赴西安购买机器设备和原材料。

李强和扮作随行医生的沈鸿从延安启程，通过了国民党沿途驻军岗哨的盘查到达西安。在八路军西安办事处的帮助下，李强他们在西门内附近的一家机器厂定做了 10 部车床，在其他地方购买了 30 支步枪以及铜铁、硫酸和铅锭等原材料。后来，李强又两次赴西安购买原材料。

有一次，厂方把机器造成了，但受国民党当局指示拒不交货。八路军副总指挥彭德怀正巧路过西安，得知后立即与国民党当局严正交涉。国民党当局理屈词穷，只好放行。

在西安购买的机器比较粗糙，须整修后才能使用。但毕竟买到了，可缓解燃眉之急。抗日战争进入战略相持阶段后，蒋介石在陕甘宁边区周围修筑了绵延千里的五道封锁线。随着军事、经济封锁的日益加深，不仅边区财力日渐枯竭，而且李强从西安购买机器、原材料的渠道也基本上断了。

1938 年底，李强在窑洞里下达造枪动员令。兵工厂的同志们不分昼夜连续奋战，终于在 1939 年 4 月 25 日生产出陕甘宁边区第一支七九式步枪（又名无名式马步枪），迈出了自力更生、奋发图强、从无到有的第一步。1939 年 5 月，在延安第一届工业展览会上，毛泽东把这支枪拿在手中掂了掂、试了试，又瞄了瞄，他兴奋不已的神情给李强留下深刻的

---

① 薛幸福主编：《革命根据地军工史料丛书·陕甘宁边区》，兵器工业出版社 1990 年版，第 11—14 页。

印象，因为八路军终于用上自己生产的步枪了！

　　要造更多的机器枪炮，首要条件是为造机器枪炮的人创造条件。令李强感慨不已的是，抗战初期，一批具有强烈爱国热忱，掌握一定科技理论的专家通过公开或秘密渠道，从中国的大城市或国外来到陕甘宁边区。他们宁愿放弃稳定的职业和丰厚的收入，为的是在共产党领导下参加救亡图存的战斗。如自学成才的沈鸿，学化学的钱志道、林华，学冶金的徐驰，以及郑汉涛、陆达、江泽民（注：1903年出生，四川江津人，1989年去世）、梁松方、刘咸一、肖洤、王立、祁俊等，李强都量才而用、委以重任，极力主张让知识分子有职有权，能充分施展才华，还要提高待遇。这事说来简单做不易，但李强做到了。先来看沈鸿的故事。

1944年5月，李强、沈鸿、宋庭良（右起）在延安

　　沈鸿是浙江宁海人，1906年出生，13岁当学徒。他酷爱机器，每一台冰冷的机器在他眼里都是有温度的生命体。1931年冬，沈鸿在上海创办"利用五金厂"生产弹子锁，一举打破了美国耶勒公司对中国市场的垄断。淞沪会战后，沈鸿将11部机器打包装船踏上了悲壮的内迁之路。最终，在内迁的148家上海企业中，有121家工厂、1500名技术工人和5000吨物资到达武汉，另有二十几家工厂连人带设备葬身途中。

　　历尽千辛万苦到了武汉，沈鸿看到的是国民政府的官员只顾自保，无人过问中国工业的惨痛损失，以及国军大溃败、赤子报国无门，国家处处显露出一副败象，他失望至极。恰逢八路军平型关大捷的消息传到武汉，老百姓欢呼雀跃，沈鸿怦然心动，遂在好友陈振夏引荐下联系八路军武汉办事处。在钱之光主任的劝说下，沈鸿率领八名工人押运机器经西安转赴延安，很快被任命为茶坊兵工厂总工程师。

就在沈鸿大展拳脚时，"抢救运动"开始了，沈鸿受到冲击，一度心灰意冷想离开延安。李强得知后极力劝说沈鸿留下来。近半个世纪后，李强回忆道：

他（沈鸿）到茶坊不久，有些同志在"左"的思想影响下，出于不理解，硬说沈鸿是资本家，是国民党的人，甚至在墙上以大字报标语方式写着："资本家的机器，资本家的工厂"，所采取的一些做法使沈鸿很难堪，一度心灰意冷想离开延安。沈鸿把想法告诉我，我极力劝阻，并告诉他："我相信你，留在延安继续工作，不要理他们这些人！"①

李强对沈鸿的遭遇感同身受。如果任思绪飞扬，最痛苦的那个心结会再次从李强的记忆深处跳出来，但党性使然、责任使然，他不能抱怨，更不能像"黄牛肩胛"（上海方言，意即该担责任时却溜了）那样，任由沈鸿抱着希望来，带着失望走。

李强与沈鸿坦诚相见：百年变乱和小鬼子的侵略造成了边区的一穷二白，但这种环境正是军工人精忠报国、推动技术进步的广阔天地。只要延安前途光明，个人就有光明前途。在我看来，人的身体好比兵工厂的机器，任何非议都是表象，如同机器的"技术层面"，只要这里不垮掉（李强指了指自己的心脏），外界就很难毁掉它，因为其"核心功能"就俩字——互信。我相信你，留在延安继续工作吧，不要理他们这些人！

为了挽留沈鸿，李强四处奔走，向人们娓娓道来：边区的"工业困境"是无法凭空洞口号解决问题的。在共产党连生存都很困难的延安，

① 参见 1985 年以来李强的多次谈话，张瑞玲记录，薛幸福整理誊写。

正需要技术人员和各种物资，沈鸿愿意留下来为抗日出力难能可贵，是爱国进步的表现，共产党人怎能排斥像沈鸿这样拥护共产党、积极投身革命并有一技之长的好同志呢？

李强到处为沈鸿讲公道话，此事惊动了毛泽东。1942年冬，毛泽东在窑洞里接见沈鸿，鼓励他好好工作。毛泽东的真诚，李强的仗义执言和坚决果断的"保护性"措施，使沈鸿深受感动，决心留下来为边区军工技术进步发挥作用。实践证明李强做对了——沈鸿将毕生精力献给了人民，献给了党的事业。

沈鸿和军工局一厂的职工夜以继日奋战数月，利用他带到延安的11部机器制造出40台（套）造枪设备，整整装备了一个造枪厂。前线修械所急需搬迁方便的小型机器，李强立即与沈鸿商量办法。1939年，沈鸿设计出一套具有平铣床、锉刀机、钻床、车床四种功能的轻便机器，只有2.5英尺长，两匹骡子就能驮走，既便于转移，又利于生产，是一个名副其实的骡背上的修械所。后来沈鸿又造了30套同样的机器，深受前方将士的欢迎。

心情变了，苦难也成了风景。沈鸿感到自己像一棵小树，从黄土地下集聚巨大能量，勇敢地向上延伸枝条，自由呼吸、沐浴阳光。他没日没夜地推导、计算，攻克了一道道技术难题。当抗日战争胜利的礼花腾空升起时，他已用母机制造出134种近千台（套）专用机器设备，供军工局子弹厂、迫击炮厂、枪厂、火药厂和前方游动修械厂，以及边区制药、医疗器械、造纸、印刷、造币、化工、炼铁、炼焦、玻璃、石油等工厂使用，不仅发展了陕甘宁边区的军事工业，还支援了边区的其他工业建设。

沈鸿成为陕甘宁边区机器制造业的奠基人。1944年5月，沈鸿获颁边区"特等劳动模范"称号，毛泽东为他题词"无限忠诚"。毛泽东说："有工业家沈鸿先生自愿以其私有的10部（应为11部——笔者注）机器迁来边区，为八路军服务，沈先生亦来边区工作。从这时起，又有许多科学技术人员先后来边区工作，使得边区聚集了一批科学技术人才，作为建立工业的指导力量。"

　　动员沈鸿来延安的陈振夏原本是一位经验丰富的船员，月薪高达数百银元，在轮船公司很有地位。但他放弃这些，投奔了共产党。在延安，陈振夏被任命为延长石油厂厂长，带领职工艰苦创业恢复生产，不仅使延安大放光明，还出口石油支援抗战。陈振夏成了边区石油生产大功臣，1944 年被评为"特等劳动模范"，毛泽东为他题词"埋头苦干"。

　　毛泽东曾于 1944 年 5 月 26 日在《解放日报》上发表《发展工业，打倒日寇》一文，对沈鸿、陈振夏给予了高度评价，指出："全体工程师、厂长、工人们都向这方面努力，共产党员和非共产党员都向这方面努力，像沈鸿同志、陈振夏同志，他们都不是共产党员，但是他们的心和共产党员一样，都是为了打倒日本帝国主义而艰苦奋斗的。"毛泽东登高一呼，沈鸿和陈振夏的名字传遍各抗日根据地，成为边区知识分子的典范。

　　还有一个人的故事颇具传奇性，就是钱志道。

　　钱志道是浙江绍兴人，1910 年出生，浙江大学化学系的高才生，毕业后留校任教。后到南京应用化学研究所与太原理化研究所从事毒气和防毒面具研究工作，薪水待遇很高。全面抗战爆发后，钱志道放弃优渥的工作环境，给毛泽东写信自荐到延安搞军火化工。当钱志道接到毛泽东办公室秘书长李六如写的欢迎他到延安的复信后立即整装启程，于 1938 年 5 月底到达延安。

　　手榴弹是近敌杀敌的有力武器，但军工局生产的手榴

1944 年 5 月，钱志道、李强、邓发、沈鸿（左起）在一起

弹装填的是黑火药，爆速低，杀伤力小，不能满足作战需要。李强顶住压力，大胆任用从未见过火炸药工厂的钱志道主持建设紫芳沟化学厂。1943 年 9 月，紫芳沟化学厂建成投产。钱志道研制了一整套设备，用正规的机械化、半机械化方式生产出含氯很高的硝酸、硫酸、硝化甘油、硝化棉、双基发射药、氯酸钾等原材料，制造出四万多枚手榴弹，爆破力和威慑力较前有极大提高，为保卫党中央、保卫延安发挥了重要作用。

这是钱志道一生中最开心的时期，因为延安不仅有他施展才华的平台，军工局还有一个知人善任和敢于放手使用知识分子的李强。"士为知己者死"。钱志道甩开膀子大干，业绩斐然，成为陕甘宁边区基本化学工业的奠基人。1944 年，钱志道获颁陕甘宁边区"特等劳动模范"称号，毛泽东亲笔为他题词"热心制造"。

灰生铁是铸造机体、迫击炮和掷弹筒弹壳体的重要原料。军工局没有灰生铁，初期只能通过韧化处理白口生铁来解决问题。1944 年 5 月，军工局成立炼铁部，李强派清华大学地质系毕业的汪家宝等人勘探发现了适宜开采的铁矿、煤矿和耐火材料，立即组织采挖。再加上战场缴获和民间收购，积攒了一些炼铁原材料。

高炉是炼铁的关键设备，当时只有徐驰是小高炉设计的最佳人选，但他在"抢救运动"中被"隔离"了。徐驰是山东沂水人，1913 年出生，毕业于上海同济大学，1937 年底到延安，1938 年 3 月加入中国共产党，曾任军工局教育科科长。

李强冒着政治风险让徐驰"出来"任炼铁部工程师。徐驰以大局为重，毅然承担了设计制造高炉的任务。经过一年的艰苦奋战，徐驰设计的以木炭为燃料的现代化小高炉终于矗立在大砭沟的山坡上，年产量达 60 万斤。小高炉喷出的耀眼火花成为延安一景，前来观看的老百姓漫山遍野，欢呼声响彻山谷。在陕甘宁晋绥联防军司令军司令员兼西北财经委员会副主任贺龙的支持下，徐驰又帮助建设了"贺龙铁厂"，年产量约 64 万斤。在一年多一点时间里相继建成两座小铁厂，基本解决了边区军工生产的生铁供应，创造了边区军工奇迹。

1945 年 5 月，一个外国记者团被破例允许考察延安。美联社记者爱

泼斯坦采访后撰写了《中国共产党是些什么样的人？》一文，对边区知识
分子"高高兴兴"地用小高炉生产"高质量生铁"的情况作了生动描写。
文中写道：

　　边区工业中的技术人员来自全中国各地的学校和重要工业中心，因此我
们见到了在中央兵工厂长期工作的军火工人，从上海英资大工厂来的纺织工
程师，在不同的国家学习过的化学家和电气技师。然而这里没有冶金专家，
因此为兵工厂、机器厂和相当发达的农业机具工业生产生铁的一座高炉，由
一个三人小组管理，他们一个是机械工程师，一个是土木工程师，还有
一个是电气工程师，大家根据一本德文的冶金书来工作，然而只有一个人
懂德文。耐火材料给他们造成很多麻烦——第一个高炉烧穿了，只好拆了
重修，然后是冷却系统出了更多麻烦，只好再次拆掉。但是这些问题现在都
解决了，他们正在高高兴兴地生产高质量的生铁[①]。

　　李强还充分利用安塞县杨桥水力的自然特点，让北京农业大学（今中
国农业大学前身）毕业、1939年奔赴延安的乐天宇负责筹建杨桥水力厂。
与此同时，李强组织军工局一厂突击制造了36千瓦的发电机。杨桥水力
厂的建成填补了陕甘宁边区电力工业的空白，并为新中国的水利电力建设
提供了宝贵的经验。

　　李强珍惜人才、求贤若渴，还淋漓尽致地表现在对刘鼎的保护上。

　　刘鼎是四川南溪人，1902年1月出生，1923年加入中国社会主义
青年团，1924年赴德国勤工俭学，经朱德、孙炳文介绍转为中国共产党
党员。1926年至1928年在莫斯科东方大学和列宁格勒空军机械学校担任
过军事课翻译，其间系统地学习了兵器制造、爆破原理、无线电技术等
课程，具有丰富的理论知识和实际经验。

　　刘鼎曾于1931年因叛徒出卖在上海外滩公园被捕，被关押近一年后
出狱；又于1934年在国民党军第五次"围剿"中被俘，关押在江西九江

① 参见伊斯雷尔·爱泼斯坦：《突破封锁访延安——1944年的通讯和家书》，张扬等译，
人民日报出版社1995年版，第58页。

集中营。1943年6月底，在八路军总部军工部整风运动中，刘鼎因一次被捕、一次被俘的经历而成为头号"抢救"对象。

这使李强非常震惊！他与刘鼎曾两度共事，第一次是1929年刘鼎回国后到中央特科情报科工作，第二次是1940年刘鼎就任八路军总部军工部部长，两人在同一个系统战斗。

李强了解刘鼎。他悄悄通过特殊渠道搞清楚，当初刘鼎出狱是按康生决定、潘汉年拟定的计划假意接受敌人劝降。刘鼎识破敌人"放长线钓大鱼"的伎俩，出狱后摆脱特务跟踪找到了组织。在江西被关押期间，他帮助敌人修理汽车、水泵，取得了敌人的信任，趁机逃离战俘营，辗转抵达上海。刘鼎通过蔡叔厚结识了路易·艾黎，后被宋庆龄派往张学良所部。他向张学良宣传共产党的抗日救国和统一战线政策，受到张学良的信任，并委派他作为与共产党联系的代表，他才又找到了党组织。后来，刘鼎为团结抗日做了大量工作。毛泽东曾说："西安事变，刘鼎是有功的。"

为了给生死战友证明清白，更为了在民族危亡关头保护人才，李强立即给中央军委打报告，请求将刘鼎调军工局工作，但报告递上去半年多杳无音信。他就直接向中共中央社会部领导（康生任部长）和有关领导谈看法，有的甚至谈了多次。他从中央特科的工作特点和顾顺章叛变后周恩来处置危局谈起，讲明隐蔽战线斗争的残酷性；从组织上授权刘鼎假投降，讲明其出狱背景的复杂性；从刘鼎一次次地找党，讲明他的坚定信念和顽强意志。特别是从刘鼎擅长军工领域，讲明重用人才对边区军工的重要性和紧迫性，等等。

彭德怀得知后亲自找李强谈话，要他好好安慰刘鼎。李强极力推荐刘鼎。当被问及是否敢担责时，李强拍着胸脯说："这个人我在上海工作

刘鼎

时就晓得！"

彭德怀很重视李强的意见。不久，中央军委任命刘鼎为军工局副局长，协助李强工作。刘鼎是个性情中人。国民党特务的严刑逼供，离群孤雁般的四处漂泊，在"抢救运动"中被吊打关押，他都没落泪。但当他与李强紧握双手时，这个硬汉子却热泪盈眶。李强说："往后就好啦，我们一起干吧！"

1944 年 6 月，中共中央北方局责令八路军总部军工部立即纠正"抢救运动"中的问题。9 月，八路军总部调赖际发任军工部政委。赖际发宣布"抢救运动"中搞的"逼供信"材料必须推倒重新审查，对挨整的同志要一一做好甄别工作。12 月，八路军总部军工部整风学委会经过数月的审查和甄别，未查出任何干部职工是叛徒或特务，因此，即为挨整的同志们恢复名誉并赔礼道歉。

刘鼎"复出"后为人民兵工和新中国的国防事业立下了汗马功劳。"文化大革命"期间，刘鼎再度蒙冤。"文化大革命"后，李强多次要求中组部、三机部为他昭雪。1986 年 4 月，刘鼎获彻底平反。7 月，刘鼎逝世。第二年，李强公开发表《忆刘鼎同志》一文，称刘鼎是"我党历史上为数不多的具有特殊经历和事迹的传奇式人物"。

李强的撰文使人们了解到，当年，李强为了帮刘鼎弄清历史，通过特殊渠道查到了刘鼎被捕、被俘后的情况，从多方面证实刘鼎在恶劣复杂的环境中机智顽强地与敌斗争，为保卫中共中央和党的地下组织作出了重要贡献。

但李强始终没对别人讲过他是怎样从延安千里迢迢地查到国统区，没有讲过这条秘密渠道的来龙去脉。"文化大革命"后，为了推翻强加于刘鼎头上的"叛徒"罪名，李强还从有关部门调阅了"敌伪档案"，查看了刘鼎的"口供"。所有的资料都无可辩驳地证实了刘鼎对党的忠诚。李强在撰文中写道：

原三机部党组重新审查了刘鼎同志的历史，根据潘汉年同志被关押时为刘鼎同志写的有力的证明材料，以及与刘鼎同志一起被俘的人的证明，才终于查清了刘鼎同志被捕被俘的前后经过，从而彻底推翻了多年来给刘鼎同志定的叛徒罪名。我为帮助他弄清历史，曾看过他在敌人那里的口供。那些口供从多方面证实了，刘鼎同志在极其恶劣复杂的环境中，不畏难险，与敌人进行机智顽强的斗争，为保卫党中央和党的地下组织作出了特殊的贡献。对他的大智大勇，我和其他同志一直十分钦佩，他称得上是我党为数不多的具有特殊经历和事迹的传奇式人物[1]。

1991 年，耄耋之年的李强在回忆与自己有特殊工作联系的五个人时，再次提及刘鼎，称他为党内"很好的人才"。他说：

他（刘鼎）同我比较熟的，他回国后到上海我们就见过。他分配在特科二科工作。一九三一年被捕是三科王世德（"老先生"）出卖的……他在狱中与党还有秘密来往。潘汉年同志有指示给他，后来造了一些假的材料。国民党将刘鼎、郑家康、周天僇三个人放出并准备给点工作，结果，三个人三个样子。刘鼎马上逃到上海，先找蔡叔厚。蔡帮他找到艾利（新西兰人）（应为路易·艾黎——笔者注）。同时也找到了潘汉年。潘在（一九）六二年写了一篇很长的材料，我曾看过。西安事变中，张学良要找我们的人。刘鼎是比较合适的……毛主席也说，刘鼎在西安事变中有功的。郑家康放出后不找党，找了国民党的某一派的，与另一派有矛盾，二方在马路上互相枪击，被打死了。周天僇据说是参加托派，在解放前胡宗南逃走时派人用刺刀刺死了。只刘鼎又派到方志敏同志处当兵工厂（厂长）。五次"围剿"时被俘，他把别人修不好的汽车修好，得到了信任，给钱到九江去买零件。他跳上轮船到上海去了，又找到潘汉年。以后在延安当摩托学校校长，到晋冀鲁豫当军工部长。就是大家对他政治上不信，"抢救运动"中押送延安。彭总要我安慰安慰他。我同他相处很好。后来与我分开了。解放后，我们关系很好。"文革"时老问题又搬出来了。最后我又帮他要求中组部、三机部重新清理他的历史。最后得到彻底解决。可惜去世

---

① 参见吴殿尧：《刘鼎传》，中央文献出版社 2012 年版，第 501 页。

太早了。他是我们党内一位很好的人才①。

在陕甘宁边区军工局，李强喜欢跟知识分子交朋友的特点广为人知。他同他们肝胆相照，使他们感受到难得的尊重和平等，有心里话也愿同他讲。后来，他们中的许多人在"抢救运动"中受到伤害却没离开延安，这多少与李强在军工系统建立的历久弥坚的感情基础有关，与他从不用管部队的办法"管"技术人员有关。

李强为专家们配备的政治干部和行政人员从不干涉技术工作，也不负责监督技术，只管为专家解除后顾之忧。李强的做法引来很多非议，使他不得不顶着巨大压力工作。有感于此，沈鸿和钱志道致信毛泽东，对边区"管"技术人员的一些做法提出尖锐批评。毛泽东回信说："大作拜读，所提意见很好，已嘱所部遵照执行。"

1941年4月，中央军委发布《关于兵工建设的指示》强调："在兵工建设上，应注意收集专家，给予负责工作，如厂长、所长等，依延安经验，应以新来的、精通技术的干部为厂长，不设政委，另以老干部二人为副厂长，对技术工作不加干涉，也不负监督技术的责任，而只进行行政与政治工作，收效很大。"文件充分肯定了李强保护和重用技术干部的做法，使延安经验在各抗日根据地传播开来。

在延安，李强还与一群特殊的农民——穿军装的八路军和有"手艺"的农民——边区和外地来的工匠朝夕相处。李强虽未专门从事过农民运动，但作为江南学子，从他的父母亲人、家族成员，到小学、中学、大学同学，无不与农民有着千丝万缕的联系；作为职业革命者，李强在上海的棚户区里深入过无数工人的内心，而几乎所有的上海工人都是由失地农民转化而来。如果说，江南农民给李强打下了"底子"，那么从天南海北汇聚到陕甘宁边区的八路军和工匠们则给李强留下了一生中最为刻骨铭心的印象。

在八路军战士身上，李强感触到的是当年红军的长征精神，是一如既往的忠诚勇猛和绝境重生的英雄气概。以至于他这个吃了六年洋

---

① 参见1991年9月28日李强《所提五名同志与我工作上曾有关系》。

面包、一身"洋范儿"的苏联回国专家在后来的工作中特别强调要重用"土八路"，着实令人诧异。

1985 年李强重回延安，与老百姓亲切交谈

据杜牧平（解放战争时期曾任中共中央军委前委第四大队第二中队中队长）回忆，1948 年，他奉命前往河北井陉天户村参与建设新华广播电台，负责行政和调音工作。杜牧平 16 岁加入中国共产党，在中央军委通信学校仅学习了七个月无线电报务技术，担任中队长时才二十五六岁。播音室是政治性和专业性极强的重要岗位，杜牧平根本不懂电台调音技术，是"硬着头皮"服从组织安排的。

后来，他的战友、在军委三局工作的戴冬告诉他："播音室的工作，王诤局长原本安排了一位新到解放区的工程师，可李强局长不同意，他要一个'土八路'，这样就把你调来了。"[1] 杜牧平与李强素不相识，对李强

①　杜牧平：《中央支队的新闻通信》，中国人民解放军历史资料丛书编辑委员会：《中国人民解放军历史资料丛书——通信兵·回忆史料》（1），解放军出版社 1995 年版，第 485 页。

如何说服王诤，戴冬怎会知道这些事情，他也毫无所知。但李强对"土八路"的信任和器重使他备受鼓舞，他不懂就问勤学苦练，很快成为播音室技术能手。后来，"土八路"杜牧平随新华社奔赴北平接管北平的广播电台和通讯社，迎来了新中国的诞生。

延安还汇集了一大批质朴憨厚的本地和外地来的工匠。恶劣的生存环境激发出他们无穷无尽的生存智慧，从拥有一技之长，经年积淀而成为某一行当的领头人，赵占魁、刘贵福、孙云龙、王河海等人就是其中的优秀代表。还有在朱德的驳壳枪上刻字"八一南昌起义——朱德之用"的赵俊，校正枪管的能手郭际，雕镌银元模子的大师陈兰贵，锻工巧匠赵希海，等等，都引起李强的极大兴趣。

李强信任年轻的"土八路"，对工匠们的创造性劳动和高超技艺赞赏有加。由于他们和技术人员的共同发力，"因地制宜"地将最复杂深奥的分子式转化为极简的技术规范和流程，黄土高原上才能漫山遍野盛开红色军工之花。李强深受启发，后来在井陉建设新华广播电台天线工程中，他恭恭敬敬请来很多工匠，和技术人员一起让沾满泥土气息的"土办法"和外来的"洋理论"相互结合以解决难题，因陋就简地建成了空前规模的天线阵列。

作为军工局的领导，李强在与"土八路"和工匠们"结合"的同时，还有站位更高的战略思考和更接地气的举措。为长远计，李强高薪聘请精通造枪和制弹技术的工匠，采用老厂向新厂派技术专家、办训练班、重奖奇才异能者和贡献颇丰者等多种措施，培养出更多能掌握专业知识的八路军战士和边区手工业工人，使军工局成了人才辈出之地。

比如赵占魁，他原是太原工人，1938年到延安参加抗日并加入中国共产党，成为军工局第一兵工厂（农具工厂）的一名工人。他以主人翁的态度对待工作，技术上精益求精，工作上热心助人，面对艰苦繁重的任务始终冲锋在前。中共中央职工运动委员会、陕甘宁边区总工会广泛宣传他的事迹，在各根据地开展"赵占魁运动"，赵占魁成为中国工人阶级的一面旗帜，军工局实际上成了"赵占魁运动"的策源地。

面对陕甘宁边区被封锁和抗日前线的迫切需要，李强曾多次向厂领导许愿说："只要你们能生产出机器、武器弹药和各种需要的产品来，要什么条件我都设法保证！"他身体力行，说到做到。每当石油厂、被服厂、制药厂在生产中发生问题，他就和机关同志们一起参加研究解决。为了保证职工生活，他检查工作时总是先看食堂办得咋样，猪养得如何。在大生产运动中，军工局成立总生产委员会，组织大家利用业余时间大搞农副业生产，使军工局的技术人员和工人成为延安吃、穿最好的群体之一。李强还组织开展劳动竞赛、思想文化教育和文体活动，在军工局形成了团结奋斗的氛围。

战争与封锁倒逼李强调整军工布局，开展技术革新和强化管理。1939年4月，李强以茶坊兵工厂为基础成立一厂（负责造机器）、二厂（负责造步枪）和三厂（负责生产手榴弹、复装子弹并筹建火炸药厂）。几经改革，使边区军工局从一个小作坊起家，到1943年时已像细胞裂变似的发展成具有一定规模、功能各异、相互配套的八个工厂，有技术人员和工匠1300余人，生产手段从手工操作发展到使用机器设备，产品从修配武器发展到生产武器弹药，还大力发展民用产品，有力支援了边区经济建设。

1985年9月8日李强重回延安，在1939年4月军工局安塞县茶坊办公室、住处旧址前留影

据不完全统计，1939年至1943年，延安军工局生产各种枪支9758支，子弹220万发，手榴弹58万余枚，掷弹筒1500门，掷弹筒弹19.8万发，82迫击炮弹3.8万发，修理枪支逾万支，修炮四门，制造地雷上千万颗……①

在共产党的领导下，从苏联和西方国家学到的科学理论、从国统区带来的军工技术以及军工人的能动作用等军工诸要素发生了奇妙的化学反应，军工人靠自力更生艰苦奋斗走出了一条与国统区不同的军工发展道路。从此，工业革命的光芒照亮了黄土高原，边区军工跳出原始手工状态，进入机械化、半机械化工业时代，李强也在理论探索和生产实践中锻炼成军工领域的专家。

1944年5月，陕甘宁边区职工代表大会在延安召开，李强、沈鸿、钱志道、陈振夏、赵占魁、刘考生等获颁陕甘宁边区"特等劳动模范"称号。作为军工系统唯一被授予该荣誉称号的局级干部，李强在欢呼声中接过毛泽东为他亲笔手书"坚持到底"的题词（原件收藏于中央档案馆）。值得指出的是，与会代表共评选出八名特等劳动模范，军工局就占了六名。会议发表宣言说，"要学习军工局长李强同志，他领导、计划、布置、设计，并亲自动手，推动和帮助了边区重工业的各种主要发明"，对李强的工作给予了高度评价。

1944年5月陕甘宁边区职工代表大会名单，李强等获"特等劳动模范"称号

---

① 《军工局一九四四年副业生产、经费开支情况统计表》，原件收藏于陕西省档案馆，全总5号卷第356卷。

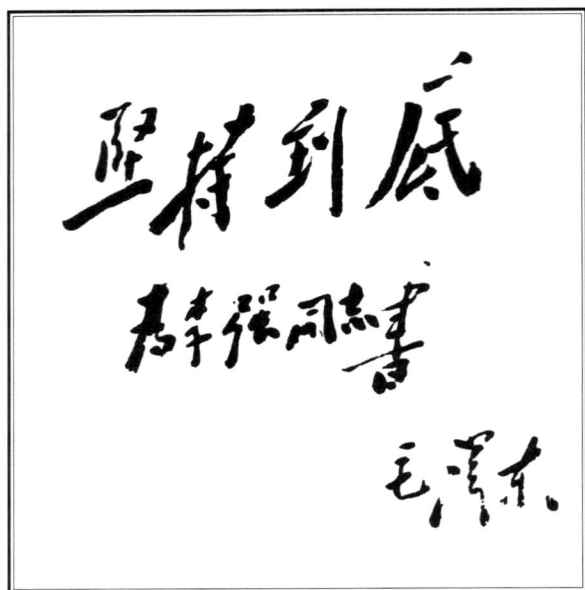

　　1944年5月，李强获陕甘宁边区"特等劳动模范"称号，毛泽东为他亲笔
题词：坚持到底

1985年李强重返延安，与刘柏罗在窑洞前

▶匕首之刃
　　——李强传

抗战胜利后，为适应由敌后游击战向大兵团作战的快速转变，李强组建兵器室（亦称技术室），主持成立了火炮学习组。参加者有王立、叶选平、卢克勤、刘柏罗、汤钊训、肖淦、吴陆青和吴小兰等，由李强亲自讲授火炮设计、膛内弹道学、膛外弹道学、空气动力学、炮弹的设计原理等课程。李强还组织领导并参加编写了《膛内外弹道初级函数表》《四一式山炮膛外弹道计算》等规范性文本，系统地总结工艺流程，精心计算各种数据并绘图、晒图分发给各解放区。这些宝贵的技术资料对新解放区军工建设发挥了重要作用。后来，兵器室试制出一批山炮、步兵炮和反坦克炮，对促进八路军从单一步兵扩展为包括炮兵在内的若干技术兵种作出了重要贡献。

半个世纪后，在中国人民纪念抗日战争胜利 55 周年时，李强在一次报告中再次以沈鸿等人为例，强调了革命知识分子在抗日根据地军工生产和科研中发挥的重要作用。他说：

抗战期间，我们为陕甘宁边区生产了机器设备一百多种近千台套。生产了大批的复装子弹、步枪、掷弹筒和掷弹筒弹、迫击炮弹、手榴弹、发射药和炸药，供应给前方的作战部队，为抗日战争的胜利作出了一定的贡献，也为以后新中国的军工事业培养了一批干部和专业技术人员。

沈鸿、钱志道、刘鼎、徐驰等革命知识分子在抗日根据地的军工生产和科研中发挥了重要的作用。1944 年，为了表彰这些同志的成绩，沈鸿、钱志道等同志和我还被评为边区特等劳动模范。当时，毛泽东同志为沈鸿手书了"无限忠诚"，为钱志道手书了"热心创造"，为我手书了"坚持到底"，鼓励我们继续战斗。

……今天，在纪念抗日战争胜利五十五周年的时候，回顾这些往事，不论是对我们还是对后人都有重要意义。只有记住我国遭受侵略的历史，才能使我们更加清楚地认识到富国强兵的必要。我们希望通过抗日战争史的教育，能够增强青年一代的爱国精神和革命精神，增强他们自力更生和艰苦奋斗的精神，使他们更好地为祖国贡献自己的力量①。

———————————

① 1995 年 7 月 13 日李强发言。

延安军工在中国军工史上具有重要地位。它不仅在战争条件下创造了工业奇迹，推动了技术进步与社会进步，还形成了伟大的"延安军工精神"，这就是坚定不移的共产主义理想信念，以挽救民族危亡为己任的爱国主义情怀，自力更生、艰苦奋斗的创业精神以及实事求是、讲究实际的科学态度。延安军工局创造了一段无比鲜活的历史，从这个名副其实的人才荟萃之地走出了以李强为代表的一批红色知识分子，如王立、毛远耀、叶选平、乐少华、卢克勤、刘鼎、刘咸一、刘子廉、刘柏罗、刘正栋、刘子谟、江泽民（注：1903 年出生，四川江津人，1989 年去世）、朱绍田、李颉伯、李大璋、张令彬、张明远、张永励、张俊、沈鸿、陆达、苏启胜、陈希文、吴生秀、郑汉涛、罗坦、林华、贾拓夫、钱志道、徐驰、曹广化、梁松方、崔群、章夷白、彭光伟、裴泽生等[1]。

新中国成立后，从军工局走出来的知识分子中，李强、沈鸿、钱志道、林华当选为中科院学部委员（院士）；另有三十多人在国家工业部门、解放军以及重点院校中挑大梁，担任部级干部或在军队中被授予中将以上军衔；担任厅（局）长、厂（所）长的就更多了。崔群、孙云龙、郭际、裴泽生等人先后进入外贸系统，再次同李强并肩战斗。

"锦上添花"与"雪中送炭"

1942 年春，围绕延安自然科学研究院的教育方针，曾发生过一场轰动了陕甘宁边区教育界和经济界的争论，李强被牵涉其中。

早在 1939 年 5 月，中共中央就决定创办自然科学研究院，由中央财政经济部部长李富春兼任院长，陈康白担任副院长，院址设在中央财政经济部院内。同年底，自然科学研究院改为自然科学院（今北京理工大学前身）。

---

① 1985 年以来李强的多次谈话，张瑞玲记录，薛幸福整理誊写。

　　1940年2月5日，在毛泽东、王明、康生、吴玉章等人及各界人士的发起和赞助之下，陕甘宁边区自然科学研究会在延安成立。各校师生代表和自然科学界代表1000多人出席成立大会，并推举蔡元培等人为名誉主席团，李强、陈康白等人为主席团成员，陈康白为主席团主席并致辞。

　　在雷鸣般的掌声中，毛泽东发表了重要演说，他指出：自然科学是人们争取自由的一种武装。人们为着要在社会上得到自由，就要用社会科学来了解社会，改造社会，进行社会革命；人们为着要在自然界里得到自由，就要用自然科学来了解自然，克服自然和改造自然，从自然里得到自由。

　　毛泽东认为，边区在共产党领导下进行了社会改造，改变了生产关系，因此，就有了改造自然的先决条件，生产力也就日渐发展了，这从边区的生产运动和农业、工业展览就可以看出来，说明边区现存制度有利于自然科学的发展。毛泽东说："边区经济是落后，但是干起来也更有意义，只要大家努力，一定可以改造成为一个更好的地方。"他号召大家都来研究自然科学，否则世界上就有许多不懂的东西，那就不算一个最好的革命者①。

　　在毛泽东的激励下，到1942年8月底，延安城南杜甫川的山坡上已建起50孔窑洞、30余间平房。9月10日，延安第一座理工科高等学府——自然科学院举行开学典礼并正式上课。由于李富春太忙，中共中央决定由徐特立（时任中央宣传部副部长）兼任院长。自然科学院设有物理系、化学系和地矿系，还建立了化学实验室、生物试验室、机械实习厂和化学实习厂。除副院长陈康白外，恽子强（恽代英之弟）、乐天宇、陆达、沈鸿、林华等人也在自然科学院任过教。

① 延安自然科学院史料编辑委员会编：《延安自然科学院史料》，中共党史资料出版社、北京工业学院出版社1986年版，第31—32页。

1942 年，李强（前右一）在延安聆听毛泽东在党的高级技术干部会议上的讲话。左一为朱德

  陈康白，原名陈运煌，1898 年出生，湖南长沙人，其父与徐特立是挚友。陈康白是徐特立的学生，1927 年毕业于厦门大学，曾任厦门大学、浙江大学教员和北京大学理学院研究员。1932 年赴德国哥廷根大学搞研究，1937 年回国，经徐特立介绍，奔赴延安参加革命，1938 年加入中国共产党[①]。陈康白看重边区石油资源，强烈主张进行大规模开采。一讲起如何组织采油和炼油，进而创办边区石油化工学院和建设边区大工业，陈康白就眉飞色舞、欲罢不能，其满腔爱国热忱和深厚的化学功底，令听者无不动容。

  自然科学院从筹建之日就伴随着种种争论。以陈康白为代表的一部分知识分子主张将自然科学院办成正规理工科大学，不差于国统区的同类大学。另一部分则认为边区经济条件落后，没有太复杂的科学技术问题，

---

① 参见延安自然科学院史料编辑委员会编：《延安自然科学院史料》，中共党史资料出版社、北京工业学院出版社 1986 年版，第 670 页。

也用不着高深理论，无须办大学。

自然科学院开学后，围绕着培养目标、科系设置和课程设置等具体问题，不同意见的争论愈发激烈。陈康白等人主张应培养具有理论基础的专门人才，科系和课程的设置应侧重理论教育。以自然科学院生物系主任乐天宇为代表的一部分教员认为应适应边区需要开办短期训练班，培养目标为初中级专业干部，在科系和课程设置应侧重实际应用；还认为陈康白的"学院式"教育模式不切合边区实际，是主观主义和教条主义；等等。

这场思想交锋还是有益于自然科学院的长远建设和发展的。但潮头浪尖上的知识分子往往难以把控自己的耿介或固执，其结果不仅使不同意见公开化，而且很快具有了火药味。恰逢整风运动前夕，这场争论就从边区教育界扩大到经济界，乃至引起中共中央领导的高度重视。

毛泽东不能容忍不切实际的夸夸其谈。早在中共中央决策军工建设时，就有人盲目主张搞"大军工"，幻想飞机满天、坦克遍地。毛泽东批评了这种不顾陕甘宁边区资源条件的说法，他不无幽默地说，我们连生产锄头的铁都很少，更不要说搞飞机、坦克了。

1938年10月，毛泽东在中共六届六中全会政治报告中第一次使用了"实事求是"的概念。1940年1月，毛泽东在《新民主主义论》一文中强调"科学的态度是实事求是"。1941年5月，毛泽东在阐释"实事求是"的内容时指出："'实事'就是客观存在着的一切事物，'是'就是客观事物的内部规律，即规律性，'求'就是我们去研究。我们要从国内外、省内外、区内外的实际情况出发，从其中引出其固有的而不是臆造的规律性，即找出周围事变的内部联系，作为我们行动的向导。"

1942年4月，中共中央部署在全党开展整风运动。5月，毛泽东在延安文艺座谈会上尖锐批评了鲁艺和自然科学院，说有些人严重忽视"普及"，不适当地强调了"提高"，指出："现在工农兵面前的问题，是他们正在和敌人作残酷的流血斗争，而他们由于长时期的封建阶级和资产阶级的统治，不识字，无文化，所以他们迫切要求一个普遍的启蒙运动，迫切要求得到他们所急需的和容易接受的文化知识和文艺作品，去提高他们的斗争热情和胜利信心，加强他们的团结，便于他们同心同德地去和敌人作斗争。对于他们，第一步需要还不是'锦上添花'，而是'雪中送炭'。"

毛泽东的批评在延安各界引起巨大反响。会后，延安文艺界和教育界立即开展整风学习。

李强是在边区报纸上看到关于自然科学院教育方针的争论的。他联想到自己白手起家在上海秘密研制炸药、手榴弹和无线电收发报机，以及开办训练班，培养无线电技术人才的经历，联想到在担任共产国际无线电训练班教员时采用的"学以致用"的教学方针，更联想到边区军工局正在一穷二白的基础上努力建设共产党自己的军工事业等情况，颇有感触。

同年11月9日，李强联名军工局的沈鸿、刘咸一、钱志道、江鹏、江泽民（注：1903年出生，四川江津人，1989年去世）、李大璋，在延安《解放日报》发表署名文章《自然科学教育与工业建设》[①]，深刻分析共产党人所处的战争与革命的环境，边区经济落后、人才匮乏以及由于国民党封锁而致边区缺乏必需设备等客观情况，批评了那种徒凭主观愿望，忘掉时代、忽视现实，样样想搞、件件显能的空想。

文章认为，边区自然科学院的教育方针值得检讨，自然科学院最大的缺陷是教学与实际脱离关系，空想将来和只顾眼前的两种偏向都应加以调整。自然科学院应将重点放在战时工业研究，打破经济封锁和加强干部培养方面。

文章指出："我们今天的条件有限，力量有限，以有限的条件和力量怎样做到'精'、怎样做得'简'，以符合目前党中央的政策，这是应该慎重考虑的。因此我们觉得今后应该力改好高骛远的现象，拿出实事求是的精神应付目前局面，打破难关，迎接将来……"

李强领衔署名的文章在边区各界引起强烈反响。但后来边区各种因

---

① 延安自然科学院史料编辑委员会：《延安自然科学院史料》，中共党史资料出版社、北京工业学院出版社1986年版，第160—164页。

▶匕首之刃
——李强传

素的相互作用与变化给予自然科学院的深远影响，以及中共中央将李强在这场争论中的态度作为日后任命他兼任自然科学院院长的考虑因素之一，等等，却是李强无论如何也不可能预见到的。

1942年12月，结合中共中央正在部署开展的精兵简政工作，毛泽东再次对"大发展计划"和"正规化"等问题公开表态。他在中共中央西北局高级干部会议上作了《经济问题与财政问题》的长篇报告，严厉批评了离开具体条件搞空洞的不切实际的大发展计划的冒险思想。在论及"精兵简政"政策时，他再次不点名地批评了"无益的'正规化'和文牍主义"等现象。

1943年3月，为了减轻人民负担，克服物质困难，适应边区的供养能力，中共中央政治局会议通过了《关于中央机构调整及精简的决定》。根据《决定》，陕甘宁边区先后经过三次大精简，使各级党、政、军、民等机构的脱产人员减少到不足边区总人口的3%。

4月3日，中共中央发布《关于继续开展整风运动的决定》，要求在整顿作风的同时对全党干部进行一次认真的组织审查。《关于继续开展整风运动的决定》对敌情作了过分的估计。7月15日，总学习委员会副主任、中央社会部部长康生在延安干部大会上作了"抢救失足者"的动员报告，掀起了所谓"抢救运动"，大搞"逼、供、信"的过火斗争，在十余天中造成了大批冤假错案。8月15日，中共中央通过《关于审查干部的决定》，重申审干的九条方针，及时纠正了"抢救运动"的错误。

不久，徐特立回到中央宣传部，学院的行政工作由副院长陈康白主持，自然科学院由中央文委划归中央西北局管理。1943年3月，西北局常务会议作出《关于延大、自然科学院等精简问题的决议》，将延安大学、鲁艺、自然科学院、民族学院及新干学校"五校合并"，仍叫延安大学，设于桥儿沟鲁艺校址。五校连工作人员在内共计1600多人，"将政治上没有问题与不合条件的，调出分配工作；适合于继续学习的，留下学习；政治上有问题的，留下整风。精简最后，至多不超过六百人。其中学员三百五十到四百人，教职杂务人员约二百人……自然科学院的整风学习，则由西北局领导。"①

毛泽东提倡的实事求是指引了困境中的共产党人，在黄河两岸留下跨越时空的回响。他在各种场合对不符合"实事求是"思想各种现象的尖锐批评成为陕甘宁边区的最强音。加上精兵简政、"抢救运动"、五校合并等因素的共同作用，对自然科学院的发展，整个边区的发展，乃至个人的命运，都产生了深远影响。

其实从 1943 年 3 月到 1944 年 5 月，自然科学院除了参加整风运动、审干、精简、调整和搬迁外，已基本上停止上课，从国统区来的大部分教员在"抢救运动"中都受到不同程度的牵连甚至迫害。由于徐特立的保护，陈康白在政治运动中未受伤害。1944 年 6 月，中共中央决定，担任自然科学院院长才十几天的陈康白去职，院长一职由军工局局长李强兼任，副院长是恽子强。是年冬，陈康白自愿跟随王震率领的八路军第一二〇师三五九旅南下开辟根据地。

作为继李富春、徐特立、陈康白之后的第四任院长，李强上任之际是自然科学院最困难的时期。他立即同恽子强千方百计把散落在各单位的教师、学生找回来，恢复正常的教学秩序和院委会制度，迅速把学校安定下来。与此同时，李强四处奔走，积极落实知识分子政策，改善教师生活待遇。到了 1945 年春天，经逐一甄别后，自然科学院的冤假错案不仅全部得到平反，教师们还享受到中央机关的"中灶"伙食标准。

在自然科学院的教育方针上，李强极力主张书本知识与生产实践相结合，让师生迈开双脚，在实践中丰富知识、提高本领。他充分利用担任军工局领导的便利条件，从军工局邀请沈鸿、徐驰、钱志道等人前来讲课，为学生专门开设了兵器学、爆破学、炼铁原理、金属工艺学以及制图、炸药与爆破等兵工课程，还组织师生到军工局所属各厂锻炼。

自然科学院的学生李苏和张定一就是在军工局的工厂里试制出梯恩梯与苦味酸，写出了《由一吨炼铁炉制备梯恩梯和苦味酸的意见书》。李强

---

① 延安自然科学院史料编辑委员会：《延安自然科学院史料》，中共党史资料出版社、北京工业学院出版社 1986 年版，第 160—164 页。

立即组织生产试制，尽管制备的数量不多，但完全可以证明李苏和张定一在实践中的发明创造对这两种重要战略物资的工厂化生产具有重要意义，两人对边区军工建设作出了重要贡献。

李强倡导和推行的教育方针不仅大大加强了对学生生产实践活动的理论指导，提高了学生的实际知识水平，还有利于陕甘宁边区军工发展。从长远来看，也为自然科学院植入军工基因，为该校在新中国成立后向国防工业发展打下了基础。

自然科学院的教育方针究竟应该是什么，应当以培养什么样的人为目标？各种认识在经历了一波三折后，最终还是大体上达成了共识。在全体师生的顽强努力下，自然科学院在极其困难的条件下创造了一批边区急需的科研成果，积累了宝贵的办学经验，探索出一条区别于国统区和西方发达国家的独特的科技教育之路，培养了一批又红又专的科技人才。他们后来在抗日战争、解放战争和新中国的国防建设中发挥了重要的作用。

奔赴延安的知识分子都怀抱爱国热情，也无一不脱胎于旧的教育制度。他们能否成为毛泽东心目中"坚持正确路线的人"？

陶行知曾形容过民国教育的"果实"："它教人吃饭不种田，穿衣不种棉，它教人分利不生利，它教农夫子弟变成书呆子"。李强也是那个时期的知识分子，却没有成为陶先生笔下民国教育的生涩之果，这不能不说与其特殊经历有关。

在大革命时期，当他走出象牙塔、走进棚户区，深入到上海工人中间时，他们的悲惨命运强烈震撼了他，彻底颠覆了一个江南阔少此前对中国底层的所有认知。在血雨腥风的上海，李强随时听令于党的需要，致力于研制炸药、手榴弹和无线电收发报机，还以一双书生之手承担过最危险的锄奸任务。

革命场景的转换、个人命运的沉浮，使李强对中国社会的落后现状与人民群众无穷的创造伟力，对共产党人不屈不挠勇于牺牲的精神与党内严酷的无情斗争，对以辩证唯物主义哲学思想为基础的苏联现代科学研究，对理想信念与实际生活，等等，这些看似矛盾又浑然一体的诸多事物，都有了更加真切而深刻的感悟。他刻意游离政治上的纷争，不追求"大红大紫"的机会，却获得了心无旁骛从事科技创造的机遇。

困顿让人痛苦，也能激发力量。在苏联，李强在遭受政治排斥的条件下潜心搞科研，顽强地焐热了"冷板凳"。眼下在中国西部的黄土高原，作为革命者的李强，他已具有渊博的自然科学知识；作为知识分子的李强，他树立了坚定的共产主义理想信念，成为一个脱胎于旧教育体制的新型革命知识分子。

李强从未料到，他从切身经历中悟出来的真理——不论"学以致用"，还是"尊重科学，讲究实际"——均为毛泽东的"实事求是"作了最好的注脚，与眼下共产党人最需要遵循的理论联系实际的思想路线合拍，与毛泽东为中国知识分子指出的必须与工农兵相结合的光明大道合拍。其实毛泽东本人何尝不是在血里火里的摸爬滚打中，从一介布衣成长为一代伟人的呢？可见，真理就是真理，真理在历史与现实的碰撞中矗立。

兼领延安自然科学院的经历，使李强对这所命运多舛的学校充满感情。新中国成立后，直至20世纪80年代李强退居"二线"，他几乎每年都到北京理工大学转一转，聊一聊，有时一年去多次。

1985年，北京理工大学成立延安自然科学院校友会，李强亲任会长。在李强的支持和指导下，北京理工大学与中共党史资料出版社合作编写的《延安自然科学院史料》被收入《中国共产党历史资料丛书》。1986年，北京理工大学在校园中为徐特立树立铜像，设立"徐特立奖学金"，李强担任奖学金基金委员会顾问，出席了首批基金授奖大会。1987年，李强亲任国家批准的北理工"高技术开发区研究"课题组顾问，指导研究工作，多次参加学校的各种学术活动。

1990年10月，85岁高龄的李强以北京理工大学董事会名誉主席身份出席建校50周年大会并发表讲话。他对办好大学提出了四点希望，强调德智体全面发展，尊重知识尊重人才，自力更生艰苦奋斗，加强与社会的广泛联系。

这是李强与自然科学院及其继承者的最后一次见面。

今天，距延安自然科学院的那场争论已过去了 70 多年。无论如何，今天的人们都应向那些抱着满腔爱国热忱、历尽千难万险奔向延安的热血青年们致敬。

对李强而言，"尊重科学，讲究实际"成为他一生的理念。

第七章　向前，向前，向前！

撤离陕北与挺进华北

李强在延安收获了爱情。妻子魏环图是四川人，1939 年奔赴延安时才 18 岁。她在八路军驻西安办事处工作了一段时间，后来进入延安女子大学学习，其间经人介绍认识了李强。李强与魏环图婚后与刘鼎为邻。刘鼎发现他的这位老战友很会照顾人，常在闲时拉着妻子在院子里种菜，种的西红柿收获颇丰，大多送到大厨房和同志们共享。平日散步，李强总是牵着妻子的手，周末就借走刘鼎的猎枪，带妻子去山里打猎。走累了，夫妻俩会坐在山沟里赏景，挺"洋范儿"。但就像当初在中央特科一样，李强严守规矩，从不同妻子谈及工作。

1945 年在李强的年谱上是很不寻常的一年，好事连连。2 月，他的儿子出生，取名"延明"，意即"延安光明"。5 月，李强出席了中共七大。7 月，美、英、中三国发表《波茨坦公告》，促令日本无条件投降。8 月 6 日和 9 日，美国先后在日本广岛和长崎投下原子弹。15 日，日本天皇宣布无条件投降。

胜利后的中国形势骤变。为了粉碎国民党企图占领整个东北的战略意图，保卫人民抗战的胜利成果，中共中央从各解放区急调 11 万人的军队和两万多名干部进入东北。陕甘宁边区军工局各厂也奉命抽调技术骨干分批北上，其中 100 多人支援东北，90 多人赴晋察冀解放区。因为是走出山沟，军工人将其称为"下山"，留在"山上"的人则继续坚持生产。

1994 年全家福

1946 年 2 月，李强自延安抵达重庆，准备购买一批精密仪器、材料和药品，参与洽谈国际援助事宜，邀请专家、技术工人到延安参加军工建设。当时八路军驻重庆办事处有三部大功率公开电台和五部小功率密台。公开电台有故障可向国民党当局申请维修，密台是国民党特务侦听和破坏的主要目标，一有故障就很麻烦。李强到重庆时恰逢有密台坏了，他钻进密室加紧维修，很快解决了问题。

周恩来比李强稍早些乘坐美军运输机飞抵重庆，与他同机的还有叶挺的小女儿叶扬眉。3 月 4 日，叶挺将军获释。李强和周恩来等人在重庆住了一个多月，原计划 4 月初与叶挺夫妇以及中共领导人王若飞、博古、邓发等人一起返回延安，因周恩来有急事要先走一步，李强也接组织通知即返回延安接待由国际友人路易·艾黎率领

1946 年李强赴重庆前

的抗日救亡组织"工合运动"代表团。路易·艾黎身份特殊，携带了延安急需的大批医疗器械和药品。于是，周恩来和李强临时改变计划，于3月24日乘坐另一架美国军机提前回到延安。

20世纪60年代，李强（右一）在路易·艾黎（左一）家中。左三为刘鼎

4月8日，周恩来来重庆时乘坐的那架美军运输机按计划从重庆起飞，在山西黑茶山附近坠毁，叶挺夫妇和女儿叶扬眉、儿子叶阿九，中共领导人王若飞、博古、邓发，爱国民主人士黄齐生等13人，以及美军4名机组成员全部罹难。此即震惊中外的"四八空难"，罹难人员亦被称为"四八烈士"。后来，只要有人提起叶挺、王若飞和博古等人，李强就会想起中共中央在延安为"四八烈士"举行的极为隆重的追悼会，想起与死神擦肩而过的那个日子。

而这并不是李强第一次与死神擦肩而过。

21年前，当上海公共租界的武装巡捕向手无寸铁的中国工人和学生开枪射击时，李强就在学生队伍中，只因离老闸捕房的大铁门稍远，才躲过一劫。16年前，上海法租界巡捕房突袭中央特科无线电训练班，抓捕教员、学生20人。被捕人员后来都被判刑坐牢，有4人被活活折磨死。出事时恰逢李强不在场，他才幸免于难。15年前，顾顺章叛变投敌，国民党特务彻夜搜捕周恩来等中共领袖。当晚，李强奉周恩来之命紧急隐蔽，后来远赴莫斯科避难，才躲过了这场大追捕。

1946年5月初，周恩来还在与国民党政府进行艰苦谈判，力争避免内战，而蒋介石的兵力部署已完全就绪。

到了6月，陕甘宁边区军工各厂绝大部分技术人员已先后"下山"，军工局人员从峰值的3400多人锐减到600人，军工局一厂和二厂减员幅度高达40%。随着乐少华、钱志道率60余名职工最后一批开赴东北，军工局就抽空了，造成留守工人情绪不稳、生产下降。随后，一批批新学徒补充进来，却多为新手，各厂都出现了技术力量青黄不接的情况。

这时，国民党当局调集全国兵力的80%，共计193个旅（师）160万人，向共产党解放区发动全面进攻，解放区的军民被迫实行自卫反击。激战4个多月后，国民党军的全面进攻严重受挫，改为从山东、陕北两个方向向解放区发动重点进攻。

为了防备国民党军胡宗南部突袭延安，李强将稳定提高陕甘宁边区军工各厂的产品数量与质量摆上第一重要议程。他骑马跑遍各厂，苦口婆心地给留守人员做思想工作，讲清局部与全局的关系、眼前与长远的关系，等等，终于稳定了人心。

为了使军工系统在战时状态下仍能保持效率，李强结合实际及时制定《兵工厂包工计划总列草案》。该《草案》的具体办法是对钳工采取"线包"方式，以枪支为单位计酬；对机工、木工、红炉采取"点包"方式，以件为单位计酬；动力部门以时间为单位，事先签订包工合同；等等。

这是一个实事求是、设计精巧，既能促进军工生产，又能培养新人，"厂方"和"劳方"双向制约的改革方案，极大调动了工人积极性，收到了明显的效果。以步枪修理为例，原先一个工人平均20小时才能修一支，现在8小时就可修一支，最快的只要4小时，不仅为延安保卫战补充了武器，在过渡期内保持了相当强的生产能力，也使新工人在技术成分大转换时实现了快速成长。

1946年10月，陕甘宁边区已接近战争旋涡的中心了。李强建议将军工一厂由温家沟迁至瓦窑堡，改称瓦市兵工厂，同时进行彻底的坚壁清野，得到上级批准。在李强带领下，军工局留守人员在茶坊一厂附近深埋大量机器，局机关和军工物资也随之迁到涧峪岔。这次迁移后来被证明及时而果断，避免了1947年3月胡宗南部占领延安后边区军工系统的重大损失。

1947年3月，在西北野战兵团与胡宗南部激战数日，掩护老百姓转移后，中共中央机主动撤离延安，延安军工各厂也于八九月间东渡黄河抵达晋绥边区的山西临县三交镇。不久，陕甘宁边区工业局同晋绥军区后勤部工业部合并，延安军工向晋绥军区移交了各种机器、工具、仪器、原材料1172种，价值14478万元边币。这与李强等人白手起家创业时的军工局家底已完全不可同日而语。

年底，中共中央制定《关于工矿业政策的指示（草案）》，在分析战争形势的基础上，"决心以学习的精神，与解放区人民在一起，在抗战期间摸索到的一些宝贵经验的基础上与解放区内外的产业界、科学界，技术专家诚恳合作，建设一个经济繁荣、丰衣足食的模范区"。遵此精神，中央军委成立了工矿委员会，由中央军委秘书长杨尚昆兼主任，李强任副主任，卢克勤任秘书。

1947年初，为粉碎国民党军的进攻，大力发展军事工业，中央军委命令李强对解放区军工生产和工业资源情况进行全面调研。李强立即带着卢克勤和警卫员赵万成骑马出发，第一站即到达晋绥军区军工部所在地山西兴县，与先期撤离延安的刘柏罗、路青、李树人等会合。

李强实地勘察后了解到兴县军工缺乏动力源，就与刘柏罗等人商量，将同蒲路宁武火车站一个被日军打坏的火车头锅炉作动力。陈振夏、卢克勤立即率领一批技术工人前去拆卸锅炉，还设计制造了一辆大平车，由当地200个民兵用绳子将锅炉从宁武经神池、岢岚，一站站拉回兴县。

1947年4月22日，李强以中央军委工矿委员会名义向晋绥军区政治部提交了《晋绥军区军事工业调查报告》，指出晋绥军区工业经济条件和人力资源条件丰富，军工"前途甚可发展"，同时也存在各种问题，首先是人才缺乏的问题。他在《报告》中说：

目前最大的困难，是缺少技术工人及工程师，学徒很多，不能解决问题。我们见到各部门技术上之主要能手，亦是此间仅有的少数技工而提为干部，以致影响到他不能做工，天天管行政上的事。军区新的工业发展如发电厂、通讯、炼铁厂、无烟药厂，处处要有工程师一类人来领导，老工人如不提高文化及科学知识，则不能胜任的。这不能与手榴弹厂、修械所等可比 ①。

李强提出采取就近招工、招生以及提高待遇、改变支付方式等办法解决人才缺乏的问题，他指出：

晋绥本区内及附近是找得到一批这一类人才的。因为太原工厂很多，晋绥区内的人在太原及大同做工的不少，山西大学的学生，原籍是晋绥区的也有，且有工厂工作的经验，如能在物质待遇上提高，及支付方式上改变（当时晋绥工厂一般还是实行军事管理），以及准他们有某种程度就业的自由，则有一批人会来的。这点请军区加以考虑 ②。

李强还建议在晋绥军区现有军工管理机构中加设中间组织，以加强对分散在各地的军工各厂的领导，他指出：

（晋绥军区）工业部各厂分散，距离甚远，往往顾了一头顾不到另一头，可否在工业部之下加一中间组织，如碛口附近几个厂归一个组织管，兴县附近几个厂归另一个中间组织管……工业部撤至兴县附近，以便以加强对各厂的领导和管理 ③。

---

① 参见 1997 年 6 月 6 日卢克勤《从延安到北京——解放战争时期的李强同志》（草稿）。
② 参见 1997 年 6 月 6 日卢克勤《从延安到北京——解放战争时期的李强同志》（草稿）。
③ 参见 1997 年 6 月 6 日卢克勤《从延安到北京——解放战争时期的李强同志》（草稿）。

针对生产和技术上存在的弱点，李强详述了解决问题的紧迫性和具体办法：即刻炼铁、应速自造发射药棉、速令做小型制冰机等等，甚至具体说明了哪些技术人员可担此任。他写道：

（生产和技术上）存在的弱点甚多，炮弹在兵器学上也有改进之必要，此点刘柏罗同志可能解决……为了完成炮弹增产，达到月出掷弹一万、迫击炮弹一万，应即刻设厂炼灰生铁，已由工程师李树人同志研究及计划……发射药中之棉花药，原由延安供给，现已不可能，应速设法自造。最好将延安机器搬过来，否则炮弹生产会全部停止，请特别注意……夏秋之季做硝化甘油之冰不够用，应速令一小厂做小型造冰机。图样已由刘柏罗同志设计，否则，也会妨碍炮弹生产的……动力不够，是影响炮弹产量的主要原因之一，如二厂的机器应需 100 匹马力……现在仅有 15 匹。现有火车头锅炉，可将其零件改成小型锅炉，便于搬运。此点陈振夏同志可以设计，陈同志可留此到下半年走……军区对子弹问题尚未注意，此点甚为重要，一厂如有时间，应迅速制造冲压机，准备造子弹[①]。

1947 年 4 月底，李强一行从晋绥军区出发，随行者除了其家属外，仅有卢克勤和警卫员，交通工具就是一辆胶皮轮大车和一匹马。他们横跨山西，经岢岚、五寨、神池、朔县、代县、繁峙、灵丘等地，到达晋察冀军区军工部所在地河北阜平城南庄。

李强听取了刚从延安军工局调来的刘鼎（时任晋察冀军区军工部部长）的情况汇报，对阜平第一生产管理处和上寨区第二生产管理处所属各厂进行了为期一个月的重点考察。

李强认为晋察冀边区军工各厂恢复生产已半年有余，仍未达到应有生产高度，其主要原因与工人配备尚缺调整、缺乏专门机具以及生铁之供等问题有关。他向晋察冀军区领导提交了《晋察冀军区兵工业一般情况初步了解》的报告，提出了涉及军工布局、机器改造、人员职责及待遇等八点

---

① 参见 1997 年 6 月 6 日卢克勤《从延安到北京——解放战争时期的李强同志》（草稿）。

改进建议，即：

1. 如军事形势许可，宜以正太路附近为中心发展兵工工业；2. 利用阳泉炼铁炉之零件，另觅新址或原址与太行合开一座 20 吨炼铁炉；3. 将普通车床逐步改为专门机器，以提高工作效率；4. 迅速将正太路前线缴获蒸汽机转移后方以克服动力设备之困难；5. 充分发挥技术人员的作用；6. 解决政工人员与行政人员职责不明的问题；7. 加快解决技术干部工资待遇低的问题；8. 加强各军区军工之间的交流与合作。

5月底，李强一行离开晋察冀，经冀中的灵寿、获鹿、元氏、赞皇、临城、内丘、邢台、武安、涉县进入晋东南的黎城、潞城，到达晋冀鲁豫军区军工部所在地长治，听取军工部部长赖际发、徐长勋等人汇报，开展调研。

李强撰写了《晋冀鲁豫军区调查报告》，盛赞由于领导重视、艰苦奋斗以及实行企业化管理，使晋冀鲁豫兵工生产得到惊人的发展，已由 1937 年、1938 年百余人、三四个修械所发展为 6000 余人、10 余家大厂，"对本区自卫战争之发展有莫大之贡献"。

李强指出，为求兵工生产质与量的大大提高，今后应集中力量迅速解决炼焦油、氮气固定、炼钢和弹道研究四个方面的问题。同时指出了存在的问题，即本区知识分子技术干部数量不多，可资研究参考的书籍也没有几本，专供试验研究的化验室亦尚缺如，"这三者也是有关兵工厂生产的重要事项"。

1947 年 9 月，李强完成了晋绥、晋察冀和晋冀鲁豫三个解放区的调研勘察，认为其共同优势是军工生产具有相当规模，共性问题是在知识分子政策方面做得不够好。

李强认为，知识分子技术干部是生产发展中的重要决定因素，特别是基础工业建设，更非专门技术干部不可。他特别强调对这些人员应加强重视、鼓励关心和帮助，对许多事业的创办，在研究决定之际要多找他们参加意见，这是对技术人员亟应确定的方针。

这些意见中肯细致务实，绝无浮夸空谈之气，充分体现了李强对军工事业的高度负责精神和对军工布局、生产管理、工艺技术的熟悉程度，以及他对知识分子问题的重视程度。

天线阵列

1947年底，解放战争进入第二个年头，战争态势已悄然发生了重大变化。人民解放军在各个战场上逐渐掌握了主动权，李强的调研也已深入晋冀鲁豫根据地腹地。一如此前在苏联研究菱形天线一样，他只要抓住一个研究题目，就能潜下心来深挖，尽可能"穷尽"调研发现的所有问题。他设想将调研范围纵向剖析到生产点，横向延伸至晋冀鲁豫军区的南部、东部，涵盖河南、山东。

这天早上，李强接到通知，要他立即返回西柏坡参加各解放区第一次兵工会议。路过涉县的时候，他在西戌村见到了解放日报社与新华通讯社社长兼总编辑廖承志。

李强与廖承志结缘于延安的广电事业。1939年，周恩来因右臂摔伤到苏联治疗，1940年春返回延安时带回一台苏制广播发射机。于是，中共中央决定筹建广播电台，由中央军委三局承担建台任务，军工局负责设备安装及维修任务。同年底，延安新华广播电台建成。它把全国军民抗击日寇的消息，八路军、新四军奋勇杀敌的事迹，以及世界反法西斯斗争的形势传播到四面八方，极大鼓舞了各地的抗日军民。

由于设备简陋，广播电台的机器经常出问题。有一次，电台的发电机曲轴发生故障，导致对全国广播中断。发射台工作人员翻山越岭疾行几十里，连夜把扭断的曲轴抬到茶坊兵工厂。由于曲轴严重损坏无法修复，刘柏罗等人就从李强自西安买回的废钢材料中找出一根汽车曲轴，精心打磨、整修后替代发电机曲轴，使新华广播电台很快恢复了对外广播。为此，中央军委三局局长王诤特意奖励给茶坊兵工厂一台三个灯的再生式收音机和全套干电池。这个奖品太稀罕，从此，兵工厂工人也可在第一时间获得大量新闻信息了。

廖承志兼任新华通讯社社长后，李强与他的接触更多了。廖承志出身名门，李强是专家回国，两人都性格豪爽，而且既懂革命又会"生活"，相互之间就有点儿惺惺相惜。一转眼离开延安已半年多，没想到此番能在太行深处相见。

李强一迈进新华社的小院子，两人热烈地拥抱、握手。廖承志还连声说李强的大青马再快也快不过无线电，把李强搞得丈二和尚摸不着头脑。廖承志说："你日思夜想的大家伙来啦！"李强浑身一震，急切地问："大功率电台？"廖承志哈哈大笑。

廖承志告诉李强，军委三局从张家口撤退时搞到一批无线电器材，其中最重要的是战场缴获的一部日本造 SN-161，输出功率为 3000 瓦的大功率电子管电台，现在就在王净那里，朱德、刘少奇要李强回去就是为了建造大功率广播发射台。

李强翻身上马，朝西柏坡一路飞奔！他边骑马边喝酒，思绪飞扬如同疾驰的大青马。李强酒量大，除了在中央特科时喝不过周恩来，别人都不在话下，此次在调研途中他也常带一瓶当地产的白干酒。此时此刻，他被新的人生目标激励得兴奋不已，当然得喝上几口！

从血雨腥风的上海滩到革命孤岛武汉，从和平阳光下的莫斯科到中国西部的荒漠高原，李强单枪匹马执行过锄奸任务，秘密研制过炸药、手榴弹和无线电收发报机，撰写过轰动学界的菱形天线论文，还白手起家土法炼铁、制枪、造炸药……天南地北的地理位置，迥然不同的工作领域，每一次转业的跨度之大都始料未及，唯一不变的是李强不违党命的信念，是他对科学精神的坚守，是他竭力工作、要做就做到最好的执着，还有心底蕴藏的有朝一日让菱形天线为党和人民的事业发挥大作用的期盼。

建大功率发射台就得架设天线，否则无线电信号就无法传播。现在，菱形天线终于有了英雄用武之地，即将为夺取人民解放战争的胜利出大力，李强好不快哉！

路过邢台时，李强专程去了北方大学。当他了解到这里的教员大都来自国统区，有些人技术造诣深厚，其中还有一个上海交大电机系毕业的教员刘永璞，他心里有数了。

傍晚时分到达西柏坡。朱德、刘少奇立即接见了李强，命他参加全国兵工会议，并着手准备建造大功率发射台。因原在涉县的发射台规模太小，已不能满足解放战争形势发展的需要，而陕北新华广播电台的对国内外广播又亟需加强。

1947 年 12 月下旬，中共中央和中央军委第一次全国兵工会议在解放战争的大好形势下召开。会议历时 15 天，中央军委副主席朱德和刘少奇在会上作重要报告，李强与晋冀鲁豫、晋察冀、晋绥、胶东、渤海等解放区兵工负责人出席会议。

会议确定了兵工建设总方针，即为争取革命战争的胜利，要制造出质量好、成本低的武器弹药；今后兵工建设以自力更生为主，既照顾当前需要，又须作长远打算。

会议认为，在解放战争中，蒋介石"运输大队长"对我们只起了一定的作用，如枪炮可以从敌军手中缴获，但更重要的是，我们依靠自力更生、艰苦奋斗的精神，从无到有，由少到多、由小到大、由土到"洋"，创办了自己的军事工业，生产出大量的复装子弹、手榴弹、迫击炮弹和火炸药等，源源不断地供给部队。各解放区的军工发展已经为革命战争奠定了基础。

会议在兵工建设总方针、工厂的领导与管理、工会工作与党的工作，尤其在工业干部问题以及军工生产技术问题方面作出诸多决定，大量吸收了李强对三个解放区军工情况的调研考察建议或意见[1]。

会后，李强即着手勘查平山周边地形。战火中的新华社几经迁址，经常是李强带着技术人员和工人提前架设天线，建造临时发射台。然而这一次，他要建造的不再是小打小闹的临时发射台，而是以中波为主，大功率、半永久性的无线电广播发射台，还必须有相当规模的土建工程和高大的天线铁塔等高标准配套设施。

此时，毛泽东、周恩来、任弼时率领的中共中央、中央军委首脑机关，与朱德、刘少奇、董必武率领的中央工委，叶剑英、杨尚昆率领的中央后委，三部分人马已会合于平山西柏坡。

李强心里有底了，即拟出建台方案：将大功率发射台台址选在河北井陉。这里是西柏坡的重要门户，盛产煤、陶瓷、石棉和石料；靠近井陉

---

[1] 参见 1997 年 6 月 6 日卢克勤《从延安到北京——解放战争时期的李强同志》（草稿）。

煤矿，电力充足；地势平坦，电波干扰少；群山环抱，便于隐蔽。将新华社编辑部和播音室设在窟窿峰村，将发射台设在天护村，使编辑部、播音室能靠近中共中央和发射台，工程领导机构"中央军委三局天护工程处"也设在天护村。

很快，王诤手下的战士就像抱婴儿一样，将电子管用毛毯包着、毛驴驮着，小心翼翼送到了天护村。一支来自四面八方的工程队伍也在李强的协调下快速集结。工程人员主要来自军委三局，有陆亘一、吴展、李荫苍、苏冶、戴冬、何成富、赵兰祥、黎沱、杨明、王震枫、张发昌、刘文粟。还有北方大学的刘永璞，李克农介绍来的叶新，原延安军工局的郭平欣、卢克勤，由宣化撤到井陉煤矿的铁铆工人和阳泉磁厂的陶瓷工人[①]。

1948 年 10 月至 1949 年 3 月，陕北台在井陉县窟窿峰的发射机房旧址

他们在李强的指挥下发挥各自特长，形成了一支斗志昂扬、吃苦耐劳、团结一致、战斗力极强的队伍。当地政府给予天线工程以很大的帮助。整个工程由李强组织领导，各路人马既有相对固定的分工，又根

---

① 参见 1997 年 6 月 6 日卢克勤《从延安到北京——解放战争时期的李强同志》（草稿）。

据实际情况进行统一协调。其中最主要的零部件和机器是从军委三局无线电器材厂调来的，由该厂技术人员负责，发射机设计、调试和电源部分由叶新负责，控制系统和前级放大系统由刘永璞负责，末级由陆亘一负责。

李强亲自主持了既是重点也是难点的发射天线的设计与施工。为了使工程规模不受仅有3000瓦输出功率的限制，他提出了"小机器，大天线"的思路，决定建造一套多种类型的强定向天线组合装置。这在当时已属相当不小的规模，包括对美洲广播用的全

陕北台在天户村的发射台天线，是当时解放区最大的发射台，功率3000瓦

波段 4×4 同相水平天线、由四个 65 米铁塔支持的三副正反射天线阵，对伦敦、巴黎和欧洲广播用的四个 50 米铁塔支持的双菱形天线，对南京、上海广播用的四个 20 米木柱支持的单菱形天线和一副伞形无方向性天线。

天线工程的设计和调试是李强的特长。他理论和实际经验丰富，对总体技术方案有充分把握，还常在遇到工艺技术难题时别出心裁地拿出解决措施，使难题迎刃而解。

为了达到防空的要求，发射机房必须设在半地下空间里。李强请李荫苍做设计，从陕北临时请来了一批石匠。石匠们按照打石窑洞的方式在平地深挖的坑中砌成机房，还巧妙设计了人员和设备的进出口斜道，确保万无一失。

天线方案决定下来后，由卢克勤、吴展负责实施。为了搞到相当数量的钢材和木材，他们在井陉煤矿一个不知堆放了多少年的废料场中发现了角钢和坑道木，在合用的材料上编号做标记，铲除原有铆钉后锯成符合要求的长度，完成对号入座和打孔。

　　木塔则按照李强找来的苏联资料载明的结构原理，由卢克勤设计。一座用四根圆木组合，两座用三根圆木组合，组合用的穿钉、拉线环均由煤矿机修车间用火车钢轨锻制后加工而成。

　　四座 50 米拉线钢塔也由卢克勤设计。为了解决材料问题，李强给石家庄铁路局总工程师黎亮写了求助信。卢克勤、吴展坐运煤火车到了石家庄，从铁路局运回了一批小钢轨。每座钢塔用三根钢轨错开，按口相联结到 50 米，用钢轨底锻造成横拉板和斜拉条，将三根钢轨横向箍成竹节式的钢柱，相间数米即用斜拉条交叉相连以加强刚度。木塔材料则在煤矿坑道原料堆中寻找。因无法用沥青油煮，只得在表面上涂沥青油。

　　铁塔的固定是个难题。没有水泥，李强就让吴展把铁塔的四条腿加长，每条腿连接一个巨大的方形钢结构座，就像在腿上加了一个方形的"大鞋底"。挖四个深两米的大坑，夯实坑底，将四条腿放到坑内。组织老百姓用大车运来大石头填满"大鞋底"，再用石灰、黏土和水配成"三合土"填满空隙。这个人造大石砣出人意料地收到了很好的稳定效果。

　　制作多层塔形高频绝缘子也是个大难题。李强找来日本绝缘子样本，请卢克勤比照其结构绘制图纸，请军工局搞化学的郭平欣研究高频磁成分，在磁土中加入云母粉等材料，又派郭平欣、卢克勤去阳泉找了一家烧制茶壶茶杯的磁窑试制，成功后再批量生产。

　　哑铃绝缘子两头的生铁帽、馈线绝缘子的底座以及所有拉线塔柱的生铁底座均由井陉煤矿翻砂车间制造、机修车间加工而成。而拉线塔的钢丝绳则是从煤矿报废的矿井粗钢丝绳中挑选出尚未损坏的部分，将其拆开来使用。拆开的拉线曲里拐弯，弹性相当不错。

　　发射机上需要云母电容器。由于解放军在战场缴获的电容器容量太大需改小，李强就要求杨明、何成富将云母片切割后装在用蜡煮过的核桃木匣子内。杨明问李强为什么要用核桃木，李强说，你看，七九步枪的枪托都是用核桃木做的，就因为它不变形。于是，杨明用铣床把核桃木板仔细开了接口榫头，使接榫严丝合缝，解决了发射机小云母电容器的问题。

　　发射机用的大、小线圈是用大、小铜管弯成螺旋圆形制成。一般情况下是用细筛子筛过的沙子灌进管内捣实，再在符合线圈内径要求的圆形实体上弯绕制成。李强认为，沙子无论怎么捣实，密度都不够好，制作时很难抠干净。于是，他向军工部门要来三箱TNT炸药，拉着风箱将其在大锅内隔水蒸。大家害怕发生爆炸，李强笑着解释道：TNT没有强雷管引发不会爆炸，它在80℃温度下可熔解成液态，将熔解的TNT灌到铜管里冷却，密度好，线圈绕成后再放到80℃的热水中，TNT会自动流出，使管内壁干干净净。人们照着他说的做，果然安全可靠、操作简单，质量又好。

铁塔的架设是由宣化来的以史文轩为首的20多名铆工实施。他们有的用扒杆逐节提升塔尖，有的用手拉风箱煤炉把铆钉烧红，然后用长把夹钳夹住红铆钉往塔身上扔，攀附在塔身上的工人用铁漏斗准确接住红铆钉塞进孔内，一头用重锤顶住，另一头用大锤击打，瞬间将红铆钉打成一个圆头。

用铁漏斗接红铆钉必须万无一失，否则红铆钉一凉就打不动，还易出事故。工人师傅技术熟练、配合严密，一扔一接一塞一击，眼明手快，配合到位，动作有如行云流水一气呵成，观者看到的堪比特技表演。随着塔身的升高，风箱和盘炉也跟着上升，其场面之壮观令人叹为观止。

李强非常器重这支经验丰富，能在高空作业的铁人队伍。两年后的1951年，为了加强北京双桥发射台大功率中波的发射效果，李强特地把这支队伍从井陉调到北京。工人们克服困难，建设了宽两米、高251米的拉线铁塔，成为当时远东的最高建筑物，而且是一次性从地面将塔尖段用扒杆吊上塔身进行连接。这支队伍后来承接了许多难度更大的工程，成为国内知名度很高的天线工程队。工人们还参加了建国两周年国庆游行，打着"建成远东第一高塔"的横幅走过天安门广场，接受毛主席的检阅。

菱形天线必须使用高频磁绝缘子撑位。为了使呈喇叭口形的绝缘子两头固定在生铁帽内并经得住一定拉力，应当用高温熔解的液状锌灌注到绝缘子伸进铁帽的空隙中，待冷却后即可成为整体加以固定。但当时没有锌，李强就提出以熔点更低且更易获得的硫磺代替。经过试验，效果很好。

为了解决缺少拉力试验机的问题，李强让吴展计算出天线拉力，加上安全系数，求出石头体积。然后找来一块体积相当的石头，用钢丝绳捆好后套在 U 形拉环中，用 U 形拉环穿钉拴住绝缘子铁帽的一头，另一头在铁架子上吊上"神仙葫芦"的倒链。在"神仙葫芦"的吊钩上用 U 形拉环拴住绝缘子铁帽的另一头，用"神仙葫芦"连同绝缘子和大石头一起吊起。人们用这个土"拉力试验机"试过后，再重新捆绑菱形天线，很顺利就把天线吊好了。

50 米菱形天线的四个拉线塔是用三根轻轨组合成的，无法用扒杆在现场吊装，只能事先在地面铆好，将各层拉线装好。李强与工人们商量后，用六部手摇绞车一次性将躺卧地面的拉线塔拉起来。

天线铁塔架起来后，卢克勤因没有测试方向的仪器而犯难。李强告诉卢克勤："找个晴朗的夜晚，根据北斗星的位置，瞄准地球子午线，这个方向就是天线第一个木桩的方向。"结果，这部天线正对着南京与上海之间的无锡上空，从这里发出的电波，蒋介石都能听得很清楚。

其实，整个工程最难办的还是缺少播音室用的音频放大系统设备。事也凑巧，石家庄解放后，李强得悉石家庄广播电台的防空洞里有一整套全新日制音频放大系统设备，于是立即派卢克勤、苏冶、戴冬等人到井陉煤矿借了数辆卡车直奔石家庄，一次性把六个立柜和几十箱零部件全部拉回天护村。开箱后才发现没有图纸和说明书，李强就带领技术人员用三用表逐条测试电路，画出电路图。按照图纸，技术人员将全部零部件安装进立柜并调试成功。

面对棘手的技术难题和缺乏先例的艰难条件，李强就像一个善于烹调的大厨，将一切可寻到的乱七八糟的食材，因地制宜做成一盘独一无二的佳肴。当他被年轻的技术人员簇拥着啧啧称赞时，总是不无得意地说："我只是一只大三脚猫！""三脚猫"是上海方言，意思是什么都通晓一点。李强在"三脚猫"前特意加了个"大"字，是说自己并非一般"通晓"，而是有相当深度和广度的"通晓"。人们听了开怀大笑，李强的笑像孩子一样天真，强烈的自豪感溢于言表。

尽管土法上马的工程距离理想中的大功率发射台仍有相当差距，但李强信心满满地说："'小机器，大天线'的例子以前不是没有。我相信，我们一定能将电波发送得很远，不仅让南京、上海收到，还要让它直达欧美！"

李强有底气说这话。他研究菱形天线时论证过，根据"李强公式"，哪怕一部小小的无线电台，只要有适当类型的天线使电波集中，就可从中国将电讯发射到美国。现在，用小电台配大天线阵列增强发射电波功率的"井陉案例"，再一次证实了他的演算。

1948 年 8 月，李强当选为中华全国总工会执行委员。他并未意识到自己的地位有啥变化，继续将全部精力投入天线阵列建设中。9 月，中共最大的发射台建成。土法上马的高大铁塔与最先进的菱形天线统统交付给新华社使用。

新华社编辑部设在距天护村 30 多里地的陈家峪。院子里有二十几名通信员，配备了二十几匹高大的战马。编辑们撰写的稿件经廖承志审阅后，由通信员骑马送到窑窿峰村的播音室对外广播。这标志着，此前因战争而四处迁移的新华社终于稳定下来了。

1949 年 1 月 1 日，新华社向全世界播发毛泽东的"新年献词"。毛泽东发出了"将革命进行到底"的伟大号召，强调用革命的方法，坚决彻底干净全部地消灭一切反动势力，不动摇地坚持打倒帝国主义、封建主义、官僚资本主义；在全国范围内推翻国民党的反动统治，建立无产阶级领导的以工农联盟为主体的人民民主专政的共和国，并由此向社会主义社会发展；决不允许使革命半途而废，让反动派养好创伤卷土重来，使中国重新回到黑暗世界。

1 月 14 日，毛泽东以中共中央主席名义发表关于时局的声明，严正指出，虽然解放军具有充足的力量和充足的理由，确有把握，在不要很久的时间之内，全部地消灭国民党反动政府的残余军事力量；但是，为了早日结束战争，实现真正的和平，减少人民痛苦、改善人民生活，中国共产党愿意在惩办战争罪犯、废除伪宪法和伪法统、改编一切反动军队等八项条件的基础上，同南京国民党政府及国民党地方政府和军事集团进行和平谈判。

毛泽东的声明在国民党各级组织中引起强烈震撼，也受到各民主党派、无党派民主人士和各阶层群众的热烈拥护。

1 月 16 日，北平和平解放。31 日，新华社接管北平旧政府广播电台，改名为北平新华广播电台。2月2日，北平新华广播电台正式播音，次日就播发了解放军入城仪式。4月4日，新华社播发毛泽东亲自撰写的评论《南京政府向何处去》。评论说："人民解放军就要向江南进军了。这不是拿空话吓你们，无论你们接受八项条件的协定也好，不签这个协定也好，人民解放军总是要前进的。"

"将革命进行到底"的伟大号令，实现真正和平的严正声明，辽沈、平津、淮海三大战役的胜利捷报，都由新华社播音员清晰洪亮的声音传遍全中国、传向全世界。一切事实都无可辩驳地证明，国民党大势已去，共产党一统天下之势已然明了。

山峦掩护天线，大地庇佑电台，人民站岗放哨，快马穿梭往返。浸透李强心血的天线阵列矗立在太行深处的小盆地上，顶着白花花的阳光伸向蓝天。人们仰头打量它，不仅因为它身材高大气势雄伟，是共产党的喉舌眼耳，能以无影无形的电波传播真理，还因为它比所有人都更早听到了世纪转折大戏的开场锣鼓。

奠　基

中共七届二中全会之后，新中国的脚步越来越快。1949年1月下旬，中共中央决定成立以叶剑英为主任的北平军管会，中央军委三局局长王诤兼军管会电信接管部部长，三局副局长李强、王子纲、刘寅分别兼任电信接管部副部长。

随着国民党统治区域的大批城镇和广大乡村相继解放，中共中央、中央军委决定，新解放区的邮政、电信和广播系统全部由军委三局派出人员接管。军委三局领导管理军队通信工作，军委电信总局领导管理地方电信工作。

1949年4月21日，毛泽东、朱德发布向全国进军的命令，解放军百万大军横渡长江。23日，南京解放。李强、卢克勤、陆亘一奉命火速赴南京接收大功率电台。李强接到命令后即率卢克勤从河北平山出发去往南京，陆亘一在完成调机后也赶赴南京。

1949年秋,军委电信总局部分工作人员留影。右二起:刘寅、李强、王子纲、周颖。左四为曹丹辉

李强等人骑马赶到石家庄后改乘火车到了徐水。没有客车,就乘坐运木材的货车。到了济南,找到中共中央山东分局书记康生,向康生说明了此行任务,又在那里碰到了中央军委铁道部副部长吕正操。李强与吕正操很熟,在延安时,李强的儿子出生后缺奶水饿得奄奄一息,幸亏吕正操的妻子刘莎帮助哺育照管,才渡过难关。后来,吕正操赴东北任职。此番见面,两人都有沧海巨变之感,更有说不完的新中国畅想。

吕正操告诉李强,为解决解放大军向南挺进和运输军用物资的急需,解放军铁道兵团连续奋战,已修复了1.3万多公里长的铁路线,但刚解放的国统区的情况很不乐观。就在李强他们将要抵达的蚌埠,津浦铁路已被国民党军炸毁,导致南北交通大动脉中断。目前,铁道兵团正在抢修,通车还需时日。

李强觉得与其坐等铁路修复不如上路再想办法。一行人即告别吕正操,乘汽车向徐州开进。在徐州改乘火车到蚌埠,在招待所里碰到被困在这里动弹不得的南京市副市长柯庆施,决定一起去找皖北军区司令员曾希圣。曾希圣曾任中央军委二局负责人。当时的二局专管破译国民党军密码，曾希圣等局领导常就二局业务建设问题向深谙无线电技术的李强请教，所以工作联系很多。

曾希圣派人搞来一辆铁道专用的工字车，四轮，上面装着一台大汽车的发动机。李强一行大喜过望立即上路，可是走出不远工字车就坏了，他们只好返回再找曾希圣。

曾希圣建议坐火车，改道经合肥、全椒到南京，但这条路很不安全。渡江战役刚结束，越往南走局面越混乱，国民党散兵游勇在光天化日之下滋事生乱，国民党特务更是来无踪去无影搞些爆炸、放火、造谣惑众的勾当，甚至残忍暗杀共产党的新政权领导人和军管会干部。

李强说，不就是国民党特务吗？我20多年前就跟他们打交道了，我有经验，再说比这更糟糕的环境都经过了，更何况还有人民军队，有什么可怕的？不说了，出发吧！

好不容易等到一趟去合肥的火车，李强他们白天不能走，只能晚上走。曾希圣不放心，派了一个班的武装人员负责护送，使前进速度大大加快。一路上李强目光所及，到处是推着独轮车北上还乡的支前老百姓，亟待恢复秩序的城市和大片急等耕作的土地，一派待从头收拾旧河山的景象。路况的确不好，国民党军飞机从沿海机场起飞，天天追着刚开通的火车和一路疾行的卡车轰炸。

李强连连说"热闹"，行程一刻也不停歇。抵达合肥后折向西行，半夜时分才到全椒。一行人见了店门就敲，门是开了，却吓一跳，只见满屋子棺材，有的上了漆，有的还是原木色。李强等人累坏了，索性就进了店。见有个棺材盖子朝天打开，正像一张床，李强哈哈大笑道："这个我来，我来！"爬进去美美地睡了一觉。

就这样陆路水路交替，星夜兼程，行程上千公里，在巢县连人带车过长江到芜湖，再北上转至南京时，南京已解放好几天了。李强即去南京市军管会报到。军管会任命李强为接管国民党中央广播管理处及中央台的军代表，任命卢克勤为军代表助理。一行人马不停蹄地前往祠堂巷接管国民党中央广播管理处及中央台。

当时，华东地区是全国广播电台最大的集中地。为解决统一管理的问题，中央广播事业管理处会同中共中央宣传部联合发出通知，决定成立华东广播管理处，同时派路星元、邱原等人进驻国民党中央广播管理处及中央台，开始转播北平新华广播电台节目，并接受中共南京市委宣传部的领导。李强与卢克勤到达后立即召开全台人员大会，宣读解放军军管条例，宣布南京军管会任命，正式进行接管。

接管的重点是江东门发射台和仓库。李强本想接管大功率电台，但国民党撤退时将电台主要部分拆走，用炮舰运往上海，只剩下一部20千瓦中波广播电台和一部7.5千瓦短波广播电台。李强大失所望，让卢克勤留下清点设备登记造册，自己直奔上海。

6月3日，李强到达上海，得悉在闵行有国民党中央广播管理处的两家直属单位——广播器材修造所和大中华唱片厂，专门生产广播器材，已由接管上海广播电台的周新武派联络员王元石和许刚接管了。李强即对两家企业进行了简单的考察，认为其规模虽然不大，但设备经改造后有能力生产当时共产党急需的广播发射机，而南京江东门仓库里还有一些生产1000瓦发射机用的RCA-833A管子以及其他原材料。

李强立即找到新华社副社长、副总编辑范长江。两人共同召开华东地区广播工作会议，决定将广播器材修造所改名为上海广播器材修造厂，派卢克勤火速将南京江东门仓库的材料押运上海。卢克勤到上海后被任命为上海军管会军代表助理，派驻上海广播器材修造厂。他领导全厂职工很快生产出六部1000瓦广播发射机，为恢复和建设新解放区的广播事业发挥了重要作用。

李强与上海军管会协商将两厂迁往北平，成立北平广播器材工业公司。他的建议获上海市领导同意，并报中共中央批准。考虑到卢克勤多才多艺，能力强、善攻坚，李强将修造厂恢复生产和搬迁重建工作交给卢克勤。卢克勤严格执行共产党的政策，保持了修造厂原有组织机构、生产系统和薪酬制度，留用了全部技术人员和职工。在他的组织下，搬迁工作于1949年冬完成，新厂定名为北京人民广播器材工业公司，设在德胜门内草场大坑（以后搬到黄寺大街），主要生产发射机，由卢克勤任第一任厂长。

20 世纪 80 年代，李强来到该厂参观，欣喜地发现当年他和卢克勤在上海紧急收编的两家原国民党官办小企业，现在的规模之大、产品之多，完全是另一方天地。产品从 1000 瓦做到 2000 瓦，已能生产 500 千瓦的短波机和 40 千瓦的电视发射机，当年留用的技术人员在技术创新和发展生产上发挥了重要作用。

1949 年 6 月 5 日，中共中央发出《关于成立中央广播事业管理处的通知》，决定将原新华社的口头广播部扩充为中央广播事业管理处，领导全国广播事业，与新华社平行，受中央宣传部领导，廖承志为处长，主要负责编辑工作；李强任副处长，主要负责电台与天线设备的建设工作。

7 月 18 日，李强从上海赶赴北平。这是他第一次到北平。当时，胡乔木担任政务院新闻总署署长，负责广播、画报社、新华社的工作。由于廖承志很快调任政务院侨务办公室主任，广播工作交给了李强，他的第一件大事就是确保开国大典的顺利进行。

为了解决国际广播的硬件短板，李强首先组织双桥中波天线改造工程。他调来存放在东北的两部苏制 15 千瓦短波发射机，把调往东北的两部苏制 120 千瓦大功率短波发射机调回来，从德国德律风根公司购买了四个大功率天线铁塔用的高频绝缘底座。改造工程仍由天护工程处原班人马实施：吴展利用原有老塔材料设计一座宽仅 2 米、高 251 米的拉线铁塔，井陉煤矿 20 多人的铆工队伍负责施工，监造仍是卢克勤。

拆旧塔、架新塔，仅用两个月就建成了这座当时远东最高的建筑。该工程的最大亮点是将 51 米高的塔尖独立竖在 200 米处的拉线层上，用扒杆从地面吊上去一次性连接成功。后来建造北京展览馆时，因其馆顶五角星的尖塔是一个很长的整体，北京的建筑部门搞不定，也是用这支队伍一次性吊装完成。

9 月，中共中央确定在天安门前举行开国大典和阅兵式。李强立即组织了精干高效的现场音响保障团队：梅益负责组织与协调，李伍、李志海负责天安门城楼上的话筒、线路等设备，傅英豪、黄云、唐旦负责机房和广场音响设备。

当时的扩音设备很落后，李强除了租几部机器外，又从军委三局搞来一套从国民党军舰上缴获的美军舰艇扩音设备。一般扩音设备只有一两个喇叭，美国货却有九个喇叭，人称"九头鸟"。李强他们将两只"九头鸟"分别安装在天安门东西两侧，面向广场方向，在天安门城楼主席台正中央安装灵敏度较高的大理石炭质话筒，专供毛泽东主席使用。在东单、六部口设立了扩音站，用电缆线将天安门城楼的扩音机与位于长安街三号的广播机房连接起来，供大功率广播发射机转播用。

为了解决朱德总司令阅兵车上没有无线电话筒和扩音设备的缺陷，采用了在阅兵车挡风玻璃上安装一只话筒，再把一个小喇叭放在车尾的办法。预演时，由新华社和广播事业管理处的技术人员用一部装有钢丝录音机的采访车紧随其后录音，检阅时同步播放。天安门城楼上的实况转播由胡乔木、杨兆麟、齐越、丁一岚负责，齐越、丁一岚播音，并通过全国的广播电台联播[1]。

当时长安街没今天这么宽、这么长，也就是天安门这一段，加上东三座门、西三座门，广场也很小。9月中旬，李强在长安街组织拉线和试播音，将各式各样的喇叭捆在树上或电线杆上。结果一开机，沿街单位的反映就来了，都说声音大，干扰正常工作，但抱怨中仍掩饰不住对开国大典的期盼与喜悦。

21日晚，北平新华广播电台报道了全国政协第一次全会隆重开幕的消息，播出了毛泽东题为《中国人民站起来了》的开幕词。27日，大会决议，中华人民共和国定都北平，北平改名北京。随后，北平新华广播电台改名北京新华广播电台。30日，北京新华广播电台实况广播中国人民政治协商会议第一届全体会议闭幕式。这是北京新华广播电台的首次实况广播，具有划时代意义。

10月1日拂晓，李强赶往天安门城楼进行最后的机器调试，效果很好。万事俱备只欠东风，李强的心扑通扑通地跳，热切期盼着天地一起沸腾的时刻，觉得每秒钟都比一整天还长。

下午3时，吉时已到。然而一开机，扩音器里却发出刺耳的啸叫音！

---

[1]　参见张进：《历史天空的红色电波》下册，长城出版社2013年版，第723页。

这是机器与外界产生了共鸣，李强顿时紧张起来。负责保障工作的一位技术人员急中生智，迅速摘下头上的帽子扣在麦克风上，啸叫音立刻被平息。实际上"扣帽子"这个动作并不在预案里，它完全是广播战线人员长期经验积累的瞬间爆发，没想到在关键时刻发挥了意想不到的应急作用。

庄严而隆重的时刻，毛泽东在麦克风前庄严宣告："中华人民共和国中央人民政府今天成立了！"气壮山河的声音通过李强他们设置的简陋扩音设备在广场上隆隆回响，天安门成了中国的中心、全世界的焦点。

当毛泽东亲手摁下电钮升起象征民主团结的五星红旗，当中华人民共和国代国歌《义勇军进行曲》的激越歌声响起来时，李强听到了寓意中国共产党奋斗二十八年的礼炮声响，广场上的 30 万军民向毛泽东发出山呼海啸般的欢呼，开国大典被推向最高潮。李强感慨万端！中国人民走向自己的政权之路是如此艰苦卓绝，中华民族遭遇了百年屈辱，中国共产党与日寇和国民党反动派斗了二十几年。无数共产党人牺牲，他们没能参加开国大典，却用生命换来胜利，把伟大的节日献给了人民。

李强和广播事业管理处全体人员出色完成了开国大典实况转播任务，觉得再苦再累都值得，因为新中国的万千气象已奠基，辉煌的中国广电事业已奠基。

大大小小的奠基，连同毛泽东亲手为人民英雄纪念碑奠基，一起被载入史册。

开国大典后，李强将母亲杨慧贞从常熟接来一起生活。

杨慧贞是苦命人。丈夫曾陈华和正房陈氏相继去世，儿子又杳无音信。淞沪会战后，日机对常熟狂轰滥炸，古城处处瓦砾废墟，生灵涂炭。上海沦陷的次日，日军分水陆两路进犯常熟，64 万百姓纷纷出逃。年逾半百的杨慧贞怀揣地契，加入了望不到头的难民队伍，向落弹呼啸和浓烟四起的反方向狂奔。其间经历了太多苦难，所有值钱之物均被换了食物充饥，地契也不慎丢失。丢了地契即丢了祖产，杨慧贞不禁放声大哭。

到 1938 年夏天常熟的难民返回家乡时，映入眼帘的是被抢劫一空的家园。像是有把锐刺般的篦子在沃土上刮过，刮走了富饶，只剩下贫瘠和一座搬不走的古城。连大户人家在洗劫中都未能幸免，百姓财产损失之惨状可想而知。此时的杨慧贞虽还顶着望族的帽子，但望族之光早已逝去，只剩下绵绵无期的煎熬。

1949年4月，常熟解放后的一个晴日，杨慧贞家中来了一个军管会干部，进门就说："好婆啊，侬儿子带话来了，他还活着！现在改名叫李强，在北平当了共产党的大干部啦！"杨慧贞惊喜万分，只顾落泪，一句话也说不出来。

1950年8月，常熟开展土地改革。当时，常熟占人口不到2%的地主占有全县1/3强的土地，人均占地是贫雇农的68倍。农民不仅要把全年大部分收入给地主缴租，还要无偿为地主服劳役，受高利贷和名目繁多苛捐杂税的盘剥。封建土地所有制曾引发激烈的阶级冲突，仅民国时期较大的农民抗租斗争就有十余次，结局都是农民被关押、拷打、处罚，还逼出数十起人命。

共产党领导的常熟土改于法有据，什么能做、什么不能做，一律张榜公布。经农民自报公议，农会小组、村农协、乡农协审议定案出榜，分别划定地主、工商业兼地主、富农、小土地出租者、中农、贫农、雇农等十余种阶级成分，没收、征收剥削阶级财产分给农民。土改落到实处就是分田，男女老幼一律按人口平分，在原有耕地面积的基础上，好田坏田搭配。分配之后经上级组织复查，再废除租约、焚烧地契[①]，在全体村民的监督和一阵阵叫好声中，将写着土地所有者名字的木牌插在新的地界上。

在土改中，曾陈华这一支，杨慧贞虽丢了地契，但判断有没有田亩及其具体数字，并不完全凭地契，主要依据县府土地局发放执照的档案资料。杨慧贞因其名下田亩多，被划为地主。

革命革到共产党人自己家里了，有的人迈不过去这一步，可是李强迈过去了。因为他非常了解家乡土地私有的严重情况，坚决拥护党的土改政策。为了使家乡党组织能放开手脚搞土改，他把母亲接来北京，将母亲名下的土地、房屋全部无偿交给了当地政府。此后，他一边工作一边侍奉

---

① 参见江苏省常熟市地方志编纂委员会：《常熟市志》（修订本），上海辞书出版社2006年版，第197—201页。

▶匕首之刃
——李强传

母亲。只要不出差，不管多忙，每晚必到母亲房中问候，母亲也总等他回来才肯入睡。逢年过节，他还亲自为母亲烹制家乡小菜。杨慧贞赶上了和平时代，又养了个孝顺儿子，活到 85 岁时无疾而终，成为曾家各支中寿命最长的女人。

从 20 世纪 60 年代起，当地政府多次表示要将曾家老宅归还李强，或建纪念馆，或置换新房屋，都被李强婉拒。后来，曾家老宅一直是当地退休人员的居住地和活动中心（2018 年，中共常熟市委在李强故居旧址建立了常熟党史纪念馆——笔者注）。

1949 年 10 月，中央广播事业管理处改为中央广播事业局，李强任局长兼邮电部无线电总局局长和电信总局局长[1]。在百废待兴的建设大潮中，他办的第一件大事是建起北京通往莫斯科长达 1.2 万公里的有线电话，在党和国家领导的办公室以及重要部门的办公室里安装"红机子"。12 月 12 日，有线电话线路建成，中苏两国的通信联络从此变得迅捷而通畅。

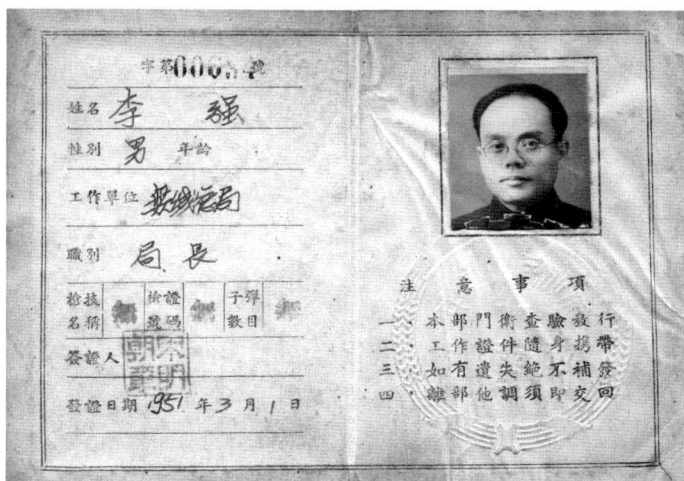

1951 年李强任电信总局局长时的出入证

这年 12 月 16 日，毛泽东来到苏联莫斯科。他和稍晚一些来莫斯科会合的周恩来一起，与斯大林讨论了中苏两国的政治、经济等重大问题。当

---

[1] 参见李强：《我的革命历程》，中共中央党史研究室编：《中共党史资料》第 49 辑，中共党史出版社 1994 年版，第 23 页。

时李强正在莫斯科同苏方签订中苏通邮通电讯协定。此刻的他早已不是20年前亡命天涯的中共地下工作者，而是新中国重要部门的负责人。周恩来知道李强对机械、军工和电气比较熟悉，要他完成谈判后留下来担任中国政府代表团谈判代表。

毛泽东也发现这位当年的陕甘宁边区劳动模范不仅深谙军工和无线电，还兼具经贸优势。一天，毛泽东在中国驻苏联使馆见到李强，就问他可否改行搞贸易。当时李强满脑子想的是新中国广电事业，便脱口答道："还是让我搞科学技术吧！"话既出口，毛泽东没深谈，李强也以为这事就过去了。

李强准备回国时，李富春副总理坚持让他留下，还把他的行李搬到自己住处。李富春的理由是李强懂俄语，在苏联工作六年；懂机械知识，而苏联对华援助主要是机械设备；在上海搞地下工作时去过交易所，懂经济。

李富春理直气壮，以致周恩来都发话了，李强只得留下参加中苏贸易协定谈判。4月19日，中苏贸易协定在莫斯科签订。签约后，李强与李富春、叶季壮等人回到北京。

1950年6月，朝鲜内战爆发。美国悍然宣布武装援助南朝鲜，插足中国领土台湾，干涉中国内政。9月15日，美军在仁川登陆，10月初越过"三八线"向朝中边境推进。根据朝方请求，中共中央艰难决策，10月19日，中国人民志愿军开赴朝鲜。由于斯大林决定向中国人民志愿军提供60个师的武器装备和器材，于是苏联对华出口的货物订单中就增加了苏制装备的品名和数量，并将驻中国大使馆的商务参赞提升为副部级。为体现外交对等原则，中国也开始物色派驻苏联大使馆的商务参赞。于是，毛泽东、周恩来心中酝酿已久的想法又冒出来了。

综合军工经验、留苏经历以及语言、技术和经贸等方面优势，李强被认为是商务参赞的合适人选。陈云代表中共中央来征求李强的意见，希望他"尽力为之"，还亲切地问他有什么困难[1]。这是一次仿佛云淡风轻

---

[1] 参见李强：《我的革命历程》，中共中央党史研究室编：《中共党史资料》第49辑，中共党史出版社1994年版，第24页。

的谈话，却显示出责任重如泰山。李强表示坚决服从组织安排。1952 年
8 月，李强被任命为对外贸易部副部长。1953 年 2 月，被任命为中国驻苏
联大使馆商务参赞，从此开始了长达 29 年的外贸生涯。

1952 年 8 月，李强任对外贸易部
副部长的任命书

1953 年 2 月，李强任中国驻苏联
大使馆商务参赞的任命书

　　李强为广电系统做的最后一件大事事关千秋大业。这一年，全国高校
电机系有 200 多名大学生毕业。高教部向有关部门征求分配意见时，邮
电部强调发展电缆通信，而不是无线通信，就不想要这批学生。李强聚
焦长远，认为这批大学生是一笔巨大的
财富，必须要。最终，这批大学生被邮
电部照单全收，就连仅 500 人的北京人
民广播器材厂也破天荒分配了 20 多名大
学生，一时成为新闻。大学生报到后先
到基层工作一段时间，其中优秀者才能
获提拔，由此锻炼出新中国广电事业的
一大批科技骨干。

　　李强始终心系新中国广电事业。1990
年 12 月 28 日，85 岁高龄的李强到全国
政协礼堂出席纪念人民广播事业暨中央
人民广播电台创办 50 周年大会。1994
年 9 月，在北京广播学院（今中国传

1952 年即将离任广播
事业局时的李强

媒大学）庆祝建校 40 周年之际，年近九旬的李强亲笔题词，赞誉广播学院是"中国广播电视人才的摇篮"。

李强上任中国驻苏联大使馆商务参赞十天后，即作为中国政府代表团成员随周恩来、陈云、李富春等人再抵苏联。代表团完成任务回国后，李强留在莫斯科履职，由此开启了六年的外交生涯。

第八章　为了人民的幸福

从"156项"到"596工程"

中国人民在面临繁重艰巨的战后恢复和发展国民经济任务的情况下入朝作战，为保卫世界和平作出了巨大牺牲。苏联也在尚未摆脱二战造成的重大损失，人民生活还相当困难时以大手笔帮助中国的抗美援朝和工农业生产。正如毛泽东所说："苏联人从什么时候开始相信中国人的呢？从打朝鲜战争开始的。从那个时候起，两国开始合拢了，才有了一百五十六项。"[①]

毛泽东所说的"一百五十六项"是指根据中苏一系列条约和协定的精神，中国分三批从苏联引进的重点建设项目。其一是根据1950年2月14日中苏两国签订的《中苏友好同盟互助条约》《关于苏联贷款给中华人民共和国的协定》等文件，中国引进苏联煤炭、电力、冶金、化工等原工业和军工项目50个。其二是根据1953年5月15日中苏两国在莫斯科签订的关于苏联援助中国发展国民经济的协定和议定书，苏联承诺援助中国建设一大批规模巨大的工程项目，包括钢铁联合企业、有色冶金企业、煤矿、炼油厂、机器制造厂、汽车制造厂、拖拉机制造厂和电站等91个项目。其三是1954年10月12日，中苏两国签订包括能源工业

[①]　参见中共中央文献研究室：《毛泽东年谱（1949—1976）》第3卷，中央文献出版社2013年版，第391—392页。

和原材料工业等 15 个项目的成套设备议定书①。以上三批重点建设项目共计 156 项，规模达 44 亿美元。另外，苏联派了不少专家到中国帮助工作，中国也派了不少人到苏联学习。"156 项"的规模之大，任务之繁重，由此可见一斑。

作为中国驻苏联大使馆首任商务参赞，李强的首要职责是领导商务参赞处的军贸组，以最快速度购置志愿军赴朝作战急需的武器弹药并送往朝鲜战场。所以李强将自己称为"军火商"，他诙谐地说，我这个军火商远比国民党做得大多了！

二是在新中国大搞基本建设，急需大量机器设备的情况下，领导商务参赞处专门负责落实"156 项"相关工作。李强要同苏联外贸部门进行联系和交涉，向中国外贸部报告情况，还要准备两国贸易协定签订并负责协定的执行与监督，等等。

李强为"156 项"耗尽心血。他曾多次回忆道，"156 项"担子相当重，跟一般的买卖不一样，需要一个一个地解决问题。

的确，"156 项"涉及冶金、机械、燃料、轻工、纺织等国民经济众多领域的十几个行业，所以李强与国内对接的行业主管部门和研究机构数量也非常可观。就"156 项"的每个项目而言，其本身又包括设计、设备、技术资料、培训、实习五方面内容，每一个方面都深化为一系列环节。如"设计"，就有初步设计、审核、修改等环节，每个环节都要在苏联与中国的对口单位之间反复沟通磋商

李强在中国驻苏联大使馆商务参赞处

---

① 参见宿世芳：《关于五十年代我国从苏联进口技术和成套设备的回顾》，1995 年 8 月 30 日。

以达成共识。又如"设备"，也有很多环节，其中仅"设备分交"一个环节，即一个成套设备要用多少机器，哪些机器由苏联造，哪些由中国自己造，都要由中苏两国有关部门经沟通后一一确定，以便执行。据统计，"156项"中涉及"设备分交"的有142项，所以，其工作量繁重程度可想而知。

为了完成这个庞大的计划，不仅外贸部专门成立了常设机构——成套设备局，机械工业部还每年向莫斯科派驻一位副部长和若干名局处级干部，一住好几个月。国内工业部门凡与"156项"有关的，也都向商务参赞处派驻人员，致使商务参赞处多达140人，而当时中国大使馆其他人员仅十几个人。李强在莫斯科领导着一个空前绝后的大单位。

李强还组织每周两次的包机飞行，先是使用苏式伊尔–12机型，后来换成了安全性、舒适性更好的伊尔–14，以便将国内急需的设备物资用飞机从苏联运回中国。李强后来很自豪地说，组织包机飞行在当时还是"相当厉害"的。

1961年4月4日，赫鲁晓夫（前排左二）接见中国政府代表团。前排左一为叶季壮，左三为李强

1953 年，朝鲜战争停战。中国人民在中美之间综合实力极为悬殊的情况下取得了抗美援朝的胜利，将美国为首的"联合国军"从中朝边境的鸭绿江逐到朝鲜半岛的"三八线"以南，为新中国打出了多年的和平建设空间。随着战争的结束，中国大规模经济建设气氛渐浓，与东欧的联系也日益密切。李强领导下的商务参赞处的工作也由进口成套设备、军火物资和大宗原材料三驾马车齐头并进，以军事订货为主逐步转向以成套设备为主。李强每天需处理大量文件，协调经莫斯科始发或中转的中、苏、东欧各国的人员和文电往来，有时忙得连饭也顾不上吃。

1956 年以前，苏方认真承担义务，"156 项"完成情况总体不错。其中已完成和基本完成设计、设备交付任务的达 149 个，具有年产能力的有炼钢 620 万吨，轧钢 460 万吨，发电设备 60 万千瓦，发电 813 万千瓦时，重型设备和重型机床 12 万吨，原煤 2490 万吨，合成氨 45 万吨，原油加工 200 万吨，飞机 1500 架，坦克 1800 辆，各种火炮 9300 门，等等[①]。

其中年产 3 万辆解放牌载重汽车的长春一汽是"156 项"中最具代表性的例子之一，它就是由李强全程协调、以苏联提供 80% 的设备和派出 200 名专家援建的。据国务院原副总理李岚清（时任一汽计划科负责人）回忆，在建设过程中每遇技术资料、设备、工艺、材料等问题，厂长饶斌总是让他挂国际长途找李强解决。李强对技术的通晓和认真负责的态度给李岚清留下了深刻的印象。

以"156 项"为主的苏联援华建设项目是中国第一个五年计划的核心，不仅填补了中国工业空白，使经济在短短三年内就恢复和超过了战前水平，还对规划布局和建设门类齐全、完整高效的工业和国防工业全产业链发挥了重要作用。同时，也为继"156 项"之后，中苏两国于 1956 年 4 月、1958 年 8 月和 1959 年 2 月签订三个协定确定的 158 个成套设备项目打下了基础（"156 项"加上 158 项，合并后经调整共计 304 项）。

---

① 参见宿世芳：《关于五十年代我国从苏联进口技术和成套设备的回顾》，1995 年 8 月 30 日。

1963 年 4 月 20 日，李强（前排左）在莫斯科与苏联外贸部长签订两国合作
协议

　　在中苏两国的共同努力下，至 1953 年，两国贸易额也迅速攀升，从
1950 年的 3.04 亿卢布（新币）增加到 11.3 亿卢布，占当年中国外贸总额
的百分比从 30% 上升到 56.3%。

　　到 1956 年底，两国贸易额达 15.24 亿美元，占当年中国外贸总额
的 47.5%，是 1950 年的 3.5 倍；其中中国从苏联进口额为 7.62 亿美元，
占当年中国进口总额的 48.8%，是 1950 年的 3.12 倍；中国对苏出口额
为 7.62 亿美元，占当年中国出口总额的 46.3%，是 1950 年的近 4 倍。从
品种上看，在中国对苏联出口商品中，农副产品约占 50%；中国自苏联
进口的主要商品是成套设备和军品订货，约占总进口的 60%，一般商品
占比 40%[①]。

　　在战争向和平建设的转变期内，李强承受着巨大的工作压力。他和商
务参赞处工作人员为莫斯科与北京的贸易之桥夯实基础、畅通渠道，参
与并见证着蜜月期中苏贸易从领袖擘画蓝图到突飞猛进，直至遍地开花

---

① 　参见商务部国际贸易经济合作研究院：《中国对外贸易史》下卷，中国商务出版社
2016 年版，第 26—27 页。

结果。

这也是中国外贸向苏联老大哥虚心学习的时期。李强充分发挥了自身掌握的语言、技术、军工等优势，积极组织商务参赞处人员恶补外贸知识，从怎么签合同，怎么买机器，怎么做贸易，怎么做军火生意，等等，从头学起，使大家的专业水平明显提高，很快从外行变成内行。

李强待人宽厚，毫无官气，还很幽默。他对商务参赞处工作人员要求严格，但大家都非常敬重他。商务参赞处任务繁重、生活单调，李强组织大家周末到中国大使馆跳舞，他自己却不跳，只管摆弄无线电，或配显影定影药水为大家拍照洗印。在他的镜头里，莫斯科的森林秋色斑斓，冬季的雪野辽阔静谧，略显忧郁的风格似乎与他的心情相呼应。

1963 年 4 月 22 日，苏联部长会议副主席米高扬（前排右二）接见李强（前排右三）一行

除了前文提及的儿子曾复和李延明，李强的大女儿李燕黎已于 1948 年在西柏坡燕尾沟出生。新中国成立后，李强先后有了小儿子李小强和小女儿李晓图。他远在莫斯科无法照顾家人，始终心存内疚。后来魏环图随调莫斯科，李强的闲暇时间就用来照料妻子。

李强与魏环图在莫斯科大学

　　1956 年 9 月，李强回国出席党的第八次全国代表大会。年底，结束驻苏联大使馆商务参赞任期，回到北京，回外贸部上班。此刻的中苏关系出现了微妙的变化。1956 年 9 月，李强同聂荣臻、宋任穷、刘亚楼等参加的中国军事代表团赴苏联商谈援助中国国防尖端武器等事项时，苏联已成功研制出导弹核武器和核动力潜艇等最新装备，但对华援助的是射程仅 200 公里的最初级导弹。

　　1957 年 9 月 4 日，周恩来主持召开国务院常务会议，在《关于修改在第一个五年计划期间签订的苏联援助我国建设项目两国协议的报告》中提出：通过清理（苏联援华）255 个项目，对"一五"计划是个总结，反映过去有些搞得急了些，国防、机械工业有的规模大了，专业划分过细。援建项目减少后，"二五"计划可减少支出 26 亿卢布，设计费减少一亿至两亿卢布，"二五"计划期间，应强调自力更生，有些方面可请苏联重点援助，但不要全面援助 [1]。9 月 18 日，中共中央批准了这个报告。

　　9 月底，李强与聂荣臻、陈赓、宋任穷、刘亚楼、万毅再次赴苏商

[1]　参见中共中央文献研究室编：《周恩来年谱（1949—1976）》中卷，中央文献出版社 1989 年版，第 73 页。

谈援华国防尖端武器（即原子弹、导弹）问题。苏联只给中国代表团看了射程很短的几个型号地对地、地对空和空对空导弹，并同意卖给中国米格-21飞机和先进舰船等。可中国代表团还没回国，苏联就发射了全世界第一颗人造卫星。李强后来回忆说：

　　我同聂荣臻住在一起，其他人住在索维亚旅馆……苏联人给我们的技术都是最起码的基础的东西，一些高、精、尖的一点也不给，导弹的射程只有200公里。他们已经不需要的东西才给。而我们还没有回国，苏联的第一颗人造卫星上了天，比美国还早一年。为此，我们讲以自力更生为主，争取外援为辅是完全正确的。外国人不可能把他们最先进的技术给我们的。要把经济、国防力量搞上去，必须以自力更生为主。等我们搞出来了成果，外国人才会看得起我们，才会给我们更高一些的技术成果。不是有些人扬言，要让中国落后美国五十年吗？我们中国人就是要靠自己的力量，奋发努力，以高速度赶上去，使我国成为在世界上举足轻重的强国。

1957年9—10月，中国政府工业代表团在莫斯科商谈援华导弹、原子弹等问题。左起：李强、陈赓、聂荣臻、刘晓、宋任穷

▶匕首之刃
　　　　——李强传

　　李强曾经历过苏联在援华方面屡屡给中国人"挖坑"的情况，这两次出访使他对周恩来"应强调自力更生，有些方面可请苏联重点援助，但不要全面援助"有了深刻体会。以造飞机为例，中国需购买苏联技术，希望苏方提供图纸。苏联说可以给图纸，卖 10 套散装的给你们，拿回去自己组装吧。但后来中国有关部门发现，这种机型苏联已经不造了。也就是说，他不造的时候可以卖给中国，他造的时候就不卖给中国。电台也是如此。苏联限制中国只能造不超过 25000 千瓦的电台，如果超过了，他就说："你不要做了！"

　　还有一件事让李强非常愤怒。他曾与赵尔陆利用中苏贸易谈判间隙到距莫斯科 200 公里的一家造枪厂去调研，发现该厂建于彼得大帝时期（即鸦片战争以前），从 1949 年开始造新式步枪。但苏联将该厂 1948 年就已停产的老式"水列支"枪生产线支援中国，而且在中国一造就是十几万支！李强与厂方激烈争吵，但无用。因为中方是与苏方军事代表进行谈判的。李强又去质问苏方军事代表，对方哑口无言，后来竟将原因推到"反革命分子贝利亚"身上。

　　李强痛心疾首！他后来反复向外贸系统的年轻人强调：千万不要相信有些国家嘴巴上说的友谊"牢不可破"。实际上他的好东西不给我，却把坏东西给我，友谊又怎么能"牢不可破"？不仅西方国家不给我们新式东西，连苏联在内，即号称友谊"牢不可破"的国家也不给我们。所以我们中国人要硬气，要自力更生，千万不能被所谓"牢不可破"之类的话把脑子搞糊涂了。

　　1957 年 10 月 15 日，经中方苦心争取，中苏签订《中华人民共和国政府和苏维埃社会主义共和国联盟政府关于生产新式武器和军事技术装备以及在中国建立综合性原子工业的协定》。这意味着苏联终于答应帮助中国搞尖端武器了。但苏方很快就从 1958 年起逐步改变了《协定》规定的应承担义务的范围。到了 1959 年，双方摩擦越来越多。这年春，为了履行上述《协定》，李强随刘亚楼率领的中国军事代表团赴苏联接收原子弹样品，苏方有关部门也已装货待运，最终却因苏联领导人赫鲁晓夫的态度导致原子弹样品未能成行。

在赫鲁晓夫向中国政府提出建立海军联合舰队等要求被毛泽东拒绝后，1959年6月20日，苏共中央致函中共中央，将1957年10月双方协定的由苏联向中国提供原子弹样品和有关技术资料的规定推迟两年，视国际形势发展情况再决定是否执行。这表明，苏联走出了撕毁两国协议的第一步。

中国人永远记住了这个屈辱的日子。为了争口气，后来中国科学家就把中国研制原子弹的工程叫作"596工程"。

为了支持"596工程"，李强倾尽全力。

苏共中央给中共中央的"6·20"致函发出仅十几天，周恩来就于7月在庐山向有关部门传达中央决策："自己动手，从头摸起，准备用八年时间搞出原子弹。"陈毅接着说：即使当了裤子，也要把原子弹搞出来。以后，陈毅又多次对聂荣臻说：我这个外交部长的腰杆子还不太硬，你们把导弹、原子弹搞出来了，我的腰杆就硬了①。

李强清楚地意识到，中国需要大量高精尖的产品，但如果全部依靠进口，是不可能走在世界前列的，因为发达国家就是要让中国落后他们几十年。新中国诞生前夕，他在井陉建立的天线阵列曾通过无形电波将毛泽东的世纪雄文《别了，司徒雷登》向全世界传播。毛泽东说，美国确实有科学、有技术、有很多钱。可惜抓在资本家手里，不抓在人民手里，其用处就是对内剥削和压迫，对外侵略和杀人……美国有很多钱，可惜只愿意送给极端腐败的蒋介石反动派。现在和将来据说很愿意送些给它在中国的第五纵队，但是不愿意送给一般的书生气十足的不识抬举的自由主义者，或民主个人主义者，当然更加不愿意送给共产党。送是可以的，要有条件。什么条件呢？就是跟我走。

毛泽东宣布："我们中国人是有骨气的……多一点困难怕什么。封锁吧，封锁十年八年，中国的一切问题都解决了。中国人死都不怕，还怕困难吗？"这份宣言既豪情万丈又言之有据，每每触动李强的心弦。

---

① 参见中共中央文献研究室编：《周恩来传（1898—1976）》下，中央文献出版社2010年版，第1574页注释。

▶匕首之刃
——李强传

李强循着当初在陕甘宁边区军工留下的足迹，将过去同现在联系在一起；循着美苏两国对中国实施封锁的霸权主义行径，将今天同未来联系在一起。历史常常呈现出对手有多强大，就逼得你有多强大的特点。过去在美国的支持下，国民党的重重封锁没有搞垮共产党，反而激励陕甘宁边区军民在荒原上建起了门类齐全的红色军工。眼下也是这样——对中国的技术封锁有多黑暗，被封锁唤醒的黎明就有多绚烂。

历史为镜，长歌当啸，中国最终还得靠自己。李强深信，中国人是有志气的，反正天也塌不下来，面对重重困难，咬咬牙也就过去了。中国人民一定能在毛泽东思想指引下，自力更生艰苦奋斗，冲破封锁与包围，真正自立于世界民族之林。

1959 年 9 月，苏方告知中方，原答应卖给中国的 24 架米格-21 型飞机不打算给了，还不允许中国派代表团去莫斯科商谈。得知这一消息后，李强立即利用苏方尚未向援华专家全面传达之机，向苏方具体部门据理力争，使这批飞机最终飞到了中国。

进入 1960 年，苏联背信弃义的步伐越来越快，中苏关系加速恶化。7 月 16 日，苏联政府照会中国政府，决定召回在中国工作的苏联专家。不等中国答复，苏联政府于 25 日又通知说，在中国工作的全部苏联专家将在 7 月 28 日开始撤离，9 月 1 日前全部撤完。

此后，从 1960 年 7 月 28 日起到 9 月 1 日，在短短一个多月的时间里，苏联以每周驶往莫斯科两班国际列车的速度运回了在中国 16 个城市承担重要工程建设任务的 1390 名苏联专家和 2500 多名家属，其撤离规模之大、人数之多、速度之快令世界震惊。

7 月 25 日这天，李强在日记中写道："苏联政府今天通知中国政府，苏联决定下个月撤回所有在中国工作的苏联技术专家。"他和苏方绝大多数外贸官员一样，非常不情愿由于两党之争影响相互间的贸易往来。然而，政治与经济的紧密联系，贸易对意识形态的高度依赖，并不顾及人们的良好愿望。当丛林法则被植入"社会主义阵营"，皮之不存，毛将焉附？

遵照周恩来的指示，李强承担起苏联撕毁合同和撤走专家的善后工作，第一项任务就是清理损失。据当时负责具体工作的宿世芳（时任中国技术进出口公司成套设备处处长）回忆，1961年上半年，他同公司副经理高竞生及魏逸才、吴逢周奉命全面清理进口成套设备项目和苏联撤走专家的人数。

据统计，苏方撕毁了343个专家合同和补充书，废除了257个科技合作项目并带走全部设计图纸和有关资料，致使中国304个成套设备项目未能全部执行。截至6月19日，304个项目中完成设计、交货的有122项，设计、设备基本交完的有27项，正陆续交付设计、设备的有89项，尚未开始工作的有66项。中苏双方于6月19日签订协议，在上述89项加上66项中，撤销89项，保留66项。1962年5月13日，双方议定将保留的66项推迟到1964年再议。经1965年2月11日议定，取消过去的建设项目，重新开始。1965年4月1日，双方主管部门在北京交换《中苏一九六五年关于成套设备项目问题的备忘录》。至此，全部项目均被撤销[①]。

苏联的突然翻脸使新中国快车骤然减速，在社会主义建设道路上留下了刺耳的刹车噪声和深深的辙痕。从集中撤离全部专家到陆续撤销全部项目，不仅导致中国40个部门250个企事业单位完全陷入瘫痪，正常的设计、设备安装和生产遭到破坏，还彻底打乱了第二个五年计划的执行，已制订的第三个五年计划的数据失去意义。这令李强非常痛心，甚至回忆起1927年4月共产党人遭受国民党反动派屠杀，被迫进入地下状态的往事。没想到30多年过去，老师竟也挥舞大棒击中学生的最痛处！

李强的第二项善后任务是"打扫战场"。当时，根据中苏两国协定，1960年7月15日前苏联有一批设备正处于未按时发运和未到发运时间的"合同外发运"状态中。两国关系好时双方都很宽容"合同外发运"，现在关系不好了，苏方担心"合同外发运"滞留苏联成为废铁，遂于7月16日后拼命将烫手山芋推给中国，不仅使满洲里火车站堆满货物屡屡告急，而且只要发货来中国，中国就得付钱。

---

① 参见宿世芳：《关于五十年代我国从苏联进口技术和成套设备的回顾》，1995年8月30日。

　　李强对满洲里火车站不陌生。20 多年前，他在周奎的帮助下从那里
奔向世界上第一个社会主义国家。当时他对火车站北边的红色热土是多么
向往！三年前，他所参与的苏联援华国防尖端武器某型号导弹及器材也是
从满洲里进入中国，尽管这款导弹型号已在苏联退役，但李强对祖国国防
尖端工业的艰难起跑还是很感慨。可现在，满洲里界碑以北的大肆甩锅，
不啻向受害者加害后再向其伤口上撒盐。因为苏联扣住主机不发货，却
发来大量他们已不用的辅助设备、附件，等等，且没有专家和任何技术
资料，使中方不仅无法使用，还要付钱。若不及时堵回海量的"合同外
发运"，中国的处理成本就得增至"海量"，给经济建设、国防建设和人
民生活造成难以估量的损失。

　　李强愤怒地将苏方的此种行为斥为"缺德"。但在中苏交恶的大环
境下，谁也没有迎刃而解之良策，满洲里只能顶住！一向待人宽和的李强
火了，用"红机子"打电话通知中国驻苏联大使馆商务参赞处坚决拒收此
类设备，否则所造成的一切损失均由苏方承担。

　　9 月 17 日，李强向周恩来总理报告了苏联提前发货的情况，并提
出对"合同外发运"的货物应拒绝付款。报告中说：我部所属技术进口
公司目前收到苏联的一份账单，要我们支付 2000 万卢布的外汇，用以偿
付苏联发运的 800 毫米轨梁轧机，这是包头钢铁公司项目。这套轧机根
据合同规定应该在 1961 年交货。签合同时我方代表团曾再三向苏方提出，
希望将这套轨梁轧机在 1960 年交货，但苏方一直未答复我们的要求。现
在苏联忽然提前发货，并要求我们付款。我们的意见，既然是合同外的
发货，根据在北戴河时给苏方的电话通知，我们有理由拒绝付款……①

　　之后，中共中央给各部及各地发文，国家计委、外贸部、外交部
等部门也分别向中国驻苏联大使馆发电，重申苏方必须根据合同规定
发货，杜绝"合同外发货"，否则中方将拒付货款。

　　在李强等人坚决的、毫不妥协的抗争下，满洲里，顶住了。

　　在内忧外患重重困难的情况下，中国经济出现了短暂的混乱，但很快

---

① 紫丁：《李强传》，人民出版社 2004 年版，第 194 页。

就稳住了阵脚，中国的科学家们以更坚决的态度加快了研制"两弹"的步伐，毕竟，中国早已不是当年那个任人欺辱的国家。

毛泽东以其穿越时空的眼光，比别人都看得更早、更远。早在抗美援朝战争期间的1951年6月21日，毛泽东就在致斯大林的信中说，"我军在朝鲜作战八个月来，深感敌我装备的悬殊和急于改善我军装备的必要"。同日，毛泽东复信徐向前指出："没有现代的装备，要战胜帝国主义的军队是不可能的。"[①]

中苏蜜月期间，毛泽东高瞻远瞩作出了中国要自己发展原子能的英明决策。1955年1月15日，毛泽东在北京中南海颐年堂主持召开中共中央书记处会议，听取李四光、钱三强和刘杰关于中国原子能科学的研制现状、铀矿资源情况的汇报以及有关核反应堆、原子武器、原子能和平用途等的讲解，讨论发展原子能事业问题。毛泽东指出："这件事总是要抓的。现在到时候了，该抓了。只要排上日程，认真抓一下，一定可以搞起来。现在苏联对我们援助，我们一定要搞好，我们自己干，也一定能干好。我们只要有人，又有资源，什么奇迹都可以创造出来。"毛泽东还从哲学的角度谈了粒子可分的问题，鼓励核科学家们进一步地开展这方面的科学研究工作。会议作出中国要发展原子能事业的战略决策[②]。

1956年4月25日，毛泽东在中共中央政治局扩大会议上发表的《论十大关系》讲话指出，我们"不但要有更多的飞机和大炮，而且还要有原子弹。在今天的世界上，我们要不受人家欺负，就不能没有这个东西"[③]。

1958年6月21日，毛泽东在中共中央军委扩大会议上指出："还有那个原子弹，听说就这么大一个东西，没有那个东西，人家就说你不算数。那么好，我们就搞一点。搞一点原子弹、氢弹、洲际导弹，我看有

---

① 中共中央文献研究室：《毛泽东年谱（1949—1976）》第1卷，中央文献出版社2013年版，第361、362页。

② 中共中央文献研究室：《毛泽东年谱（1949—1976）》第2卷，中央文献出版社2013年版，第337—338页。

③ 中共中央文献研究室：《毛泽东年谱（1949—1976）》第2卷，中央文献出版社2013年版，第567页。

十年工夫是完全可能的。"①

在苏联发出撤走专家照会的第三天，1960 年 7 月 18 日，毛泽东在中央工作会议全体会议上说："要下决心，搞尖端武器。"②

同年 7 月 31 日，周恩来在中央工作会议全体会议上报告苏联撤走专家和外贸问题时说："苏联撤走专家，影响了我们的工作，想拿这个来压我们，这怎么能压得成呢？"他为与会代表算了一笔账，指出明年中国需要给苏联还账 23 亿卢布。

当时会场上群情激愤，大家表示勒紧裤腰带也要还债。有人说，要争口气，明年把债还掉。有人说，共赴国难。毛泽东说："争取明年还清这个债。"周恩来说："总之一句话，明年是不是能还光了，最好还光。"毛泽东最后说："第一，对外贸易委托总理、富春、先念你们三人小组抓总，在这个下面，中央和地方都设对外贸易指挥办公室；第二，请会议的三个小组明天讨论一次，明年争取把 23 亿卢布还光，这种可能性有没有？如果能够挤出这么一点物资，能够适合他们的需要，我看那就是很好的事，那我们这个党有希望，人民也有希望，国家也有希望。"③

为了中华民族的长远利益，毛泽东作出勒紧裤腰带也要发展核武力量的重要指示，直到今天，中国人还能享受到这份宝贵的安全红利。中国的独立自主就是沿着毛泽东那一代人开创的道路前进的。

在那段艰难的岁月里，中共中央决定首先要咬紧牙关还债。中国人民吃了很多苦，终于提前两年把债务还完了。李强亲身参与了这项工作，感慨地说："这是很不容易的，也是值得的，他表现了中华民族不屈服的精神。"

① 中共中央文献研究室：《毛泽东年谱（1949—1976）》第 3 卷，中央文献出版社 2013 年版，第 373 页。
② 中共中央文献研究室：《毛泽东年谱（1949—1976）》第 3 卷，中央文献出版社 2013 年版，第 431 页。
③ 中共中央文献研究室：《毛泽东年谱（1949—1976）》第 3 卷，中央文献出版社 2013 年版，第 436 页。

1961 年 4 月，李强（右三）与叶季壮（右一）在中苏贸易会谈中

中苏关系破裂逼得中国外贸出现转折性变化。中共中央提出由东向西转移方针，力求突破西方对中国的经济封锁。为此，在中央领导下成立新技术小组，具体工作由国家计委与外贸部实施。外贸部重新成立成套设备局和技术进出口公司，由李强主管。由此，李强不仅见证了举国还债，还参与了中国推开西方大门的艰难过程。

李强多次听取工业和国防部门的情况介绍。当他了解到日本在谋求同中国往来时，立即组织洽谈，从日本进口了第一套成套化纤生产设备，以解决老百姓穿衣问题。这不仅使中国建设了当时最先进的维尼纶企业，更标志着中国打通了对外经济通道。

关于突破西方封锁，值得一提的还有中英贸易。李强抓住英国对华放宽禁运的机会发展中英贸易，先后引进了建在四川泸州的天然气合成氨设备，建在甘肃兰州的聚乙烯、聚丙烯设备等。中英贸易的最大宗成套设备是中国购买英国的"子爵"号飞机和罗罗公司发动机，加上后来引进的三叉戟飞机以及斯贝发动机专利，对中国发展航空工业发挥了重要作用。到 1970 年，中英贸易额始终保持在每年 1 亿—4 亿美元的水平（个别年份除外），英国成为中国在西欧最大的贸易伙伴。

在李强主导下，中国从法国引进建在吉林的丁醇、辛醇成套设备，建在华北和四川的磁带地震勘探仪和 5000 米深井钻机。后来又签订长期贸易协定从法国引进核电站和防御性武器，在农业、畜牧业、能源、采矿、钢铁、航空、空间技术、机械制造等领域开展合作交流，给西欧国家作出了榜样。

李强还主持了从荷兰引进建在泸州的全循环法尿素设备；从奥地利引进建在北京的纯氧顶吹转炉炼钢设备；从意大利引进建在兰州的重油合成化制合成氨车间和合成塔内件，转口援阿的合成氨烃抽提联合装置；从西德引进建在兰州的原油裂解和烯烃分离装置；从瑞典引进建在北京的加气混凝土设备；等等。

1975 年 5 月，中国与欧共体建立外交关系。李强积极推动中国同欧共体国家的贸易发展，使双方贸易额从 1975 年 23.99 亿美元达到 1979 年的 50.64 亿美元，增长了 111%。1980 年，欧共体对中国实行普惠待遇。1988 年，双方贸易额达到 101.95 亿美元，占当年中国进出口总额的 12.7%；欧共体国家来华投资项目 290 多个，合同金额约 17.8 亿美元。1979 年至 1988 年，欧共体国家向中国提供了大量长期优惠的政府贷款，对中国购买尖端技术成套设备发挥了重要作用[1]。

在李强主持下，中国先后与 40 多个西方国家签署了贸易协定，他还亲率中国贸易代表团出访了 20 多个国家，接待了前来中国访问和洽谈业务的外国几十个工商界代表团。

1962 年至 1969 年，中国利用引进西方国家成套设备对中国的油气开采、地质勘探、冶金、石化、机械、电子、轻工业等部门进行技术改造和填补生产技术空白，进出口总额在全国进出口总额中的占比从 1957 年的 17.9% 上升到 52.8%，与当年中苏贸易的峰值相似。引进的新技术和设备 84 项，累计用汇 14.5 亿美元，其中成套设备 52 项价值 3 亿多美元[2]。

---

[1]　商务部国际贸易经济合作研究院：《中国对外贸易史》下卷，中国商务出版社 2016 年版，第 78 页。

[2]　商务部国际贸易经济合作研究院：《中国对外贸易史》下卷，中国商务出版社 2016 年版，第 77 页。

李强亲历了中国从被封锁、被禁运到"文化大革命"后改革开放的过程。他经常用外贸实例告诫人们，越是开放就越要强调自力更生。他说，日本人愿意给中国一点技术帮助，但他要中国落后日本20年，20年之内的技术他绝对不卖给中国。美国的航天技术的确先进，航天飞机可以追上入轨失败的卫星，钩牢收回来。中国的同步卫星失败过，但后来我们的卫星飞了两圈就能对准赤道上空的轨道，而日本则在太空待了好几个星期后才弄正位置。这证明我们的卫星质量不错，自力更生可以成功。美国人嘴上讲得漂亮，实际上做得不漂亮。所谓美国实行政府不控制的"自由贸易"，这里有鬼！实际上美国控制得很厉害。美国控制的巴黎统筹委员会就是专门针对社会主义国家实行禁运和贸易限制的国际组织，它的内部有一套制度，许多技术产品都不卖给中国。

　　李强强调，我们不要奢望外国人给你技术，好像凡引进都成功，是"引进万岁"。其实引进的是"装配"，核心的东西是人家的专利，是要给钱的，这是国际规则。没组装的之所以卖给你，因为他的钱已经赚到。但零件怎么做？他不告诉你，你得买专利。所以中国还是要自己研究，自己做。

　　退休后，李强以原"中顾委委员""部长"及"中科院学部委员"头衔随"中国知名人士代表团"出访美国，曾多次公开批评美国的外贸政策。他说，中国科技发展速度大大超过美国的估计，美国根本没想到中国在没有苏联的帮助下能自己造出"两弹"。对中国暂时没有的先进技术，美国人说，你们不用自力更生，我们给你。但我们还是要自力更生，因为他说给我，但他是不会给的[①]。他旗帜鲜明地对美国人说这些，美国人没话讲。

　　处于冷战时期的大国如何才能提高慑战能力？无疑，最有威慑力的就只有核武器。李强先后兼任航空工业委员会委员、国防科委副秘书长等职，多次赴中国导弹、核武器基地考察，掌握了大量一手资料。美国对

---

① 参见 1985 年 5 月 30 日李强在中国技术进出口公司华中分公司的讲话。

中国研制原子弹极为恐慌，在对中国威胁恫吓的同时，还不断派间谍刺探中国核情报。李强几十年前就与国际间谍和国民党特务较量，具有丰富的反特经验，此情引起他的高度警惕。

1964年10月16日，中国第一颗原子弹爆炸试验成功。1967年6月，中国第一颗氢弹空投爆炸试验成功。

正值"两弹"研制关键时期，广州白云机场海关查获两只宠物老鼠，发现其身上沾有的放射性物质与中国某核试验基地数据相同。分管海关工作的李强接报告后立即指示外贸部保卫处，向北京市公安局负责联系外贸部的侦查员张文奇通报。张文奇很快查明，携带老鼠的英籍专家乔治·瓦特所供职的英德合资的维克斯—吉玛公司正在兰州某基地帮助中国技术进出口公司安装一套引进的化工设备，而维克斯公司的总经理与英中贸易理事会主席、英国军情局前资深间谍凯撒特是至交。

李强立即指示中国技术进出口公司，组织专家组前往兰州"考察设备安装"，让张文奇以"专家"的身份随组行动。张文奇抵近侦查得知，瓦特是个技术"白丁"，其夫人来华探亲时，瓦特常携夫人游览周边地区，还以山林树木为掩护拍发电报。1967年9月初，瓦特与夫人从北京出境，其夫人携带的玩具娃娃肚子里藏匿的微型胶卷被查获，瓦特谎称胶卷是另一个专家迪卡特的。张文奇辨认出胶卷内两百张照片中的七张可拼接成标有中国原子弹工厂的某地区战备地形图，另外三张是某军用机场地形图。

正值"文化大革命"最乱时期，北京市公安局已基本瘫痪，这起涉嫌来华外国人犯间谍罪的重要案件无人过问。张文奇不得不冒险越级请示公安部杨奇清副部长，杨奇清请示周恩来，周恩来批示将案子搞到底，配合外交和外贸斗争。

几乎与此同时，被张文奇"安排"在北京饭店的瓦特接到吉玛公司外聘的西德LURG公司开箱检验员、现场秘书特鲁兹·冯·许林德的电话。许林德曾给软禁在兰州友谊宾馆的迪卡特送罐头，在罐头标贴内面指示："瓦特夫人带出的东西被查获，你失败了，你愿意接受死刑判决吗？否则你就自杀，尼龙绳在黄油桶里。写一封给亲人的遗嘱和一份向国际法庭控告中国侵犯人权的控告信送出。"迪卡特接旨后写了遗嘱和控诉信，卷成纸球扔到窗外，被"恰好散步"经过的许林德捡走。后来，迪卡特自杀未遂，向中国有关部门举报了许林德。

张文奇查明许林德是持英国护照的美国人，其父曾是希特勒手下的将军；许林德用大写英文字母不分段的写作特点则是典型的美国特工手法。因此，张文奇推断该案是美国针对中国核计划的行动，瓦特和迪卡特是执行者，许林德才是指挥者。

就在许林德准备以外国专家身份逃离中国时，杨奇清蒙冤入狱，张文奇找不到上级，才意识到此案的复杂处是一个基层侦查员无法掌控的国内政治局势。茫然之际他想到了李强。因为负责联系外贸部，他与李强有很多接触。记得第一次见面时，他自我介绍在市局"美国科"工作。李强一听就笑了，说："这很好玩，跟美国人干，有意思！以后你在外贸部如有办不了的事，就直接来找我！"

张文奇崇拜李强，尤其是中央特科的锄奸故事，那番刀光剑影、英雄豪情每每使他热血沸腾。在他看来，李强是老地下党，不仅深谙敌特斗争，还是个侠肝义胆的好朋友。张文奇后来回忆说："在最危难的时候，案子办不下去的时候，我找的李（副）部长。李（副）部长讲话，要是没这种决心和意志，干不了咱们这行。"

找到李强就是找到了党组织。李强听完张文奇的紧急汇报后沉思片刻，拿起"红机子"找周恩来，让张文奇直接跟总理讲。张文奇愣住了，握住电话却不知该说什么，直到话筒里传出"我是周恩来"的声音时，才赶紧说："报告总理，我是北京市公安局的侦查员张文奇！"

"是文奇同志啊，你还好吗？"周恩来说。听到这亲切的声音，张文奇顿时泪如泉涌，哽咽着说不出话来。周恩来亲切地说："文奇同志，不要难过，你慢慢讲，请把案子仔细跟我说说好吗？"张文奇向周恩来详细报告了案情。周恩来连连夸奖他干得好。

1967年12月12日，许林德在北京首都机场被捕，其随身行李中的微型胶卷和各种附着在手套、手帕上的尘埃标本均被搜出，人赃俱获。许林德承认是美国特工，其任务是以公开身份为掩护，指挥针对中国核工业的"约翰牛"小组的行动，窃取军事、政治、经济和"文化大革命"情报，以图颠覆新中国。1968 年 3 月 15 日，兰州市中级人民法院依法判处许林德有期徒刑十年，瓦特三年，迪卡特举报有功受宽大处理，被驱逐出境。

张文奇始终认为，咱们国家在最乱时也没被美帝国主义搞趴下，就是因为有李强和杨奇清这样大量的有决心、有意志的共产党员。他很珍惜与这两位"大领导"的患难之交，这份情缘他永世不忘！

秘访"胡志明小道"

1966 年，"文化大革命"风暴席卷中国，李强和绝大多数高级领导干部一样对"文化大革命""很不理解""很不得力"。不同的是，他未受到大的冲击，其中很重要的原因是李强参加了中央援越工作领导小组，遵照中央要求，主管援越物资运输工作。

乱世之中要做好援越物资运输工作，李强面临的内外环境岂止是一个"难"字？但周恩来善于识人，更善于用人。他十分了解李强，也充分信任李强。他曾多次对人说过："凡是不好办的事情都交给李强办去，我相信他是有办法的。"周恩来还当面叮嘱李强："正因为事情不好办，我才叫你去。我只给你一个原则，具体怎样做，要你自己想办法。"[1]

为了让李强安心工作，周恩来特地派解放军总后军交部的处长李伦（李克农之子）和一名参谋搬到他的办公室办公，一方面是协调军队与外贸部门对援越物资的统一调配和运输，另一方面也是为了保护李强。

有一次，外贸部的造反派将李强和几个部领导拉到北京东华门的出

---

① 见薛幸福文稿《一枝一叶总关情——李强与周恩来的革命情谊》。

口大楼批斗。周恩来得知后立即派人赶到现场对造反派说，总理找李强有事。造反派眼睁睁地看着李强被周恩来派来的车接走却无可奈何。李强到周恩来办公室后，周恩来说："不能让造反派影响工作，我没有什么事。"说完又派车将李强送回外贸部办公室。

为了避免再次发生类似事件，周恩来特地指示："红卫兵、造反派不得冲击李强的办公室，干扰正常工作。"就这样周恩来还是不放心。后来，李强的军事秘书被要求一律穿军装上班，遇到情况可由外间秘书办公室的这几位军人出面阻止造反派的胡搅蛮缠。

自1956年李强回国后，为了执行苏联援华国防尖端工业的协定及后来的援越等工作，国防科委等部门就开始为李强配备军事秘书，如额尔登昌、陈国泰。援越以来，李伦、甘迈、闫清杰等军人也在李强办公室工作。"文化大革命"前，李强的军事秘书通常与同办公室的外贸部秘书一样着便装，"文化大革命"期间则公开穿军装办公，再加上后来增加的几位军方工作人员，对造反派的干扰形成了威慑力，保证了李强圆满完成中央交办的重要任务。

有了周恩来无微不至的关照，李强的工作未受到大的影响。其实李强心里非常明白，周恩来拼尽全力保护的不仅是他个人和援越工作，更重要的是国家信誉。后来，为了应付造反派的干扰，李强干脆将当年毛泽东为他题写的"坚持到底"原件复印件放在办公室玻璃板下面。以他的性格，本不愿将毛泽东亲笔题词拿来示人，但在这乱世中，此无奈之举还真起到了意想不到的"护身符"作用。

李强的援越运输任务非常艰巨。

1965年2月，美国对越南北方实施代号"滚雷"的战略轰炸。3月，派地面部队入侵越南南方。4月，美机侵入中国海南岛上空，向正在巡逻的中国飞机发射导弹，打死打伤中国船员和解放军战士，又在云南、广西等地进行海空骚扰，对中国形成了战争威胁。6月，美国宣布对越参战。之后，美军不断涌入越南，到1967年底，人数已达56万人，年度开支高达300亿美元。

1965年4月，应越南政府的要求，中国政府与其签订了由中国向越南派遣支援部队的协定。中国支援部队进入越南后，接受越南人民军总部指挥，由越南方面赋予任务；后勤保障全部由中方负责，所有生活物资都由国内运送，并在云南、广西开设两个后勤分部。

为了加强领导，中共中央成立了援越领导小组，组长是解放军总参谋长罗瑞卿，组员有李先念、薄一波、杨成武、李天佑、方毅、李强、刘晓等；国务院成立了援越运输办公室，由李强领导，成员单位有总参和外贸部等部门[1]。从那时起，援越工作成为李强的头等大事，援越运输办公室进入战时状态。

6 月 9 日，中国人民解放军派出地空导弹、高炮、工程、铁道、扫雷、后勤和船运部队从广西进入越南，在越南北方担负防空作战、修建和维护铁路、公路的任务；云南、广东、广西、湖南等省则开始对口支援越南七个省的经济建设和发展任务。到 1978 年，中国累计派出军队 32 万余人，最高年份达 17 万人，援越的武器装备、成套设备和一般物资总额价值达 200 亿美元。

1966 年 12 月 14 日，美机悍然轰炸中国驻河内大使馆。在中国外交部提出强烈抗议后，美国竟厚颜无耻地解释为是一次"失误"。中国为了坚决捍卫领土主权完整和人民生命财产安全，就要将更多武器弹药和生活物资更快运往越南，狠狠打击侵略者。

在混乱的国内环境下，大批干部被"打倒"。李强与军队、外交等部门的几个还能"出来"的干部坐镇指挥，以最大力量克服干扰，夜以继日指挥援越运输工作，创造了战争支援的人间奇迹。在越南人民军和越南南方民族解放阵线的官兵同美国侵略者进行的殊死斗争中，其武器装备（除导弹由苏联提供外）和吃、穿等日用品全部来自中国。中国成为越南的坚强后盾和可靠后方。

而苏联方面，赫鲁晓夫下台后，苏联的援越物资虽在总额上仍落后于中国，但军援渐超中国。仅 1965 年下半年，通过广西凭祥进入越南的苏联和东欧援越物资就达 5 万吨。1966 年至 1967 年，苏联援越军事

---

[1]　沈秋农：《周恩来与李强的深厚友情》，《中国档案报》2013 年 3 月 1 日第 4 版。

装备价值达5亿卢布，1968年为3.57亿卢布。从1965年至1973年，苏联向越南提供了10亿卢布的经济援助和20亿美元的军事援助。这些物资最终都通过中国转运，越南前往苏联的官员和接受培训的军人也得通过中国中转。中国人民履行国际主义义务负担之重，由此可见一斑。

越南吸引了全世界的目光，丛林战争也是谈谈打打。所以，从1965年起，在中国举国援越及越南战后重建的十几年里，李强就时时关注着中国和整个印度支那半岛，聚焦于密密麻麻的铁路、公路、海路和管道运输网络；每天受理援越运输办公室几十部电话昼夜不停报来的关于战争，关于生产运输，关于敌我友态势等方方面面的事项。

为了维护中国人民的长远利益和世界和平，李强为援越物资运输贡献了全部智慧和力量。他的工作压力之大，不仅缘于日益突出的运输矛盾和严峻的国内形势，还缘于在世界大格局中，大国利益错综复杂地交织在一起。

胡志明去世后，越共领导人倒向苏联，中越政治合作趋向冷淡。随着时间的推移，越方对中国援越物资有了更多的想法，要的东西从每年一次增加到两次，大到军火武器、汽柴油、每年数千辆汽车，小到粮食、银翘解毒丸、针头线脑，还有放入越南粮库抓老鼠的中国猫，等等，品名越来越多，货单越来越长。

中国人民把越南的事当成自家的事，自己节衣缩食，却对邻居倾囊相助。与此同时，在"打"与"和"的战略转折之际，中国也迫切需要了解援越物资运输情况和越共领导人的真实想法，看看仗还能否打下去。为此，周恩来曾派部级干部秘访越南，但因越方的"怠慢"而无法进行全面考察。

1970年11月，越南副总理阮坤、外贸部副部长李班分别向中方转达了越南总理范文同、副总理黎清毅对李强的访问邀请。于是，周恩来决定派李强秘访越南，了解越南北方到南方的水路、陆路运输实情，尤其是对"胡志明小道"，要"真正看到情况"。

"胡志明小道"是连接越南南北的陆路走廊，其地理位置非常重要。

它以越南河内为起点，沿纵贯南北的铁路和不同标号的公路南下，在不同地段拐向西行至越老边界附近，分别从17度线以北不同地段的一些山口横越长山山脉进入老挝，沿着长山山脉西坡"老挝走廊"南下，绕过17度线，在17度线以南不同地段跨越老挝边界进入越南南方[①]。

当时，不但越共通过"胡志明小道"派遣干部南下，外界支援越南南方的大量军火物资也通过这条长达1100公里的秘密交通线来运输。实际上所有从越南北方通往南方的小道都是"胡志明小道"，它也不是直路，而呈现出分岔合并、迂回转折，水路、陆路纵横交错，密如织网、变幻莫测的特点。随着越南南方游击队发展为正规军以及运动战规模的扩大，南方所需的重型军事装备越来越多，越南军民将"胡志明小道"拓宽、增加分岔，使它从最初的肩背人扛发展到能通行自行车、板车，整团整师使用的中国解放牌卡车和推土机、坦克等多种交通工具，日运输量高达140—200吨，甚至能集结作战部队的运输网络。

为了绞杀"胡志明小道"，切断中国对越援助通道，美军动用了除原子弹以外的一切手段，包括以主力部队封锁"胡志明小道"的入口地区，派特务进行破坏，埋设地雷等。还在"胡志明小道"上空喷洒碘化银，造成每小时80毫米特大暴雨，致使山洪暴发，桥梁、道路被冲毁。为了方便美机识别轰炸目标，美军不惜破坏生态，向"胡志明小道"沿途原始森林大量喷洒化学药品，使树叶脱落，生态完全被破坏。美军还投放了两万个电子传感器（即"黑盒子"），自动记录过往车辆的方位、速度，引导美机前来轰炸。

1964年到1967年，美军出动战机18万多架次空袭"胡志明小道"。其中仅B-52轰炸机每年就出动了3600多次，每架飞机每次在30秒钟内投出100多枚750磅的炸弹，在"胡志明小道"周边丛林切割出四分

---

① 王士禄：《越南战争时期的"胡志明小道"》，《东南亚》2001年第1期，第34页。

之一英里宽的林间空地，企图使越南人民军的卡车始终处于无可隐蔽的打击之下。

李强一行必须冒着生命危险秘访"胡志明小道"。

这是李强第二次访越（后来又有两次秘访），考察团对外称"赴越学习组"，成员有外交部亚洲司副司长梁枫、商业部曹副局长、总参李光仁处长、总后王长安处长、海军和农林部各一人，外贸部一局王斌副局长、蒋仲奎处长以及越语翻译张汉森等人。

临行前，周恩来在他的办公室接见了考察团。他反复叮嘱大家要注意安全，还说，为有牺牲多壮志，大家要发扬一不怕苦二不怕死的精神，向人家学习，多了解情况。

1970年12月10日上午，考察团从北京西郊机场动身，乘坐专机飞抵广西凭祥。当日下午考察凭祥火车站、友谊关外贸物资换乘站台、外贸部外运分公司、军事物资交换站台等处。

11日上午考察越南驻中国广西凭祥接收班、中国人民解放军兵站驻凭祥办事处，中午飞抵越南河内嘉林机场。越南有关领导人陈友翼、李班、陈参以及黄文艳等专程到机场迎接，黎清毅在考察团下榻宾馆门口迎接。

次日，考察团听取黎清毅、丁善等人的情况介绍。

13日，考察越南和平省如何利用自然河流接运中国援越大米的漂流情况和越南木薯加工厂等处。

14日，范文同接见考察团，李强向范文同转赠了周恩来特意带给他的珍藏多年的茅台酒。范文同借花献佛，同中国同志一起喝了壮行酒，嘱咐大家全部换装成越南老百姓的衣服。

一水儿的蓝棉服穿上身，李强与上任才半年的中国驻越南大使王幼平、中国考察团成员以及越方陪同人员全都进入了战时状态。

接见结束后，李强与陈参（时任越南人民军副总参谋长）、梁枫乘坐苏式嘎斯69型吉普，王幼平、王斌、张汉森等人乘坐北京吉普，立即沿越南1号公路直奔清化，如同二战期间苏联红军在莫斯科红场受阅后直接开赴前线，悲壮的气氛油然而生。

深夜，一行人经清化抵达北部湾最西端的荣市，即"北部湾事件"中被美机疯狂轰炸的地方。这一路，李强亲身体验了被美机炸得破烂不堪的"鸡窝路"的实际情况。无论什么牌子的越野车，只要驶入这种路，其减震性能立见高下。当时的北京吉普显然不能适应战时公路，即使越南司机搬来大石头压住车厢，仍不能阻止它以五公里时速"跳"着走，王幼平大使的头被撞得鲜血直流。

1970 年 12 月 10 日，赴"胡志明小道"考察前，在友谊关。二排左三为李强

1970年12月赴"胡志明小道"考察前，在河内附近与陈参少将观看越军炮架改造。

　　19日凌晨2点，李强一行驶入第20号公路34公里处，考察了储存中国援越大米和压缩饼干的仓库后，于8点在春山7公里处驶过一座桥梁。看得出来，越南所有的道路、桥梁都反复遭遇过美机轰炸，钢梁被巨大的冲击波扭曲成面目全非的废铁，混凝土碎成齑粉。然而每每美机刚飞走，中国军人、越南工兵部队和老百姓就一拥而上，用事先堆放路边的砂石抢修道路。再炸，再修。人们与侵略者较量速度，较量谁更能坚持下去。

　　考察团在不同标号的公路上行驶，李强观察到自行车是"胡志明小道"上最机动的交通工具，尤以中国的飞鸽牌和永久牌最受欢迎。特别是上海自行车厂生产的永久牌军用自行车，简直就是为越南军民量身打造的——车后座绑一块板，可以捆350公斤左右的物资，如遇轰炸，把车往路边一扔即可分散躲避。由于越南政府规定一个民夫跑上三四趟，自行车就可归个人，所以老百姓积极性极高。李强恍然大悟，怪不得越南每年向中国要几万辆飞鸽牌和永久牌自行车。他当即指示：要加快生产自行车；哦，对了，北京吉普的减震性能也要尽快提高。

1972 年 12 月，李强（左三）一行在"胡志明小道"上

"胡志明小道"上运力最强的是中国解放牌卡车，但它始终是美机轰炸的主要目标，即便夜间，美机也频繁出动。一般先由 C-130 运输机投掷照明弹，再由运输机改装的 AC-47、AC-119 和 AC-130 等机型飞机以及 F-4 新式战斗机前出攻击。面对密集而残酷的轰炸，驾驶解放牌汽车的越南司机一般走上四五趟就牺牲了。

20 日凌晨 1 点出发，李强一行很快抵达"胡志明小道"上最重要的入口——位于 17 度线附近的穆嘉山口。山口东端属于越南的河静，西端的缓坡土山就是老挝的他曲。这里地形陡峭、山石嶙峋、树林茂密，虽然海拔仅 418 米，却扼守着越南通往老挝的 12 号公路咽喉要道，是个"一夫当关，万夫莫开"的险要所在。为安全起见，李强一行摸黑行走，加上突遇滂沱大雨，很快，人和车就像小船一样在泥海中漂泊起来。车轮深陷泥泞时，人得下来推车，就这样裹在泥水里走走推推，终于乘夜色抵达 17 度线附近。

17 度线，西方殖民者"调停"下形成的越南北方与南方的军事停火线，因紧邻北纬 17 度线而获名。为了封锁穆嘉山口，美机曾在 17 度线方圆 21 英里的地带投下了数千吨炸弹。即使尼克松担任美国总统后，为拔脚越战泥潭逐步"降温"了封锁行动，并与越共背后的大国保持默契而不轻易跨越雷池，但穆嘉山口始终是美机空中打击的重中之重。现在，山口两侧的山大部分已被炸毁，白天每隔一两个小时美机就要对险要地段进行一次密集型轰炸。

李强等人乘夜色翻过山口，沿"胡志明小道"由越南北方悄悄进入老挝，再绕过17度线深入越南南方腹地几十公里，对沿途部署的越南输油管线和苏联对空导弹阵地进行详细勘察，天亮前沿原路返回。在美机密集轰炸的情况下，原路返回是很危险的，但穆嘉山口一带地形复杂，没有迂回之路，所以李强指挥考察团快撤。

就是这样，考察团还是见识了美军的轰炸。据张汉森回忆，他们乘坐的北京吉普越过穆嘉山口几十里时被美机发现，美机立即投掷了照明弹。

这是张汉森第一次见到照明弹。它在半空中缓缓下降照亮山岗，地面上所有的人、车、树木、道路都暴露在明晃晃的光线中，无一处死角。这也是张汉森第一次经历残忍的轰炸：先炸道路两头，把进退路径全堵死，再像卷地毯似的进行一波波的轮次轰炸。

满头是汗的越南司机大吼一声踩下油门，北京吉普轰鸣着向前跳去，张汉森只听身后传来美机俯冲而下的呼啸声和炸弹钢锥撞地时的爆裂声。

随行负伤的翻译张汉森

尽管开足马力，汽车还是被落弹炸起的泥土、树枝覆盖，张汉森他们跳下车撒腿就跑。震耳欲聋的爆炸紧追着脚后跟，张汉森手臂中弹血流如注。直跑到一个山旮旯里，飞机炸不到了，他才简单包扎了一下。

后来，医生从张汉森的伤口里取出了钢珠，他才知道这就是让人谈虎色变的"大包小"——子母弹中的一种：炸弹近地爆炸，钢珠高速散开，杀伤力极大。

年青的随团翻译张汉森记住了战争，也记住了流血与死亡。但给他

▶匕首之刃
——李强传

留下最深印象的还是李强。这个 65 岁的老同志比年轻人的精力和体力还充沛，他随身携带着一个皮革手提袋，里面只有几件换洗衣服。一路上考察团宿营草房，李强把手提袋当枕头，不管什么环境，倒头就能睡着，醒来就招呼上路。

越南的丛林中有毒。自然之毒是蚂蟥、蚊虫和毒蛇，战争之毒是美军和南越军队在道路、河流和植物上施放的化学毒剂。为了防止食物中毒，越方派出一辆蓝色货车，上面绑着鸡笼子，关着几只鸡，必要时杀鸡给中国同志吃。李强不知道队伍后面的货车上有鸡笼子，他到了宿营地下车察看时听见"咕咕"鸡叫，就眯着眼睛循声而去，竟在鸡笼里摸到一个带着余温的鸡蛋，开心得哈哈大笑。

开饭了，人们在密林中席地而坐。有人说："不妨吟诗作乐吧！"李强说："好呀好呀！你先来。"陈参出了前半段："六十五岁不服老，穆嘉山口也过了。"李强以筷击碗对出下半段："子母弹没吃上，鸡蛋吃得倒不少！"他轻松幽默的神情强烈感染了每一个人，众人打心眼里佩服这位革命老人。在他身上，充分体现了不怕牺牲的革命英雄主义和以苦为乐的革命乐观主义精神。

2019 年，距离李强秘访"胡志明小道"已经过去了 49 年。耄耋老人张汉森感慨地对李强之子李小强说，你爸爸是真正的共产党人，他不怕死。

考察组每逢开饭，心细如发的李强都会提醒随行的两位年轻的中国军人："我给你们布置的任务完成得怎么样了？"因为李强携带了上海益民食品厂生产的军用压缩饼干。小饼干惊动大领袖。毛泽东曾嘱咐要为越南战士配备蚊帐，压缩饼干也要"分量轻，营养好"。于是从离开河内起，李强就让这两名军人以压缩饼干就白开水为饭。两位军人严守纪律，吃了半个月饼干，结果体重减了、体质无恙，说明中国压缩饼干可满足战时需要。根据此次试验结果，后来上海益民食品厂改进配方，增加了压缩饼干的营养成分，以更好地适应战场需要。

李强还仔细观察了"胡志明小道"上植物生长情况，发现越南人民军战士长途行军时没菜吃，因缺少维生素经常生病，而中国供应的空心菜并不适应越南水土，就提醒有关部门改种旱地蔬菜。后来，人们就沿"胡志明小道"种上了生长期特别短的中国青菜，前边部队种下，后面部队就可吃上，不断种，不断有收获。

从河内、奇英、笋河口、峒海、永灵、克微到穆嘉山口，再经荣市、边水、清化、下龙湾、海防返回河内，李强考察了越南的公路、铁路、桥梁、港口、钢铁厂、包装厂、养猪场、渔业合作社、街区合作社和地下商店，越军防空雷达与高炮阵地、海军码头、运输快艇、兵站，参观了越南革命策源地"西原高地"、胡志明旧居和越南军事博物馆，听取了越共中央、越南国防部和地方有关领导对中国援越物资运输以及越南农业、轻工业和商业的情况介绍。考察了中国人民解放军援越后勤保障基地、成套设备建设基地、输油管线、满载中国援越大米的广州海运"红旗 161"货轮，听取了解放军总后勤部某部领导关于中国援越物资运输工作的情况汇报。

1970 年 12 月"胡志明小道"之行与越南渔业合作社民兵合影。前排左六为李强。

考察了苏联地空导弹阵地，观看了美军化学战影片，还与越共领导就中国援越物资的陆运、海运以及城乡交流、货币回笼、仓库保管等问题进行了多次会谈。

返回河内后，李强再次拜会范文同、黎清毅、黎德胜、武元甲、黎笋、阮维桢等越南领导人，并专程慰问了长期在防空洞里办公的中国驻越南大使馆商务人员。

1971 年 1 月 8 日，考察团回到中国广西凭祥开会总结。9 日 8 点半起飞至南宁。下午 1 点落地后稍事休息，5 点，李强去看望了韦国清。10 日、11 日考察组继续总结。12 日上午 9 点飞回北京。

李强不顾自身安危率领考察团深入越南战地一线，获得了大量第一手资料，为中共中央制定援越政策提供了重要依据，也在越南老百姓中引起巨大反响。人们纷纷说，毛主席派了一个老干部来看望北方和南方的同胞，我们要狠狠打击美国佬，保卫祖国和平。

1972 年 12 月，美国再次出动驻扎在太平洋和东南亚地区的全部 200 架 B–52 轰炸机，对越南河内和海防市再次进行大规模密集轰炸，但这已是最后的疯狂。1973 年 1 月 27 日，越战有关各方在巴黎签署了《关于在越南结束战争、恢复和平的协定》等三个议定书。3 月，美军撤出越南。1975 年 4 月，越南结束南北方分裂，实现了国家统一。

中国人民以掏家底式的海量物资无私援越抗美，以间接参战方式对美国实施战略威慑，使深陷战争泥潭的美国始终未敢越过 17 度线，美国空军甚至在战斗机上设置了不能越线的提示。最终，美国被赶出越南，中国守住了南大门。

1995 年 10 月，越南社会主义共和国主席黎德英向李强授予友谊勋章①。

此时的中国，早已不再是一个可以任意被人欺侮的国家了。

---

① 　原件收藏于常熟市档案馆。

落幕与启幕

1973 年，经周恩来建议，担任副部长长达 21 年的李强被任命为外贸部部长。这时，李强已经 68 岁了。

正值"文化大革命"动乱高潮之际，中国经济处于严重困境之中，外贸工作困难重重。好在中国外交始终在毛泽东亲自掌控之下。经毛泽东决策，中美关系解冻，中国外交打开新局面，外贸工作获得了难得的发展机会，中美贸易也迎来了历史性的重大变化。

李强任外贸部部长期间在台基厂家里的办公室

新中国成立后，由于美国对新中国实行经济封锁和贸易禁运，导致中美进出口贸易总额从 1950 年的 2612 万美元下降到 1953 年的 0.2 万美元，1954 年以后为零。1966 年，中国增加对资本主义国家出口贸易，中美贸易有了一点变化。1971 年是转折之年，10 月，联合国恢复了中华人民共和国的合法席位。1972 年，美国总统尼克松在北京拜会毛泽东，两人一致同意发展两国贸易。自此，中美之间从对立关系走向关系正常化，中美贸易也开始从美国对中国实行全面封锁转入正常发展之路。

▶匕首之刃
　　　　——李强传

此时，国际金融形势也发生了重大变化。随着日本和联邦德国的崛起，日元和德国马克升值，美元下跌，原有的国际货币体系被撕开一个大口子。李强认为这是一个可为我用的机会，立即给周恩来写了一份报告，全文仅 200 多字，提出了利用时机扩大外贸范围，为国家多赚取外汇的重要意见。

周恩来立刻签署意见批转李先念。周恩来的批示是："请先念同志支持，李强要多少钱都可以给。"为了落实周恩来指示精神，中央成立了价格小组，外贸部牵头，有计委、银行、纺织、轻工、商业等部门的同志参加，由陈云指导，李强具体负责。贸易研究所也被动员起来，全力以赴研究国际金融市场价格信息。

有一次，外贸部与"世界船王"包玉刚合作一笔生意。包玉刚与世界各国的财团，尤其是与日本金融界有密切联系，有一些可靠的信息来源。包玉刚很自信地判定行情已涨到顶峰，决定"收"。而李强判断行情还将持续上涨几天，并向包玉刚作了通报。包玉刚不信，反劝外贸部与他一起提前"收"。但外贸部还是坚持了几天，结果比包玉刚多赚了不少钱。包玉刚很不理解，后来问李强："你们的情报怎么比我的还准？"李强告诉他："我有一拨人在专门研究，有后盾。"包玉刚折服了，他说："你们比我强！"①

1972 年，中国春季广交会迎来了首批美国客商，秋季广交会的美商人数出现了急剧增长。1973 年，中国在美国设立商务机构——中华人民共和国驻华盛顿联络处商务参赞组。在外贸部党组和李强的领导下，商务参赞组作了大量调查研究，安排了多批次国内代表团赴美考察，还接待了不少美国工商界人士访华。李强先后会见了美国对外关系委员会主席、美中贸易全国委员会副主席、美国大通曼哈顿银行董事长戴维·洛克菲勒、美国驻北京联络处的两任主任布什、盖茨，以及主管能源问题的美国商务部长莫顿等人，艰难地推开了中美贸易的大门。

---

① 李强：《我的革命历程》，中共中央党史研究室编：《中共党史资料》第 49 辑，中共党史出版社 1994 年版，第 27 页。

1975 年 9 月 2 日，李强在联合国大会第七届特别会议上发言

　　1975 年 9 月，李强率中国政府代表团出席联合国大会第七届特别会议。他在会上阐述中国主张，在会下广交朋友，推动中国外贸。1978 年 12 月，李强首访香港，向全世界传递了中国改革开放的信息。1979 年，中美正式建立外交关系。7 月，李强同美国驻华大使伍德科克分别代表两国政府签订了《中美贸易关系协定》。

1975 年 9 月，李强（前排左三）在联合国大会发言后与各国代表拥抱

在外贸战线干部职工的艰苦努力下，中美贸易额从 1954 年的零起步，在开局之年的 1974 年达到 2.6 亿美元，在建交之年的 1979 年达到 24 亿美元。到 1981 年，中美贸易额已近 59 亿美元，为本世纪两国每年五六千亿美元的巨大贸易规模打下了基础。李强参与了中美贸易破冰的历史，一如 20 年前他参与苏联援华建设的"156 项"，中苏贸易和中美贸易的开局注定都是李强外贸生涯的巅峰。

20 世纪 70 年代中后期，"四人帮"大搞"批林批孔"，把矛头指向周恩来，外贸部被扣上"洋奴""买办""崇洋媚外""爬行主义"等一堆大帽子，"蜗牛事件""风庆轮事件""评水浒"之类的事件和运动层出不穷，给干部职工造成极大压力。无疑，能与极左思潮进行斗争和周旋，重新聚拢人心、推动外贸的扛鼎之人非周恩来莫属。李强始终不能忘怀周恩来对中国外贸的重视与关怀，他深情地回忆道：

我始终不能忘记的是周总理对外贸工作的重视与关怀。在整个"文革"过程中，周总理一再顶回"四人帮"一伙对外贸工作的污蔑与攻击；连续 9 年的"广交会"，周总理都亲自指导；他还经常深夜来视察我们的工作，与大家亲切交谈。1973 年，他手术出院后第一次主持国务会议，讨论的就是外贸工作。周总理的鼓励与鞭策是我努力工作的巨大动力[1]。

1976 年 1 月 8 日，周恩来与世长辞。他的遗体刚送至北京医院，李强就赶去守灵。在那间条件简陋的小房间里，李强见到的是被疾病折磨得已经完全脱了相的总理：瘦得皮包骨，脸颊凹陷，头发稀疏……李强心如刀绞！周恩来的逝世对李强的打击太大。尽管在人前，他仍如往日一样保持平静，但一回到家，他就把自己关在房间里，不吃不喝、无眠无休地坐着，谁也叫不动他。

---

[1] 李强：《我的革命历程》，中共中央党史研究室编：《中共党史资料》第 49 辑，中共党史出版社 1994 年版，第 27 页。

1976年，李强（左三）送别周总理

周恩来与李强相识、相知长达半个世纪，两人既是接触频繁的上下级关系，又有一种无须言明的兄弟之情。只要提起周恩来的名字，想起他的光辉业绩、崇高品德和他对自己的信任与关怀，李强就感到温暖、自豪，他曾感慨地说："生我者父母，知我者恩来！"

周恩来12岁时即阅读了陈天华的《警世钟》和《猛回头》、章炳麟的《驳康有为论革命书》、邹容的《革命军》等进步书籍。13岁时就立下了"为中华之崛起"而读书的雄心壮志。此后，他怀着对人类最美好理想的追求，为拯救中华民族于苦难之中，以极大的责任感不懈奋斗了一生。大革命时期，他出生入死与敌人斗争。新中国成立后，他长期担负着中共中央、中央军委和国务院的日常工作，参与制定内政外交、军事经济以及科学文化等方方面面的重大政策。他一生光明磊落，对党和人民忠诚无比、献出一切，是共产党人的一座丰碑，可谓一代楷模、万世师表。

"文化大革命"期间，周恩来忍着病痛苦撑危局，针锋相对地抵制干扰，保护了大批党内外干部。如果没有他的忍辱负重和不懈努力，党和国家的命运难以设想。周恩来深知党内分裂的严重后果，因此，他率先垂范，全力维护党的团结和统一，始终以坚定的党性原则同一切分裂党的行为作坚决斗争。他在很多场合反复讲，不团结就是分裂的萌芽，要求领导干部要主动搞好团结。为了党和国家能够正常运转，周恩来做到了鞠躬尽瘁，死而后已。

李强向周恩来学习，一生党而不私，从不跟"线"、跟"人"。91 岁的李强逝世后，新华社在受权发布的"李强生平"中称他"品德高尚，作风正派"，孩子们敬仰他一生"不枝不蔓"。李强是一个真正具有"老地工"素质的共产党员，他严守党的秘密，对党忠诚，对人对事负责，做到了极致。

本着对国家和民族高度负责的精神，李强从粉碎"四人帮"起，就开始系统地回忆中央特科史，把周恩来领导下的中央特科从创建到鼎盛时期的重大事件，再到因顾顺章叛变造成的重大危局，直至最后遵共产国际指令停止活动的过程，按照时间顺序梳理出来记在心里。他认为，还原历史真相的事情迫在眉睫，再不做就晚了！

李强在混乱的政治局面中顽强坚持着一个人的秘密战斗。直到党的十一届三中全会后，他才能公开做这件事情。此时的李强，每每想起自己在周恩来逝世时立下的誓言，浑身就充满不竭的激情与动力。为了核实中央特科更多的人和事，他不知疲倦四处奔波，豁出了老命（见本书第五章《为了还原历史的真相（一）》和《为了还原历史的真相（二）》）。

1985 年，李强终于将十几万字的中央特科史料交给有关部门。该史料再现了共产党人在白色恐怖下发展情报和保卫事业的真实情况，为填补中共情报工作史的空白和研究中共党史作出了重要贡献。李强一如既往遵守党的保密规定，没为自己留下一页底稿。

周恩来逝世后，全国人民无不悲痛万分、沉痛哀悼。以江青为首的"四人帮"违背民心，利用各种机会加紧制造舆论。在这年 3 月召开的中共中央政治局会议上，"四人帮"批外贸部是"卖国主义"。之后，王洪文找人炮制了一篇题为《外贸部推行邓小平修正主义路线的一些情况》的文章，刊登在《人民日报》的《财政部汇编》上，污蔑外贸部推行"卖国投降路线""出卖国家资源",给外贸部罗列了"崇洋媚外""丧权辱国"等罪名,王洪文还在上面批了很长一段话。

"四人帮"疯狂之际,也是民怨鼎沸之时。长达十年的忍耐与愤怒终于在 1976 年清明时节爆发,人们从四面八方涌向天安门广场,在人民纪念碑前宣泄愤怒,悼念周恩来。"四人帮"千方百计设置种种障碍,不让人民悼念敬爱的周总理。李强忍无可忍,不顾他们的禁令,亲自以部长名义下令外贸部下半旗以志哀悼。李强还让外贸部职工把悼念周总理的花圈送往人民英雄纪念碑。他说,出了问题我兜着。为了悼念周总理,为了表达亿万人民的心愿,我愿意承担一切责任[1]。

1976 年 9 月 9 日,一代伟人毛泽东逝世。消息传出,人民悲痛、举世震惊。然而,"四人帮"却更加肆无忌惮、急不可待地进行篡党夺权的活动。他们不仅篡改毛主席临终遗嘱,大造舆论,还在上海建立武装力量,甚至发放了大批枪支弹药。在中华民族处于万分危急之际,李强深信,人民对"四人帮"的不满,对毛主席、周总理的热爱,一定能制止倒退,推动时代前进。

1976 年 10 月 6 日,中共中央政治局对"四人帮"采取"隔离审查"措施。这是一次震惊中外、永载史册的重大行动,坚决、果断而稳妥,既为党为国为民除害,又未引起社会动荡。李强衷心拥护党中央粉碎"四人帮"以及中共中央政治局紧急会议作出的重要决定,为此而欢欣鼓舞。

事后,华国锋对李强说:"'四人帮'给你们外贸部扣上了卖国主义的帽子。你们外贸部不是卖国部,是爱国部,中央给你们平反!"李强非常感动。若是中央的断然措施再晚几天,那么连同自己在内,不知会有多少人被打入万劫不复的深渊!

---

[1]　李强:《我的革命历程》,中共中央党史研究室编:《中共党史资料》第 49 辑,中共党史出版社 1994 年版,第 27 页。

1976 年 10 月，李强参加群众游行，欢庆粉碎"四人帮"

为了妥善做好粉碎"四人帮"的扫尾工作，稳定局势和解决上海问题，10 月 13 日，中共中央政治局会议决定派出由中央政治局候补委员、海军政委苏振华，中央政治局候补委员、北京市委第二书记倪志福，江苏省委第一书记、南京军区政委彭冲组成中央工作组前往上海，工作组的 180 多名工作人员由中央和国务院各部委抽调。据郑拓彬（时任外贸部三局局长）回忆，李强亲自在外贸部选调得力干部参加了中央工作组。

中央工作组进入上海后，正确贯彻党中央方针政策，深入调查研究，团结工人阶级，发动广大群众，深刻揭露和批判"四人帮"的阴谋，仅用半个多月就瓦解了"四人帮"在上海的代理人物和"第二武装"，迅速稳定了局势。

在深入揭批"四人帮"和从组织上清查"四人帮"帮派体系的工作中，李强对外贸系统在"文化大革命"以及历次政治运动中造成的冤假错案进行了彻底平反，使两千多人获得了政治上的"新生"。

周恩来逝世一周年时，李强在党的会议上公开讲天安门事件是革命行动。在 1977 年 3 月召开的中央工作会议和 7 月召开的中共十届三中全会上，他和一些老同志再次提出为天安门事件平反。10月，李强公开发表题为《周总理的伟大革命精神永远激励我们前进》的长文，详述周恩来对新中国外贸事业发展付出的心血和在"文化大革命"中坚决抵制"四人帮"破坏，为保护对外经济工作发挥的重要作用。李强指出，我们一定要学习周总理全心全意为人民服务的高尚品质、坚强的无产阶级党性和对敌斗争的坚定性，朝着周总理在四届人大政府工作报告中重申的在本世纪内全面实现农业、工业、国防和科学技术现代化的宏伟目标，为把我国建设为社会主义现代化强国，为共产主义事业的胜利而奋斗。

1978年11月，中共北京市委宣布天安门事件是革命行动，为受迫害的同志一律平反、恢复名誉。12月，中共十一届三中全会作出天安门事件完全是革命行动的决定。李强紧锁的眉头终于舒展了，他满怀信心迎来了改革开放的新时代。

李强为改革鼓与呼，大力突破计划经济束缚，积极推动外贸体制改革，并从期货贸易上找到了突破口。他后来回忆说：

以往的计划经济，工作很死板，一切都要靠上面的指示。不管实际情况如何，领导一批下来你就得买，价格再贵也得买。否则指示的期限一到，计划就作废了，用货单位也不干。从我们的外贸总额虽说数量并不大，但我们是一个大国，外贸又只有一个统一的大口子，因此一具体到购买某一种产品，往往就是一个大主顾。外国商人看到我们这个特点，就有意欺负我们。我们一进钢材市场，钢材价格就涨；我们一进粮食市场，粮食价格就涨……为了减少国家的损失，我们就想到了期货贸易。

这是一种国际通用的贸易方式。它通过双方的签约，确定买卖产品的数量、质量和规格。卖方应随时供货，买方可随时取货。价格下落时可以买进；上调时就搁在那里。产品既可以自己使用，也可以根据行情转手卖出。它带有保值的特点，对我们尤其有利 [1]。

---

[1] 李强：《我的革命历程》，中共中央党史研究室编：《中共党史资料》第49辑，中共党史出版社1994年版，第27页。

▶匕首之刃
——李强传

就这样，外贸部出现了前所未有的活跃局面，粮食、钢材、石油、煤炭、机械、轻纺、化工，甚至黄金生意等都做起来了。有买有卖，有进有出，范围扩大到世界各地。从 1973 年忙到 1975 年，为国家赚取了 30 多亿美元，受到国家领导人的表扬。

1979 年 4 月，李强在中央工作会议上专题论述了外贸体制的改革问题，指出，目前中国外贸体制中存在的主要问题是统得过多、层次较多、手续较繁，产销结合不好，两个积极性未能充分发挥。改革的落脚点应是"统而不死，活而不乱"，但步子"不宜过大过快"，应当"一切经过试验"，还提出三个方面的具体设想。

同月，李强在接受香港《经济导报》记者采访时，再次谈及外贸体制改革的目的，认为应当充分发挥中央和地方的两个积极性，提高工作效率，使业务经营更加灵活便利。他还初步论及了"政企分家"和地方外贸行政主管部门的职责问题。

11 月，李强在全国进出口工作会议上指出，要坚决贯彻执行中共中央、国务院关于改革外贸体制的决定。他特别强调，一是外贸体制改革从属于国民经济体制改革，需要各方面配合起来共同改革；二是体制改革应发挥企业积极性，给予企业充分的自主权[1]。

这一年，李强在题为《研究对外贸易，发展对外贸易，更好地为实现"四化"服务》的报告中指出，"要探索国民经济体制改革与外贸体制改革的关系以及外贸体制改革本身的有关问题"。

1981 年，李强在《对外贸工作汇报提纲的意见》中指出，外贸体制改革的目的是发挥企业活力，迅速发展生产力；改革的方向在于将外贸经营权直接交给企业和企业联合体；外贸企业和企业联合体要与外贸部、国务院主管部门或地方政府脱钩，独立经营，自负盈亏；改革后，外贸部和其他有关政府部门不再统辖外贸经济实体，而应完全成为政府行政职能部门，承担制定外贸方针政策计划，颁发进出口许可证，签订政府间协定

---

[1] 参见《李强文存（1924—1994）》，李延明整理，中共常熟市委党史工作办公室 2002 年印，第 106—107、131—132、139、152—153 页。

以及监督外贸活动等职能。外贸体制改革不可能孤军深入，只有整个经济管理体制进行改革，外贸体制改革的先行先试才有意义。

李强积极推动外贸体制改革迈出实质性步伐。通过调整行政管理机构，改革单一的指令性计划管理，下放经营管理权等措施，中国外贸终于打破了高度集中、国家统制的局面。外贸经营主体开始在中国大地上成长，各种崭新而灵活的贸易做法层出不穷，中国商品的国际竞争力大大增强，对加速中国经济发展发挥了积极作用。

中国海关管理体制长期不顺。20世纪50年代，海关总署从政务院直接管理转为划归外贸部领导。60年代，又把外贸部领导的"中华人民共和国海关总署"改成"外贸部海关管理局"。"文化大革命"期间，海关管理局被撤销，改称"业务组"，其管理权甚至下放地方人民公社一级。党的十一届三中全会后，李强积极推动海关体制改革。他没有部门利益，更没有个人利益。在他的坚持下，1979年，"外贸部海关管理局出访团"的名称改为"中华人民共和国海关出访团"。后来，"外贸部海关管理局"又改为"中华人民共和国海关总署"。

李强以无私境界和理性眼光为中国外贸体制改革开启了序幕。

1981年3月底，76岁的李强被任命为国务院顾问，同年秋，不再担任外贸部部长。1982年9月，李强任中顾委委员。退休的李强既不迷恋抄唐诗、阅古书，也不沉醉于"轻罗小扇""薄酒胜茶"，他比退休前还忙。除了寻访中央特科的旧人旧事，他还协助有关部门做促进国际贸易的工作，为地方建设出谋划策。但最让他意犹未尽的还是改革开放，是知识分子，是"人"。因为改革问题，行业问题，企业问题，等等，归根到底都是人的问题。

1985年5月30日，李强在给中国技术进出口公司的干部职工"忆苦思甜"时，从知识、文化、技能等方面强调了提高人的综合素质的重要性。他说，有的人不了解国外的情况，以为请人家吃顿饭就可以解决所有的问题。我说没有这回事！"吃顿饭"那是古老的做法，不能解决问题。我们还要警惕，好多人在吃饭时不经意就把国家核心秘密都搞出去了。

李强提倡外贸企业的人员应一专多能，认为外贸工作效率低下与分工太细有关，比如商务谈判至少要三个人，一个商务参赞，一个翻译，一个司机，多浪费啊？现代贸易需要各方面知识，有零售学、商品学，还要懂账目。外贸人要会开车、懂外文、能打字，做一个具有国际水平的多面手。将来的道路必须是这样，只有人精简下来，工资才能增加上去。

李强强烈倡导外贸企业要设法律顾问、律师和会计师，外贸干部要了解各国法律，特别要熟悉经济法律，一旦发生问题就在法庭上见。要避免"批条子"，因为批条子往往同法律相违背。中国的发展还是要靠法制①。

李强的这些认识虽然都是 30 多年前的，但时间隔得越远，人们越觉得他利用"余热"推动改革的那份热忱有多么可贵，他那些至今仍具有现实意义的直言警句有多么重要。

树高千尺离不开根。以前每逢出席党代会、人代会，李强总要寻找参会的常熟代表，曾在一次会议期间认识了常熟的青年工人李安玉。这个一向"不枝不蔓"的老革命便与家乡人拉上了关系，他对李安玉说："毛豆子烧豆腐，同一块土上人。小老乡，你给我讲讲家乡的情况好不啦？"退休后的李强每隔一两年都要回常熟看看，多次向县委领导提出建议，大到发展方向和利益协调，小到具体细节，只要有利于家乡建设，他都热心帮忙。

根据他的建议，常熟建立了国家级外贸生产基地，开展国际拆船业务，引进了由香港华润集团投资的一万枚纱锭的纺纱车间，古城经济建设呈现出崭新面貌。不仅逐步具备了自我发展的生机活力，也为后来几十家世界五百强企业和中国几十个知名品牌在常熟落地生根打下了基础。

1984 年，李强专门听取常熟市市长高政、市建委主任朱良钧和老乡李安玉谈常熟的城市建设规划。当年秋天，李强回到常熟，特意邀请周文在将军同他一起听取城市规划介绍。回京后，他又邀请城乡建设部部长周干峙等专家共商加快发展、保护古城的大计。

1985 年，李强邀请 12 名在京的常熟籍城建专家与生态专家在他家里

---

① 参见 1985 年 5 月 30 日李强在中国技术进出口公司华中分公司的讲话。

召开"改造常熟老城，加快建设新城，保护历史文化名城"专题座谈会。李强发表了重要意见，强烈主张在发展的同时要保护好"七溪流水皆通海，十里青山半入城"的虞城山水，保护好"小桥、流水、人家"的古城特色。他还委托中科院学部委员、清华大学教授张光斗给常熟"出出主意"。座谈会后，张光斗带了一批专家到常熟，提出了许多极有价值的意见。在李强和专家们的带动下，常熟逐步形成了"保护老城区，建设新城区"的构想与实践。

与其说退休是落幕，不如说是开启了一块新幕。李强始终同他一生挚爱的祖国心连心，同人民在一起。

尾声　石榴树下

晚年的李强常坐在院子里那棵石榴树下。

1976 年，李强亲手栽下这棵树。如今的树干比象腿还粗，苍劲如冠的枝干撑起了小院上空的蓝天，给予李强超凡享受。石榴树馈赠的不仅有夏日花开嫣红一片，还有秋日里密密匝匝的果实。李强细数隐在老树干每条皱纹里的故事，在脑海深处的影像册中寻找那些早逝的同志们的身影。

李强找到了。他们是奚佐尧、陶静轩、顾治本、曹元标、赵世炎、梅中林、陈延年、陈乔年、罗亦农、彭湃、杨殷、颜昌颐、邢士贞、恽代英、李硕勋、黄尚英、沈侃夫、麦建平、张庆福、谢小康、瞿秋白、陈寿昌、谭忠余，等等。有的是他的革命引路人，有的是他曾拼死营救的共产党领袖，有的是生死与共的战友，也有跟着他学习无线电技术的年轻学员。

他们是黑暗中觅路前行的时代精英，为了民族的命运而抗争，毫不吝啬地付出了鲜血和年轻的生命。他们没能迎来黎明，却用生命照亮来路，给世人留下了真正共产党人的道德形象。今天，每一个享受和平的人们理应敬仰他们，用最高的礼节纪念他们，并承接他们的遗憾、担忧和未及完成的任务。

天人感应乾坤动容。他们死了，却永远活着。

石榴树下忆往事，李强一生中有诸多"花样"。

十里洋场，烟火弄堂，整整九年，李强在上海锻炼成长。祖上为他留下了家业，上海南洋路矿学校的毕业证书是一把足以打开上流社会之门的金钥匙，国民党元老更是非常欣赏他……就凭这些，他完全可以走上人生的另一条巅峰之路，但这个富家子弟把眼睛盯住城市光鲜亮丽的背面。

　　那里的棚户区生活着数百万穷人，他们是城市里最大的群体，却与繁华毫无关系。李强关注他们命如草芥的人生，也关注他们对自由的向往。他放弃优越生活，帮助穷人同剥削和压榨作斗争。从此，他的一生不再为自己活着。

　　从热血青年成长为共产党员，一旦确定了为人民的幸福而奋斗的目标，李强就再未动摇过。他藏身城市深处独往独来，以狠辣手段制裁叛徒、奸细。斗争很残酷，环境很血腥，他的心灵却享有天马行空般的自由。他是黑暗中的仗义之士。

　　顾顺章的叛变导致中共隐蔽战线遭受颠覆性破坏。李强在周恩来的保护下逃过杀身之祸。但在莫斯科，李强被王明排斥，被组织误解。人在革命旅途中，最怕被"自己人"误解。可历史偏又在革命队伍里弄出些疑心生暗鬼的人，天天热衷于捕风捉影、无中生有，对真正的革命者进行无理排斥和无情折磨。

　　有人因不堪忍受这种折磨而半路放弃。李强却用来当作对初心的考验，选择了"坚持到底"。他尽人事、听天命，宠辱不惊，以平和的心态和惜言如金的沉默助力自己，继而成为科学家，为人类科学进步作出了贡献。

　　在民族危亡的历史关头，李强回到祖国，在高原沟壑炼铁造枪，在太行深处架线竖塔，在战争转向和平建设的道路上全力冲刺。不论身处哪条战线，他都把责任担在肩上，把事业做得风生水起。

　　不知不觉中，李强活成了一位世纪老人。从清末、民国到新中国，从大革命的洪流、土地革命的风暴、抗战的烽火到夺取民主革命全国性胜利的广阔战场，从建设社会主义新中国的热潮到改革开放的宏伟事业，为了民族解放、社会进步和人民幸福，他始终战斗在斗争前线。工农商学兵，样样触及、多次转型，每一次转型的跨度之大都出乎意料，每一次转型的结尾都结出丰盛的成果。但李强始终将自己当作大棋局里的一粒棋子，只要棋局需要，他随时出击、步步出彩。

李强是个特别不一样的人，他真正的厉害之处在于其匕首之刃的本色。之谓匕，短小易藏可袖者；之谓刃，砺乃锋刃弑近敌。李强是匕首之刃，是党和人民之刃。在黑暗的旧中国，它是共产党隐蔽战线的首选，大隐隐于市，出鞘挟寒光，因最先见血而首胜。在光明的新中国，它是党和人民的首选，灭积弊、兴盛世，在科技和外贸战线上同样能被打造成为"上世名器"。

人们羡慕李强的成就，却不曾想到他之所以成为匕首之刃，其间没有天工造化，没有顺手拈来，更没有平地起惊雷。有的只是一点一滴的咬牙坚持，是一生不曾懈怠的对极致的追求，终于将特殊材料铸金为刃。李强之所以身怀绝技，是信仰的力量、坚持的结果、行动的汇集。但是，李强始终保持着谦虚谨慎、不骄不躁的作风，时刻远离阿谀吹捧之风。他的诸多人生"花样"里有独特的生命感悟：在关键时刻的抉择，在困境中的突破，在独处时的自律，在理想信念支撑下的坚守。这就是李强的精神所在，是他给予我们做人做事的启示。

1990 年以后，李强坦诚地告诉亲朋好友："我得了肝癌啦！"他对于疾病和衰老，对于死亡之神的即将降临没有丝毫畏惧，而是想得明白、活得通透。他一生如此，他的革命一生过得有滋有味。

石榴树下忆往事，李强无怨无悔，因为他把自己的一切都献给了党，献给了人民。

1996 年 9 月 29 日，91 岁的李强未及搜寻到隐在石榴树皱纹里的每一个故事和每一个角色，带着留恋离开了与他携手几十年的老伴儿和心爱的孩子们。中共中央评价他是"中国共产党的优秀党员，久经考验的共产主义战士，无产阶级革命家"，"不仅是革命家，而且是科学家和经济专家，是我党一位难得的复合型人才，在科研领域、军工生产领域、广播电讯领域和外贸领域都做了奠基性或开创性工作"。

李强没有听到盖棺之论。他与战友们在天堂会合，他的魂魄回到生于斯长于斯的虞山怀抱之中。家乡人礼葬逝者，让他与松柏和尚湖为伴，并在他的墓碑上刻了七个大字——李强叶落归根处。

李强叶落归根处

主要参考资料

《主人》编辑部：《回望五卅——纪念上海市总工会成立 90 周年》，上海三联书店 2015 年版。

本书编委会：《20 世纪 20 年代的上海大学》上、下卷，上海大学出版社 2014 年版。

本书编写组：《不忘初心　继续前进》，人民出版社、学习出版社 2017 年版。

《第二次国内革命战争时期土地革命文献选编（1927—1937）》，中共中央党校出版社 1987 年版。

常熟市档案局（馆）：《民国报纸记忆常熟》，古吴轩出版社 2015 年版。

常熟市政协文史委员会、常熟日报社：《口述常熟改革开放（1978—2000）》，古吴轩出版社 2016 年版。

长征女红军精神研究会：《纪念红军长征胜利 80 周年——隐蔽战线专题研讨会》，中国展望出版社 2016 年版。

陈少铭：《红流纪事：二五年的五月三十号》，吉林文史出版社 2011 年版。

程中原：《张闻天传》，当代中国出版社 2006 年版。

戴逸：《中国近代史通鉴（1840—1949）全十卷——五四运动与国民革命》，红旗出版社 1997 年版。

董尧：《段祺瑞》，中国言实出版社 2015 年版。

董尧：《张作霖》，中国言实出版社 2015 年版。

方可、单木：《中共情报首脑李克农》，中国社会科学出版社 1996
年版。

高振普：《周恩来卫士回忆录》，上海人民出版社 2000 年版。

郭德宏：《王明年谱》，社会科学文献出版社 2014 年版。

杭州教育委员会：《杭州教育志（1028—1949）》，浙江教育出版社
1994 年版。

郝在今：《中国秘密战》，作家出版社 2005 年版。

胡卓然：《谢文锦传》，江苏人民出版社 2011 年版。

华岗：《中国大革命史（1925—1927）》，文史资料出版社 1982 年版。

黄修荣：《共产国际与中国革命关系史》（上、下），中共中央党校出
版社 1989 年版。

黄药眠：《动荡：我所经历的半个世纪》，上海文艺出版社 1987
年版。

江苏省常熟市地方志编纂委员会：《常熟市志》（修订本），上海辞书
出版社 2006 年版。

金一南：《苦难辉煌》，华艺出版社 2009 年版。

开诚：《李克农——中共隐蔽战线的卓越领导人》，中国友谊出版社
1996 年版。

李烈：《贺龙年谱》，人民出版社 1996 年版。

李思慎：《李立三红色传奇》上、下册，中国工人出版社 2004 年版。

李小三：《中国共产党人精神研究》，中央文献出版社 2008 年版。

《李强文存（1924—1994）》，李延明整理，中共常熟市委党史工作办
公室 2002 年印。

《李一氓回忆录》，人民出版社 2015 年版。

刘柏罗：《从手榴弹到原子弹——我的军工生涯》，国防军工出版社
1999 年版。

刘江波：《雨花台烈士传丛书——李得钊传》，江苏人民出版社 2017
年版。

《罗亦农文集》，人民出版社2011年版。

毛毛：《我的父亲邓小平》，中央文献出版社1993年版。

《风雨征程——毛齐华回忆录》，中共党史出版社2020年版。

穆欣：《陈赓传》，人民出版社2010年版。

穆欣：《隐蔽战线统帅周恩来》，中国青年出版社2013年版。

任中原：《戴笠全传》，中国华侨出版社2013年版。

任中原：《杜月笙全传》，中国华侨出版社2013年版。

商务部国际贸易经济合作研究院：《中国对外贸易史》下卷，中国商务出版社2016年版。

沈秋农编著：《日军常熟暴行录》，广陵书社2015年版。

沈秋农：《常熟抗战史印》，上海社会科学出版社2010年版。

沈志华主编：《中苏关系史纲——1917—1991年中苏关系若干问题再探讨》，社会科学文献出版社2011年版。

史全生：《中国近代史通鉴（1840—1949）全十卷——南京国民政府时期》，红旗出版社1997年版。

宋明发：《吴德峰传》，光明日报出版社2006年版。

双石：《开国第一战》，四川文艺出版社、华夏出版社2013年版。

唐宝林：《陈独秀全传》，社会科学文献出版社2013年版。

王凡：《聆听历史细节》，当代中国出版社2011年版。

王健英：《中共中央机关历史演变考实（1921—1949）》，中共党史出版社2005年版。

王铁仙、刘福勤：《瞿秋白传》，人民出版社2011年版。

王维礼：《中国现代史大事纪事本末（1919—1949）》，黑龙江出版社1987年版。

王宗华主编：《中国大革命史（1924—1927）》，人民出版社1990年版。

武衡：《科技战线五十年》，科学技术文献出版社1992年版。

吴新华：《保密局长毛人凤传》，团结出版社2019年版。

《吴玉章回忆录》，中国青年出版社1978年版。

吴殿尧：《刘鼎传》，中央文献出版社 2012 年版。

谢春涛主编：《历史的轨迹：共产党为什么能？》（修订版），新世界出版社 2012 年版。

徐光春主编：《中华人民共和国广播电视简史（1949—2000）》，中国广播电视出版社 2003 年版。

徐林祥、朱玉：《传奇将军李克农》，安徽人民出版社 1996 年版。

薛衔天、金东吉：《民国时期中苏关系史（1919—1949）》，中共党史出版社 2009 年版。

薛幸福主编：《革命根据地军工史料丛书·陕甘宁边区》，兵器工业出版社 1990 年版。

伊斯雷尔·爱泼斯坦：《突破封锁访延安——1944 年的通讯和家书》，张扬等译，人民日报出版社 1995 年版。

延安自然科学院史料编辑委员会：《延安自然科学院史料》，中共党史资料出版社、北京工业学院出版社 1986 年版。

杨公素：《沧桑九十年：一个外交特使的回忆》，海南出版社 1999 年版。

杨奎松：《毛泽东与莫斯科的恩恩怨怨》，江西人民出版社 2015 年版。

姚华飞：《秘战英雄陈养山》，中共党史出版社 2018 年版。

姚金果、苏杭：《张国焘传》，陕西人民出版社 2007 年版。

姚金果：《解密档案中的陈独秀》，东方出版社 2011 年版。

尹骐：《潘汉年传》，中国人民公安大学出版社 1996 年版。

虞建安、李兆娟、汪旭东：《恽代英传》，江苏人民出版社 2016 年版。

曾祥颖：《中国近代兵工史》，重庆出版社 2008 年版。

张进：《历史天空的红色电波》，长城出版社 2013 年版。

张元隆：《上海大学与现代名人（1922—1927）》，上海大学出版社 2011 年版。

张泽宇：《留学与革命——20 世纪 20 年代留学苏联热潮研究》，人民出版社 2009 年版。

浙江省教育志编纂委员会：《浙江省教育志》，浙江大学出版社 2004

年版。

中共常熟市委党史工作办公室：《中共常熟地方史（1919—1949）》第一卷，中共党史出版社 2011 年版。

中共常熟市委组织部、常熟市档案：《李强纪念文集》，中共党史出版社 2006 年版。

中共湖北省委党史研究室：《吴德峰》，中共党史出版社 2007 年版。

中共江苏省委党史工作办公室：《李士英画传》，中央文献出版社 2011 年版。

中共江苏省委组织部、中共江苏省委党史工作办公室、江苏省档案馆：《中国共产党江苏省组织史资料（1922.春—1987.10）》，中共党史出版社 2014 年版。

中共宁波市镇海区委党史研究室、宁波市镇海区地方志办公室：《纪念陈寿昌烈士诞辰 110 周年》，《镇海史志》2016 年第 1 期（总第 33 期）。

中共上海市委党史研究室：《1921—1933：中共中央在上海》，中共党史出版社 2006 年版。

中共上海党史研究室、上海市文物局：《中国共产党早期在上海史迹》，同济大学出版社 2013 年版。

中共新民主主义青年团中央委员会办公厅：《中国青年运动历史资料第一册》（1915—1924），1957 年。

中共新民主主义青年团中央委员会办公厅：《中国青年运动历史资料第二册（1925）》，1957 年。

中共浙江省委党史研究室：《俞秀松纪念文集》，当代中国出版社 1999 年版。

中共中央党史研究室：《土地革命纪事（1927—1937）》，求实出版社 1982 年版。

中共中央党史研究室：《中国共产党的七十年》，中共党史出版社 1991 年版。

中共中央党史研究室：《中国共产党的九十年》，中共党史出版社、党建读物出版社 2016 年版。

中共中央党史研究室：《中国共产党历史》第一卷（1921—1949），中共党史出版社 2002 年版。

中共中央党史研究室第一研究部：《共产国际、联共（布）与中国革命档案资料丛书》第 1—17 卷，中共党史出版社 2020 年版。

中共中央党史研究室、张闻天选集传记组：《张闻天年谱》（修订本）上卷（1900—1941），中共党史出版社 2000 年版。

中共中央党史研究室：《中共党史资料》，中共党史出版社 1994 年版。

中共中央文献研究室《陈云年谱》（修订本），中央文献出版社 2015 年版。

中共中央文献研究室：《陈云传》，中央文献出版社 2005 年版。

中共中央文献研究室：《毛泽东年谱（1893—1949）》，《毛泽东年谱（1949—1976）》，中央文献出版社 2013 年版。

中共中央文献研究室：《周恩来年谱（1898—1949）》，中央文献出版社 2007 年版。

中共中央文献研究室：《周恩来年谱（1949—1976）》，中央文献出版社 1997 年版。

中共中央文献研究室：《周恩来传》，中央文献出版社 2010 年版。

中国人民解放军历史资料丛书编辑委员会：《中国人民解放军历史资料丛书——通信兵·回忆史料》（1），解放军出版社 1995 年版。

仲侃：《康生评传》，红旗出版社 1982 年版。

周国全、郭德宏原著，郭德宏增补：《王明传》（增订本），人民出版社 2014 年版。

紫丁：《李强传》，人民出版社 2004 年版。

〔澳〕布莱恩·马丁：《上海青帮》，周育民等译，上海三联书店 2002 年版。

〔俄〕维克托·乌索夫：《20 世纪 20 年代苏联情报机关在中国》，赖铭传重译，焦广田、冯炜初译，解放军出版社 2007 年版。

〔俄〕维克托·乌索夫:《20世纪30年代苏联情报机关在中国》，赖铭传译，解放军出版社2007年版。

〔美〕傅高义:《邓小平时代》，冯克利译，生活·读书·新知三联书店2013年版。

〔美〕易劳逸:《1927—1937年国民党统治下的中国流产的革命》，陈谦平、陈红民等译，中国青年出版社1992年版。

〔美〕约翰·拜伦、罗伯特·帕克:《康生传》，顾兆敏、顾兆平、金朝晖译，中国社会科学出版社1998年版。

〔苏〕维什尼亚科娃——阿基莫娃:《中国大革命见闻（1925—1927）——苏联驻华顾问团译员的回忆》，中国社会科学出版社1985年版。

后　记

从项目筹划到被批准出书，历时 7 年，《匕首之刃——李强传》终于可以付印了。作为作者，我感到欣慰。

李强，原名曾培洪（1905—1996），是中共老一辈无产阶级革命家、科学家和经济专家，他波澜壮阔的一生与众不同，充满着传奇色彩。从上世纪 20 年代在武汉和上海与敌展开惊心动魄斗争的中央特科主要成员，到 30 年代初在苏联通信科学院成为科学家，再到抗战时白手起家开创我军军工事业的军工局局长和延安自然科学院院长，在各个时期各种生疏的岗位上都为党作出了突出贡献。毛泽东主席为其题字："坚持到底！"

新中国成立后，李强又被中央委以重任，先后在广播事业、中苏合作、对外经贸、抗美援越、改革开放等众多方面作出重要贡献，1955年就是中国科学院院士。他是一个一生不违党命、不讲条件、不畏艰难、服从党的需要，而且把各项开拓性事业都做得出色的多面手；是勇于开展新工作，善于打开新局面，最终取得胜利的一把利刃。

李强是江苏省常熟市中共组织的创建人。2017 年，在李强逝世 21年后，他的家乡常熟市为筹建"中共常熟党史纪念馆暨李强（曾培洪）革命历程展览馆"，找到李强家人，希望其提供相关文物和史料。相隔近90 年，当事人和见证人多已辞世，众多史料需要深度挖掘并核实。这是一项艰巨的任务。

这一年，也是中共特科成立 90 周年。中共党史出版社考虑出版一套"隐蔽战线历史丛书"，着手组织编写一批我党隐蔽战线重要人物传记，李强（曾培洪）、李克农、钱壮飞等名列其中。鉴于这条战线的特殊性，这套丛书要求高，不同于一般的人物传记，要存史。

就在这样的背景下，我受托接受了编写《匕首之刃——李强传》的任务。

我为什么要写这本传记？是基于几个原因。一是传主经历的特殊。李强是党内的一位奇才，在他的曲折革命生涯中，多次服从党的急需改行，承担重任，边干边学，均获成功。他一生重在做事，轻于立言，因而他的传奇经历更值得深挖细研。

二是李强在 1981 年党中央召开"特科史征集座谈会"后至 1996 年他逝世之前，在长达 15 年的时间里，他一直在努力，要把特科正史写出来。他认为，他们这代人留下了那么多业绩和惊心动魄的历史，自己作为当事人和见证人之一，有责任把这段历史记录下来，尽可能地让后人了解"真正的历史"。

三是我发现各类媒体包括网间，真实的历史和编造的历史混杂在一起，出于各种目的虚构历史泛滥，混淆视听，一般的读者不了解当时的历史真相，人云亦云，舆论往往被带偏了方向。对此，以正视听的有针对性的东西非常需要。

四是在有关部门的组织下，2004 年 11 月，人民出版社曾出版过《李强传》（作者紫丁）。事已过 20 年，时间跨度较大，且挖掘出了一些新史料如李强保存的材料，他还向相关部门或子女回忆了很多有关的事情。这些，都为我写作这本新书提供了较有利的条件。

我意识到，这是一个须对历史负责、对传主负责、对读者负责的重要作品，对作者的政治思想水平和归纳分析能力要求高。我思忖再三，下了决心，接受这个任务。我有责任，也有信心努力写好它。

在李强次子李小强的陪同下（或我独自），结合常熟李强（曾培洪）革命历程展览馆的需求，我们寻迹于传主生前战斗生活过的地方如常熟、苏州、武汉、上海、广州等地，勘察旧址，查阅档案，采访知情人，搜集散见于各个时期、各类书报刊和内部资料上的相关信息，还到上海党史研究部门查阅会议记录，找到了一批新的重要的史实依据。在查档案和搜集验证史料时，我们遵循了李强"要把正史记录下来、写出来"的原则，对本书涉及的重大事件中的时间、人物、地名等，与以往的权威出版物对标对表，一一作了核对和订正，得以形成了完整的史料依据链。这些使得撰写此书的基础更广泛、更深入、更准确、更扎实。

在写作中，我注重将历史、政治、人物和故事融合在一起，做到真实可信，同时注意可读性。为了精益求精，三年多时间里，我数易其稿，直至满意。

书稿完成后，有关部门对书稿进行了严格认真的审读，提出了必要而中肯的审读意见，据此我对相关内容做了修改。

感谢审读专家们，感谢中共党史出版社对本书出版所付出的努力；

感谢对本书的资料采集和提供付出了辛勤努力的李小强和他的家人们；

感谢对本书提供支持的所有单位和个人。

感谢 2004 年人民版《李强传》的组织者和作者。

感谢我的丈夫李庆生和女儿李雪楠。

明年是李强（曾培洪）加入中国共产党 100 周年，也是李强诞辰 120 周年。谨以此书献给这位令人敬仰的老一辈无产阶级革命家。

刘江波

2024 年 6 月 5 日